Biopatentierung und Sortenschutz

Europäische Hochschulschriften

European University Studies

Publications Universitaires Européennes

Reihe II Rechtswissenschaft

Series II Law

Série II Droit

Band/Volume **5467**

Eva-Maria Herring

Biopatentierung und Sortenschutz

Komplementäres Schutzregime oder konfliktträchtiges Spannungsverhältnis

PL ACADEMIC RESEARCH

Bibliografische Information der Deutschen Nationalbibliothek
Die Deutsche Nationalbibliothek verzeichnet diese Publikation in der Deutschen Nationalbibliografie; detaillierte bibliografische Daten sind im Internet über http://dnb.d-nb.de abrufbar.

Zugl.: Münster (Westfalen), Univ., Diss., 2013

D 6
ISSN 0531-7312
ISBN 978-3-631-62766-2

www.peterlang.de

VORWORT

Patente auf tierisches oder pflanzliches Leben sorgen in regelmäßigen Abständen für Aufsehen in der Öffentlichkeit. Während der Europäische Gerichtshof in einer 2011 ergangenen Entscheidung die Patentierung menschlicher embryonaler Stammzellen untersagte, steigt die Zahl der durch das Europäische Patentamt erteilten Patente auf Pflanzen und Tiere zunehmend. Dabei werden Patente längst nicht mehr nur für gentechnisch veränderte Tiere oder Pflanzen erteilt, sondern immer mehr Patente beziehen sich auf konventionelle Züchtungen.

Von besonderem Interesse ist hierbei die Frage nach der Notwendigkeit, Patente auf Pflanzen zu erteilen, da in Deutschland mit dem Sortenschutz ein spezielles Schutzrecht für Pflanzenzüchtungen existiert. Vielfach wird die Notwendigkeit eines Rückgriffs auf das stärker ausgestaltete Schutzsystem des Patentrechts mit dem vermehrten Einsatz kostenintensiver, auf Biotechnologie beruhender, Forschung begründet. Die Untersuchung dieses Spannungsfeldes stand im Mittelfpunkt dieser Arbeit.

Entstanden ist die vorliegende Arbeit während meiner Zeit als wissenschaftliche Mitarbeiterin am Institut für Informations-, Telekommunikations- und Medienrecht der Westfälischen Wilhelms-Universität Münster, wo sie im Januar 2013 als Dissertation angenommen worden ist.

Zunächst möchte ich mich bei meinem Doktorvater Herrn Prof. Dr. Thomas Hoeren bedanken, der das Schreiben der Arbeit sehr gefördert und mir dabei den wissenschaftlichen Freiraum gegeben hat, meine eigenen Ideen hinsichtlich Auswahl und Ausgestaltung des Themas zu verwirklichen. Ebenso möchte ich Herrn Prof. Dr. Peter Mes für die zügige Erstellung des Zweitgutachtens danken.

Darüber hinaus danke ich meinen Kollegen am Institut für die stets angenehme Arbeitsatmosphäre, die mich gerne an meine Promotionszeit erinnern lässt.

Der größte Dank gebührt jedoch meinen Eltern, meiner Schwester Dorothee und Daniel Wörheide, die nicht nur die mühevolle Arbeit des Korrekturlesens übernommen haben, sondern mich während der gesamten Promotionszeit mit bemerkenswerter Geduld bedingungslos unterstützt haben.

Münster, im Januar 2013 — Eva-Maria Herring

INHALTSVERZEICHNIS

1. Teil Einleitung

A. Hintergrund und Ziel der Untersuchung

Biopatente – Ausbeutung von Mutter Natur oder notwendiger Fortschritt? Diese Frage wird zurzeit kontrovers in der Öffentlichkeit diskutiert. Hintergrund ist die steigende Anzahl von erteilten Patenten auf biotechnologische Verfahren.[1] Lag Ende der 1990er Jahre der Fokus der Pflanzenzüchtung auf gentechnisch veränderten Pflanzen, ist heutzutage eine zunehmende Patentierung klassischer Zuchtverfahren, die auf natürlichen Phänomenen wie Kreuzung und Selektion beruhen, zu beobachten. Ob Kühe mit gesteigerter Michleistung, Tomaten mit geringerem Wassergehalt oder Sonnenblumen mit erhöhtem Ölgehalt, nichts scheint dem Patentschutz unzugänglich.[2]

Die Ursache, warum vermehrt auf die Forschung klassischer Zuchtverfahren gesetzt wird, liegt darin, dass die Gentechnik die hochgesteckten Erwartungen nicht erfüllt hat.[3] Angestrebte Zuchtziele, wie die verbesserte Widerstandsfähigkeit von Pflanzen, haben nicht zu den erhofften Ertragssteigerungen geführt. Zudem werden gentechnisch veränderte Pflanzen immer noch von der überwiegenden Mehrheit in der Bevölkerung abgelehnt. Dagegen haben verbesserte Methoden in der klassischen Pflanzenzucht unerwartete Erfolge eingebracht.

Von den Kritikern wird der Trend, Patente auf klassische Züchtungsverfahren zu erteilen, skeptisch gesehen.[4] Befürchtet wird, dass mit Patenten auf Pflanzen einzig und allein der Zweck verfolgt wird, bei Züchtern und Landwirten kräftig

1 Einer für die internationale Koalition „No Patents on Seeds“ veranlassten Recherche zufolge steigt die Zahl der Patentanmeldungen im Bereich konventioneller Züchtungen beständig; während im Jahr 2000 noch unter 5 Prozent der Anträge konventionelle Züchtungsverfahren betrafen, waren es in 2008 bereits 28 Prozent: Then/Tippe, S. 3.

2 Dazu Beitrag im Rahmen der ARD-Themenwoche vom 23. - 29.10.2010: Wem gehört der Brokkoli? – Biopatente auf dem Vormarsch, abrufbar unter: http://web.ard.de/themenwoche_2010/?p=1195 (zuletzt abgerufen am 30.06.2012).

3 Siehe Telepolis vom 31.10.2006: Auslaufmodell grüne Gentechnik?, abrufbar unter: http://www.heise.de/tp/artikel/23/23848/1.html (zuletzt abgerufen am 30.06.2012).

4 Neben dem Deutschen Bauernverband spricht sich vor allem die internationale Koalition „No patents on seeds“, der auch Greenpeace angehört, entschieden gegen Patente auf Pflanzen aus. Nähere Informationen abrufbar unter: http://no-patents-on-seeds.org/de (zuletzt abgerufen am 08.08.2012).

abzukassieren.[5] Denn in ihrer Reichweite sind Pflanzenpatente nicht auf die konkrete Einzelpflanze beschränkt, sondern können sortenübergreifend für eine Vielzahl von verschiedenen Pflanzen gelten. Für den Züchter bedeutet dies, dass der Zugang zum pflanzlichen Ausgangsmaterial nicht mehr frei ist und er für die Entwicklung einer neuen Sorte auf die Einräumung entsprechender Nutzungsrechte angewiesen ist. Dadurch wächst die wirtschaftliche Abhängigkeit der Pflanzenzüchter. Ob kleinere und mittelständische Züchtungsunternehmen sowie Landwirte die Mehrkosten tragen können, wird bezweifelt. Hinzu kommt, dass die Patente alle Stufen der Wertschöpfung umfassen – vom Acker bis zum Lebensmittel.[6] Insofern sind neben Preissteigerungen bei Saatgut und Futter zudem höhere Preise für Lebensmittel zu erwarten, da Kostensteigerungen teilweise bis zum Endverbraucher durchgereicht werden.[7]

Die Diskussion rund um die Patentierung klassischer Pflanzenzuchtverfahren hat mit der Zwischenentscheidung der Technischen Beschwerdekammer beim Europäischen Patentamt in dem Verfahren „Broccoli/PLANT BIOSCIENCE“[8] neuen Auftrieb bekommen. Vor allem die Reichweite des erteilten Patents gab Anlass zur Kritik. Vom Patentschutz umfasst waren nicht nur alle Züchtungen von Brokkolipflanzen, die einen erhöhten Glucosinolatgehalt aufwiesen, sondern auch deren Samen sowie alle essbaren Teile der Pflanzen. Dabei wurde die Krebs vorbeugende Wirkung nicht etwa durch gentechnische Veränderung erzielt, da Glucosinolat ein natürlicher Wirkstoff in der Pflanze ist. Die den Pa-

---

5 Siehe Artikel vom 09.12.2010 bei SpiegelONLINE: Umstrittenes Brokkoli-Patent vor dem Aus, abrufbar unter: http://www.spiegel.de/wirtschaft/streit-um-gemuese-umstrittenes-brokkoli-patent-vor-dem-aus-a-733836.html (zuletzt abgerufen am 14.08.2012) sowie den Beitrag auf der Seite des Umweltinstituts e.V. München: Patente auf Pflanzen und Tiere – Wer hat‘s erfunden?, abrufbar unter: http://umweltinstitut.org/gentechnik/patentierung/patentierung-200.html (zuletzt abgerufen am 14.08.2012).

6 Dazu Artikel vom 04.04.2005 auf der Seite von Greenpeace: Pflanzen-Patente: Monopol für Konzerne, abrufbar unter: http://www.greenpeace.de/themen/patente/konzerne/artikel/pflanzen_patente_monopol_fuer_konzerne/ (zuletzt abgerufen am 30.06.2012).

7 Siehe Artikel aus Mai 2011 auf der Seite von Greenpeace, Patente auf Saatgut: Globale Kontrolle über die Grundlagen der Ernährung, abrufbar unter: http://www.greenpeace.de/fileadmin/gpd/user_upload/themen/gentechnik/FS_Folgen_Saatgutpatente_05_2011.pdf (zuletzt abgerufen am 09.08.2012).

8 Technische Beschwerdekammer des EPA, Zwischenentscheidung v. 22.05.2007, Az.: T 83/05 – Broccoli/PLANT BIOSCIENCE, abgedruckt in: ABl. EPA 2007, S. 644 ff.

tentschutz ermöglichende Gentechnik war in dem Verfahren nur für den Nachweis relevant, dass der Brokkoli über das entsprechende Gen verfügt. Mit der hierzu im Dezember 2010 ergangenen Entscheidung der Großen Beschwerdekammer wurde der Möglichkeit, technische Elemente in klassische Zuchtverfahren nur aus dem Grund einzubinden, um gesamte Verfahren beherrschen und monopolisieren zu können, Einhalt geboten.[9] Eine grundsätzliche Absage, Patente auf die Ergebnisse klassischer Pflanzenzüchtungen zu erteilen, kann der Entscheidung jedoch nicht entnommen werden. Das dem Konflikt zugrundeliegende Spannungsfeld zwischen den dem Sortenschutz unterfallenden Züchtern und den Konzernen, die gewöhnlich Inhaber der Pflanzenpatente sind, wurde somit nicht ansatzweise gelöst.

Ziel der vorliegenden Arbeit ist es, dieses Spannungsfeld umfassend zu analysieren. Auf Basis dieser Zielsetzung können konkret folgende Problembereiche identifiziert werden, aus denen sich drei Forschungsfragen ableiten lassen.

- Nach den rechtlichen Vorgaben wird der Schutz von Pflanzenzüchtungen nicht nur durch den Sortenschutz, sondern unter bestimmten Voraussetzungen auch durch den Patentschutz gewährleistet.

  Forschungsfrage 1: Warum können klassische Pflanzenzuchtverfahren überhaupt dem Patentschutz und zugleich dem Sortenschutz unterliegen und wie erfolgt die Abgrenzung beider Schutzrechtssysteme zueinander?

- Die Entscheidung „Broccoli/PLANT BIOSCIENCE“ stellt eine Abkehr von der bisherigen Praxis des Europäischen Patentamts dar. Während bislang die Patentierung klassischer Zuchtverfahren eher großzügig gehandhabt wurde, wird die Frage der Patentierbarkeit erstmals auch vom Europäischen Patentamt kritisch beurteilt. Nicht zuletzt beruht diese Entscheidung auch auf dem öffentlichen Druck, welche einer Patentierung von lebenden Organismen eher ablehnend gegenübersteht. Ausschlaggebend hierfür sind die Folgewirkungen, die der Patentschutz für die Züchter, Landwirte und letztlich auch für die Verbraucher mit sich bringt. Die Züchter müssen sich bei der Entwicklung neuer Pflanzensorten Nutzungsrechte einräumen lassen, um auch mit den Pflanzen weiterzüchten zu können, deren Genabschnitte dem Patent-

9 Große Beschwerdekammer des EPA, Entscheidung v. 09.12. 2010, Az.: G 2/07, abgedruckt in: ABl. EPA 3/2012, S. 130 ff. = GRUR Int. 2011, S. 266 ff.

schutz unterliegen. Die Einräumung solcher Nutzungsrechte erfolgt gegen Zahlung einer Lizenzgebühr. Höhere Kosten bei der Entwicklung einer neuen Pflanzensorte spiegeln sich im höheren Saatgutpreis wider.

Forschungsfrage 2: Wie ist die Patentierung klassischer Zuchtverfahren unter Berücksichtigung der in dem Fall „Broccoli/PLANT BIOSCIENCE“ vorgetragenen Argumente zu beurteilen? Welche Zielkonflikte resultieren aus der Schutzmöglichkeit von Pflanzenzüchtungen durch Patente?

- Im Patentrecht gibt es spezielle Schrankenregelungen für den Schutz von Pflanzenzüchtungsverfahren und deren Erzeugnisse, die um einen gerechten Interessenausgleich bemüht sind und auf diese Weise das Konfliktverhältnis zwischen dem Patent- und dem Sortenschutzrecht aufzulösen versuchen. Aber auch außerhalb der patentrechtlichen Vorschriften haben sich Initiativen und zwischenstaatliche Regelungsmodelle entwickelt, die einen gerechten Ausgleich der sich häufig gegensätzlich gegenüberstehenden Interessen von Züchtern und Patentinhabern bezwecken.

Forschungsfrage 3: Welche Lösungsansätze gibt es, die sowohl die Interessen der dem Sortenschutz unterfallenden Züchter als auch die Interessen der Patentinhaber hinreichend wahren?

B. Gang der Untersuchung

Zur Erreichung einer differenzierten Analyse des Spannungsfeldes zwischen Sorten- und Patentschutz wird folgende Vorgehensweise gewählt, die sich im Kern an den oben formulierten Forschungsfragen orientiert.

Im Anschluss an diese Einleitung werden im 2. Teil zunächst die biologischen Grundlagen vorgestellt. Ein Verständnis hiervon ist Grundvoraussetzung für die sich anschließende rechtliche Bewertung. Insbesondere ist die Abgrenzung der Begrifflichkeiten notwendig, um erkennen zu können, in welchen Fällen Sortenschutz zur Anwendung kommt und wann Patentschutz. Des Weiteren werden die Methoden der klassischen Pflanzenzucht dargestellt. Dies dient der späteren Einschätzung, ob es sich bei dem Verfahren um ein technisches und mithin dem Patenschutz zugängliches Verfahren handelt.

Der darauffolgende 3. Teil widmet sich den rechtlichen Grundlagen. In Deutschland können Pflanzenerfindungen auf zweierlei Weise geschützt werden: nach dem Sortenschutzrecht und nach dem Patentrecht. Während die jeweiligen Voraussetzungen für den Sorten- und den Patentschutz zunächst allgemein vorgestellt werden, erfolgt im Anschluss eine Prüfung, ob die Patenterteilungsvoraussetzungen auch bei klassischen Pflanzenzuchtverfahren erfüllt sind. Gentechnisch veränderte Pflanzen, die aufgrund ihres technischen Charakters unstreitig dem Patentschutz zugänglich sind, werden hierbei ausgeklammert. Nachfolgend werden die beiden Schutzrechtssysteme miteinander verglichen. Im Blickfeld steht dabei vor allem die Frage, ob und wenn ja, warum ein Bedürfnis für einen zusätzlichen Schutz nach dem Patentrecht besteht.

Im 4. Teil wird das Spannungsfeld zwischen den dem Sortenschutz unterfallenden Züchtern und den Patentinhabern näher beleuchtet. Dafür bedarf es zu Beginn einer genauen Betrachtung, welche Interessen einander gegenüberstehen. Im Anschluss werden die Umstände der Patentierung klassischer Pflanzenzuchtverfahren näher betrachtet, um darstellen zu können, welche Zielkonflikte es gibt und woraus sie sich entwickeln. Insbesondere gilt es die praktischen Auswirkungen der Patentierung auf den verschiedenen gesellschaftsrelevanten Ebenen zu untersuchen.

Anschließend findet im 5. Teil eine Bewertung statt, ob die im Patentgesetz geschaffenen Schutzmechanismen ausreichend sind, um den Auswirkungen einer Patentierung Rechnung tragen zu können. Dabei beschränkt sich der Blick nicht nur auf die im Patentgesetz fixierten Lösungsansätze, sondern es werden neben dem Patentrecht auch kartellrechtliche Gesichtspunkte in die Überlegung eingebunden, wie das Spannungsfeld zwischen Züchtern und Patentinhabern entschärft werden könnte. Abschließend werden Lösungsansätze außerhalb der gesetzlichen Regelungen vorgestellt. Ob und inwieweit diese Lösungsansätze geeignet sind, den Konflikt zwischen Züchtern und Patentinhabern zu lösen, ist Ausgangspunkt für die sich anschließende Diskussion. Insbesondere gibt die Tauglichkeit der dargestellten Lösungsvorschläge Aufschluss über Rechtfertigung und Zukunftsfähigkeit von Pflanzenpatenten.

2. Teil Biologische Grundlagen

Um die Problematik der Biopatentierung im Bereich klassischer Pflanzenzüchtung verstehen zu können, ist es unerlässlich, zunächst die genetischen Grundlagen näher darzustellen. Neben Grundzügen der molekularen Genetik wird die Entwicklung der Züchtungsmethoden beschrieben, durch die die Pflanzenzüchtung mittlerweile in den Bereich des Patentschutzes gerückt ist.

A. Wesentliche Begrifflichkeiten – Sorte und Gen

Für die rechtliche Einordnung, was auf welche Weise geschützt werden kann, müssen zunächst die im Kontext des Sorten- und Patenschutzes auftauchenden biologischen Grundbegriffe erläutert werden. Naturgemäß spielt dabei der Sortenbegriff eine entscheidende Rolle. Anknüpfungspunkt für den Patentschutz kann dagegen unter Umständen die Funktionsaufklärung pflanzlicher Gensequenzen sein.[10] Es bedarf daher näherer Betrachtung, welche biologischen Informationen unter der Bezeichnung Gensequenz zusammengefasst werden und wie sich die verschiedenen Begrifflichkeiten zueinander verhalten.

Um den Begriff der Sorte näher erläutern zu können, ist zunächst ein kurzer Blick auf die Taxonomie der Pflanzen zu werfen. Die Art als Grundeinheit der systematischen Ordnung bezeichnet eine Gruppe von Organismen, die sich durch ihre gemeinsamen Erbmerkmale von anderen Gruppen unterscheidet.[11] Für die Pflanzenzüchtung ist es von entscheidender Bedeutung, dass die einzelnen Pflanzen innerhalb einer Art in ihren Ausprägungen nicht wesentlich voneinander abweichen, da andernfalls kein planmäßiges, vorhersehbares Züchtungsergebnis erzielt werden kann. Daher ist die Selektion, also die Auswahl geeignet erscheinender Pflanzen innerhalb einer Art, die maßgebliche Züchtungsarbeit. Ergebnis der Selektion ist eine Pflanzengruppe, die sich in ihren morphologischen und physiologischen Erbeigenschaften sehr ähnelt und die von anderen Pflanzen der gleichen Art unterschieden werden kann.[12] Eine solche Pflanzengruppe wird als Sorte bezeichnet. Die Sorte ergibt sich insofern aus der unters-

10 Vgl. Art. 3 Abs. 1 und Art. 2 Abs. 1 lit. a) BioPat-RL.

11 Vgl. *Büchting*, S. 1.

12 *Becker*, S. 26.

ten Unterkategorie einer bestimmten Art als einziges botanisches Taxon.[13] Eine Sorte ist stets durch ihre Merkmale, wie beispielsweise Größe, Farbe oder Musterung, geprägt und unterscheidet sich dadurch erkennbar von anderen Sorten der gleichen Art. Sofern eine solche Neuzüchtung bestimmten gesetzlichen Anforderungen genügt, kann Sortenschutz erteilt werden.[14]

Davon abzugrenzen ist das einzelne Gen als Träger der Erbinformation, das sich auf einem Abschnitt der DNA in der Pflanzenzelle befindet. Gewissermaßen handelt es sich um die „Software" eines Organismus.[15] Vergleichbar mit der Software eines Computers enthält jedes einzelne Gen eine Art Quellcode, der mithilfe der dazugehörigen Hardware, den Zellen, entschlüsselt werden muss.[16] Diese Entschlüsselung erfolgt durch die in der Zelle vorhandenen Proteine, die, je nachdem ob sie zur Zellstruktur beitragen oder den Zellstoffwechsel kontrollieren, Bau- oder Betriebsstoffe der Zelle sind.[17] Dabei gibt die in der DNA gespeicherte Erbinformation Aufschluss über die Reihenfolge der Aminosäuren in einem Protein, die wesentlich die Struktur des Proteins bestimmen. Aus der Struktur ergibt sich, welche Funktion das Protein ausüben kann.[18] Die meisten Pflanzen sind diploid, sodass es zwei Kopien einer jeden Sequenz und damit auch zwei Kopien der Information gibt.[19] Bezeichnet werden diese Kopien als Allele.[20] Sind die Kopien exakt gleich, spricht man von homozygoten, bei verschiedenen Kopien von heterozygoten Genotypen.[21]

Aus der Differenzierung zwischen Sorte und Gen ergeben sich somit bereits die Grundlagen für mögliche Verflechtungen von Sorten- und Patentschutz: Da eine Sorte eine Kombination von Tausenden von Genen darstellt, können patentierte Gene unter Umständen Bestandteile von geschützten Sorten sein.

---

13 Vgl. Art. 1 vi) des Internationalen Übereinkommens zum Schutz von Pflanzenzüchtungen v. 02.12.1961 (IPÜ).

14 Vgl. Art. 5 IPÜ.

15 *Schieble*, S. 28.

16 *Ebda.*

17 *Schieble*, S. 34.

18 *Ebda.*

19 *Diepenbrock/Ellmer/Léon*, S. 280.

20 *Miedaner*, S. 21.

21 *Diepenbrock/Ellmer/Léon*, S. 280.

B. Überblick über die Zuchtmethoden

Schon immer wurde mit der Pflanzenzüchtung die Verbesserung pflanzengenetischen Materials bezweckt, um größtmögliche Ernteerträge erzielen zu können.[22] Allerdings hing es früher weitestgehend vom Zufall ab, ob aus der Züchtung verbesserte Kulturpflanzen hervorgingen, weil die Auswahl geeigneter Pflanzen ausschließlich aufgrund von Erfahrungswerten erfolgte und dahinter stehende biologische Zusammenhänge noch nicht bekannt waren.[23] Erst mit der Verbreitung der Mendelschen Regeln, benannt nach ihrem Entdecker Gregor Mendel, fand der Durchbruch der professionellen Pflanzenzucht statt, indem sie nunmehr einer wissenschaftlichen Grundlage unterstellt wurde.[24] Das Wissen um die Gesetzmäßigkeiten der Vererbungslehre konnte gezielt eingesetzt werden, um eine sichere Prognose in Bezug auf das Züchtungsergebnis abgeben zu können. Damit ist die Pflanzenzüchtung in gewissem Maße planmäßig und vorhersehbar geworden.[25] Der Züchter musste sich nicht mehr nur mit dem begrenzten züchterischen Erfolg durch verbesserte äußere Umweltbedingungen begnügen, sondern konnte mit den neuen Erkenntnissen unmittelbar die genetischen Erbanlagen einer Pflanze beeinflussen und diese bestmöglich an die jeweiligen Bedürfnisse des Menschen anpassen.[26] Nach wie vor ist die Ausnutzung der Genetik der Schlüsselfaktor für eine erfolgreiche pflanzenzüchterische Tätigkeit. Auch die moderne Biotechnologie im Bereich der Pflanzenzucht fußt auf diesen Grundsätzen. Der auf dem Gebiet der modernen Genetik erfolgte Kenntnisgewinn der letzten siebzig Jahre hat nochmals neue Maßstäbe bei der Pflanzenzüchtung gesetzt.[27] Zugleich wurde damit aber auch das Recht vor neue Herausforderungen gestellt. Dies verdeutlicht vor allem die Regelung in § 4 BioPat-RL: Einerseits werden hier die im Wesentlichen biologischen Verfahren zur Züchtung von Pflanzen in Abs. 1 lit. b) von der Patentierbarkeit generell ausgenommen. Andererseits stellt aber Abs. 3 klar, dass bestimmte Verfahren und die dadurch gewonnenen Erzeugnisse hiervon nicht erfasst sein sollen.

---

22 *Goebel*, S. 57.
23 Vgl. *Büchting*, S. 5.
24 Vgl. *Baur*, S. 9; *Kappert*, S. 2.
25 Vgl. *Büchting*, S. 5.
26 *Büchting*, S. 4.
27 *Beier/Straus*, in: FS Bundespatentgericht, S. 133; vgl. *Moufang*, S. 4.

Um den Anwendungsbereich dieser und vergleichbarer Regelungen beurteilen zu können, bedarf es eines kurzen Abrisses über die grundlegenden Züchtungsmethoden. Dabei spiegelt die Entwicklung der im Laufe der Zeit herausgebildeten Züchtungsmethoden die durch züchterische Praxis gewonnenen Erfahrungswerte sowie den Zugewinn an wissenschaftlicher Erkenntnis wider. Die Zuchtmethoden lassen sich in folgende Gruppen aufgliedern: die Auslesezüchtung, die Kreuzungs- bzw. Kombinationszüchtung, die Mutationszüchtung, die Hybridzüchtung und die auf der Biotechnologie beruhende Züchtung.

I. Auslesezüchtung

Als älteste Zuchtmethode ist die Auslesezüchtung anzusehen, die – bewusst oder unbewusst – seit Beginn der Domestikation betrieben wurde.[28] Für den Anbau werden geeignet erscheinende Pflanzen aus einem bestehenden Pflanzenbestand ausgewählt und getrennt von den übrigen weiter verwendet.[29] Beschränkt sich die Züchtungsarbeit ausschließlich auf die Auswahl aus einem bestehenden Pflanzenbestand, ist für den Züchtungserfolg entscheidend, dass innerhalb des Bestandes eine genügend große genetische Variation herrscht. Denn es können nur solche Pflanzen gezüchtet werden, deren genetische Erbanlagen bereits im Ausgangsmaterial vorhanden sind.[30]

Innerhalb dieser Züchtungsmethode werden verschiedene Verfahren unterschieden. Die Massenauslese gilt als einfachste Form der Selektion.[31] Bei der Massenauslese werden aus einem Pflanzenbestand jene Pflanzen, die über eine gewünschte Eigenschaft verfügen, ausgelesen und getrennt vom Rest des Bestandes weitervermehrt (positive Massenauslese).[32] Alternativ werden einzelne Pflanzen, die unerwünschte Merkmalsausprägungen zeigen, aus dem Bestand entfernt und von der weiteren Vermehrung ausgeschlossen (negative Massenauslese). Wird dieser Vorgang mehrmals wiederholt, erhält man nahezu reinerbige Pflanzen, die die gewünschte Eigenschaft besitzen. Davon zu unterscheiden ist die Individualauslese. Wie bei der Massenauslese werden auch hier Pflanzen

---

28 *IÖW*, Kapitel 2, S. 25.

29 Ähnlich *Baur*, S. 52, der in diesem Zusammenhang von einer „natürlichen" Auslese spricht, da die Entwicklung der einzelnen Pflanzen maßgeblich von klimatischen Anpassungen und anderen Bodenverhältnissen bestimmt wird.

30 *Bauer*, S. 9.

31 *Miedaner*, S. 68.

32 *Ebda.*

mit erwünschten Eigenschaften selektiert; die züchterisch wertvolle Selektion findet aber erst bei den Nachkommenschaften statt.[33] Dazu wird das Erntegut für die Wiederaussaat nicht gemischt, sondern die Nachkommen jeder Einzelpflanze werden in getrennten Reihen angebaut.[34] Anschließend wird wieder nach den gewünschten Eigenschaften selektiert.[35] Dadurch können die züchterisch interessanten Eigenschaften viel zuverlässiger beurteilt werden, da Grundlage für die Auswahlentscheidung nicht nur das äußere Erscheinungsbild der Pflanzen (der Phänotyp), sondern die genetische Veranlagung (Genotyp) der Pflanzen ist.[36]

II. Kreuzungs- bzw. Kombinationszüchtung

Infolge der Konzentration der züchterischen Arbeit auf jene Pflanzen, die als Ausgangsmaterial für neue Sorten besonders geeignet erschienen, hat im Laufe der Zeit die genetische Variabilität stark abgenommen.[37] Neue Sorten allein mittels Auslese zu züchten, ist dadurch unmöglich geworden. Daher waren Pflanzenzüchter gezwungen, mit der Kreuzungszüchtung eine neue Methode zu finden, mithilfe derer die genetische Variabilität innerhalb der Sorten wieder erhöht werden konnte. Bei der Kreuzung wird eine neue Kombination der Erbeigenschaften der Elternpflanzen geschaffen.[38] Dabei gilt, dass je mehr die ausgewählten Elternpflanzen dem Zuchtziel entsprechen, desto wahrscheinlicher ist es, überlegene Nachkommen aus dieser Kreuzung zu erhalten.[39]

Abhängig von der Fortpflanzungsweise variiert die Züchtungsmethode der Kreuzung: Während bei der vegetativen Vermehrung eine ungeschlechtliche Fortpflanzung erfolgt, ist die generative Vermehrung durch eine geschlechtliche Fortpflanzung gekennzeichnet.[40] Bei der generativen Vermehrung kann darüber

---

33 *Becker*, S. 237; ausführlich dazu: *Madaus*, S. 15 f.
34 *Miedaner*, S. 70.
35 *Ebda.*
36 Vgl. *Madaus*, S. 16.
37 *Diepenbrock/Ellmer/Léon*, S. 265.
38 *Freda Wuesthoff*, GRUR 1957, S. 49 (51).
39 *Miedaner*, S. 45.
40 *Baur*, S. 47.

hinaus zwischen Selbstbefruchtern (Befruchtung durch Selbstbestäubung[41]) und Fremdbefruchtern (Befruchtung durch Pollenflug) differenziert werden.[42]

Bei der vegetativen Vermehrung, die durch Zellteilung (Mitose) erfolgt, ist züchterisch von Bedeutung, dass alle Zellen eines Individuums im Prinzip dieselben Erbinformationen besitzen.[43] Abgesehen von einzelnen Mutationen sind daher auch sämtliche Nachkommen Klone der Mutterpflanze, sodass sie alle einen identischen Genotyp besitzen. Obwohl alle Klone einer Mutterpflanze völlig erbgleich sind, sind die Einzelpflanzen mangels Aufspaltung der Gene hochgradig heterozygot.[44] Dadurch ist es möglich, durch Kreuzung zweier unterschiedlicher Elternsorten einen optimalen Genotyp zu erzeugen, der durch vegetative Vermehrung genetisch konstant gehalten werden kann.[45]

Auch bei Selbstbefruchtern (wie z.B. Weizen) sind Eltern und Nachkommen üblicherweise aufgrund ihrer Homozygotie genetisch identisch, sodass genetische Variation künstlich herbeigeführt werden muss.[46] Dazu bedarf es einer Kastration und anschließenden Bestäubung der Mutterpflanze mit den Pollen einer erbverschiedenen Vaterpflanze. Gekreuzt werden hier Pflanzen verschiedener Sorten, bei denen der Züchter sich eine bessere Kombination der Elternmerkmale im Hinblick auf angestrebte Zuchtziele verspricht.[47] Durch Kreuzung der erbverschiedenen, homozygoten Eltern entstehen in der F_1-Generation heterozygote Genotypen, welche die Erbanlagen beider Eltern auf sich vereinigen.[48] Allerdings sind alle F_1-Pflanzen in ihrem Aussehen gleich, also homogen, sodass in dieser Phase nicht selektiert werden kann.[49] Erst durch anschließende Selbstung spalten sich die Gene in der nachfolgenden F_2-Generation und führen zu Abweichungen im Erscheinungsbild, wobei neben vielen heterozygoten wieder einige homozygote Genotypen zum Vorschein kommen.[50] Im letzten Schritt wird eine Auslese der gewünschten oder unerwünschten Genotypen vorgenom-

41 Auch Selbstung genannt.
42 Vgl. *Miedaner*, Abb. II. 1-2, S. 123.
43 Odenbach-*Schieder*, S. 120.
44 *Miedaner*, S. 213.
45 Odenbach-*Schieder*, S. 121.
46 *Becker*, S. 179.
47 *Miedaner*, S. 43.
48 *Büchting*, S. 7.
49 *Miedaner*, S. 45.
50 *Büchting*, S. 7.

men, um zur angestrebten Sorte zu gelangen.[51] Im Gegensatz zur vegetativen Vermehrung kann das Züchtungsergebnis nicht fixiert werden, sondern es kommt immer wieder zu Aufspaltungen der homozygoten Linien. Daher muss gleichzeitig eine Erhaltungszüchtung betrieben werden, die die weitere Homozygotie sicherstellt und die Sorte von Abweichern bereinigt.[52]

Fremdbefruchter (wie z. B. Roggen) zeichnen sich durch ihre breite genetische Variation aus, da jedes Blühen zu einer Durchmischung der Allele führt und jeder Pflanze einen anderen Genotyp verschafft.[53] Äußerst positive Auswirkungen hat dieser Umstand auf die genetische Anpassungsfähigkeit. Zugleich hat diese Eigenschaft aber auch einen großen Nachteil zur Folge: Die anschließende Selektion verläuft sehr langsam, weil die meisten negativen Allele rezessiv wirken und in heterozygoter Form nicht in Erscheinung treten und dementsprechend nicht ausselektiert werden können. Erschwerend kommt hinzu, dass nach jedem Selektionsschritt immer wieder neue Genotypen auftreten.[54] Insofern kann der Züchter bei Fremdbefruchtern keine genetisch einheitlichen Sorten züchten, sondern nur Populationen mit ähnlichen Phänotypen und weitgehend übereinstimmenden Eigenschaften schaffen.[55]

III. Mutation

Neben der Kreuzung ist die Mutation der zweite Prozess, im Zuge dessen genetische Variation entstehen kann.[56] Durch Mutationen entstehen neue Allele, indem das Erbgut zufällig verändert wird, z. B. durch einen Ablesefehler bei der DNA-Vermehrung. In der Natur treten Mutationen nur sehr selten auf und haben größtenteils nachteilige, zum Teil sogar letale, Folgen.[57] Es gibt jedoch auch züchterisch interessante Mutanten, die im Rahmen der Mutationszüchtung hervorgebracht werden sollen. Durch Bestrahlung (Röntgen-, Neutronenstrahlung) bzw. den Einsatz von Chemikalien und Zellkulturen kann die Mutationsrate um das Vielfache erhöht werden.[58] Problematisch ist jedoch, dass Mutanten in der

51 *Ebda.*
52 *Becker*, S. 211.
53 *Miedaner*, S. 43.
54 Vgl. *Miedaner*, S. 168.
55 *Büchting*, S. 4.
56 *Becker*, S. 165.
57 *Miedaner*, S. 37.
58 *Becker*, S. 178.

Regel rezessiv vererbt werden und somit die mit der Mutationslösung behandelten Pflanzen in großer Anzahl angebaut und alle geselbstet werden müssen, bevor mögliche Mutationen in Erscheinung treten können.[59]

IV. Hybridzüchtung

Die Hybridzüchtung ist eine Weiterentwicklung der Kombinationszüchtung. Sie beruht auf dem Gedanken, bei Fremdbefruchtern ebenfalls nicht heterozygote, sondern vermehrt homozygote Pflanzen zu kreuzen. Denn Sorten mit hoher Homogenität sind erstrebenswert, da in solchen Sorten alle Pflanzen die gleichen erwünschten günstigen Eigenschaften ausprägen.[60] Allerdings kommen homozygote Pflanzenformen bei den Fremdbefruchtern im Verlauf der natürlichen Fortpflanzung praktisch nicht vor. Deswegen müssen sie durch Selbstung, also durch Bestäubung der Blüte einer Pflanze mit ihren eigenen Pollen, über mehrere Generationen reinerbig gemacht werden.[61] Im Anschluss werden dann die besten Inzuchtlinien aus zwei verschiedenen Genpools (Populationen) gekreuzt und die überlegenen Kreuzungskombinationen selektiert.[62] Während des mehrjährigen Inzuchtprozesses degenerieren die Elternlinien. Die Pflanzen zeigen als Folge der fortgesetzten widernatürlichen Eigenbefruchtung in den folgenden Generationen einen sehr schwachen Wuchs (Inzuchtdepression).[63] Zurückzuführen ist dies darauf, dass auch die negativen rezessiven Allele, die üblicherweise nicht zur Ausprägung kommen, durch Selbstung nach und nach homozygot werden und damit zur Ausprägung gelangen.[64] Kreuzt man aber zwei solcher Inzuchtlinien, entstehen in der Nachkommengeneration sogenannte Hybride mit höchster Ausbeute. Das Phänomen, das die Nachkommen gegenüber ihrer degenerierten Elterngeneration eine starke Mehrleistung liefern (beispielsweise in der Höhe der Erträge oder der Größe der Früchte), wird Heterosis genannt.[65] Diese Eigenschaften werden jedoch nicht weitervererbt. Der Nachbau der Ernte von Hybridsorten führt zu einem Leistungsrückgang und einer geneti-

---

59 *Ebda.*

60 Vgl. *Becker*, S. 191.

61 *Miedaner*, S. 187.

62 *Ebda.*

63 *Ebda.*

64 *Diepenbrock/Ellmer/Léon*, S. 300.

65 *Miedaner*, S. 189.

schen Aufspaltung. Aus diesem Grund gelten Hybridsorten als praktisch nicht nachbaufähig.[66]

V. Auf Biotechnologie beruhende Züchtung

Die Fortschritte in der Molekularbiologie und Genetik haben auch die Pflanzenzüchtung entscheidend beeinflusst. Ausgangspunkt hierfür ist die Erkenntnis, dass die Gene Ursprung aller biologischen Prozesse im pflanzlichen Organismus sind und die Herstellung der verschiedenen Proteine durch diese bestimmt werden. Um Krankheiten am Ort ihres Entstehens in der Zelle erkennen zu können und um neue Züchtungsmethoden zu entwickeln, die Pflanzen mit entsprechenden Resistenzen hervorbringen, fokussiert sich die biotechnologische Forschung voll und ganz auf die Analyse des Genmaterials.[67]

Mithilfe molekularer Marker können anhand der DNA Aussagen über bestimmte Eigenschaften einer Pflanze oder deren Nachkommen gemacht werden. Bei den Markern handelt es sich um gut identifizierbare Abschnitte, die nur einmal im gesamten Erbgut der Pflanze zu finden sind und deswegen nur eine „Bande", d.h. einen DNA-Abschnitt, erzeugen, selbst aber keine Funktion haben.[68] Molekulare Marker sind also DNA-Abschnitte, deren Lage auf dem Chromosom bekannt ist.[69] Eine unmittelbare Verbindung zwischen ihnen und angestrebten Zuchtzielen besteht zwar nicht; sie sind aber mit Genen gekoppelt, die in Zusammenhang mit bestimmten Krankheitsresistenzen oder ähnlichem gebracht werden können.[70] Insofern sind Marker vergleichbar mit Fähnchen, die im Erbgut auf das Vorhandensein bestimmter Gene hinweisen und damit letztendlich nichts anderes als Markierungen.[71] Ziel ist es, die Marker zu finden, die in der Nähe von bestimmten Genen für Krankheitsresistenzen liegen.[72] Mit der Markierung des DNA-Abschnitts, auf dem das gesuchte Gen liegt, kann dieser in späteren Generationen wiedererkannt werden. Dadurch können ganze „Genkarten" erstellt werden, die angeben, auf welchem Chromosom und an welcher Stelle sich ein Gen befindet. Alle Pflanzen, die den Marker nicht in sich tragen,

66 Vgl. *Miedaner*, S. 186 ff.
67 Siehe *Schieble*, S. 41, die dies in Bezug auf das menschliche Genom feststellt.
68 *Miedaner*, S. 101.
69 *Miedaner*, S. 98.
70 *Becker*, S. 283.
71 *Miedaner*, S. 101.
72 *Ebda.*

sind dann mit an Sicherheit grenzender Wahrscheinlichkeit nicht gegen die Krankheit resistent. Hat man den „richtigen“ Marker gewählt, der an das entscheidende Gen gekoppelt ist, lassen sich die resistenten von den anfälligen Pflanzen durch einen einzelnen DNA-Abschnitt unterscheiden.[73] Ein entscheidender Vorteil dieser Methode liegt darin, dass Marker schon an Keimlingen sichtbar gemacht werden können, sodass lange Züchtungsphasen bis zur erwachsenen Pflanze und damit unnötige Kosten vermieden werden.[74] Vorteilhaft ist weiterhin, dass molekulare Marker im Gegensatz zu morphologischen Markern nicht durch etwaige Umwelteinflüsse beeinflusst werden können und deswegen nicht in ihrer Merkmalsausprägung variieren.[75]

Zudem ist es im Rahmen der biotechnologischen Forschung gelungen, einzelne, fremde Gene in Pflanzen zu übertragen, um dort gezielt bestimmte Eigenschaften zu beeinflussen.[76] Weil die DNA Grundlage der Vererbung aller Organismen ist, kann so im Prinzip jede Erbanlage verändert werden. Ohne auf die verschiedenen Techniken eingehen zu wollen, ist die Möglichkeit des Gentransfers züchterisch vor dem Hintergrund interessant, dass gezielt bekannte Gene für Krankheitsresistenzen oder Herbizidtoleranzen in Pflanzen eingebracht werden, um im Ergebnis qualitativ hochwertiges Saatgut zu züchten.[77]

Mit dem Einsatz biotechnologischer Methoden ist die Pflanzenzüchtung daher endgültig in den technischen Bereich gerückt. Damit verschwimmen zugleich die Grenzen zwischen konventionellen Pflanzenzuchtverfahren und angewandter biotechnologischer Forschung: Einerseits handelt es sich bei Kreuzung und Selektion um Züchtungsverfahren, derer sich die Menschen bereits seit den Ursprüngen der professionellen Pflanzenzucht bedient haben. Andererseits werden aber auch diese Züchtungsmethoden zunehmend mit technischen Schritten wie einer Marker gestützten Selektion verbunden. Während Verfahren zur gentechnischen Veränderung mittels Gentransfers eindeutig den patentierbaren technologischen Verfahren zuzurechnen sind, fällt eine eindeutige Zuordnung im Bereich der konventionellen Pflanzenzüchtung somit zunehmend schwer.

---

73 *Ebda.*

74 *Ebda.*

75 Odenbach-*Linnert/Odenbach*, S. 324.

76 *Miedaner*. S. 109.

77 *Miedaner*, S. 115.

3. Teil Rechtliche Grundlagen

Nach heutigem Verständnis stehen Sorten- und Patentschutz weitgehend unverbunden nebeneinander, sodass beide Rechtsregime in der Regel autonom betrachtet werden und prinzipiell parallel zur Anwendung gelangen können. Dem liegt kein kohärentes gesetzgeberisches Konzept zugrunde. Vielmehr ist die heutige Rechtslage das Produkt einer Vielzahl von gesetzgeberischen Initiativen auf nationaler, europäischer und internationaler Ebene. Neben den bereits erläuterten tatsächlichen Veränderungen im Bereich der Pflanzenzüchtung hat gerade dieses Regelungsgeflecht dazu beigetragen, dass sich Sorten- und Patentschutz auf unterschiedliche Weise fortentwickelt und angenähert haben. Grundlegende Kenntnisse von den historischen Zusammenhängen sind daher unabdingbar für das tiefergehende Verständnis der geltenden Rechtslage.

A. Entwicklungsstufen des Sorten- und Patentschutzes in Deutschland und Europa

Im Folgenden soll anhand der historischen Entwicklung von Sorten- und Patentschutz aufgezeigt werden, warum im Laufe der Zeit eine Notwendigkeit für einen zusätzlichen Schutz nach dem Patentrecht gesehen wurde. Zu Beginn der Entwicklung des Schutzes von Pflanzenzüchtungen lag der Fokus verstärkt auf dem Sortenschutz. Zurückzuführen ist dies darauf, dass zu dem Zeitpunkt die Interessen von Landwirten und Züchtern zum Ausgleich gebracht werden mussten. Während die Landwirte ein Interesse daran hatten, besseres Saatgut zu bekommen, um höhere Ertragssteigerungen erzielen zu können, hatten die Züchter ein Interesse an der Amortisation ihrer Investitionen, die bei der Züchtung neuer Sorten angefallen sind. In den 1970er Jahren hat sich die Dimension der zu berücksichtigenden Interessen um die Position jener Unternehmen erweitert, die zwecks Züchtungsfortschritts viel Geld in die biotechnologische Forschung pflanzlicher Gene investiert haben. Da die Erforschung pflanzlicher Genkonstrukte zunächst einmal unabhängig von der Züchtung neuer Sorten ist, konnte ein Schutz nicht über das Sortenschutzrecht gewährleistet werden. Deswegen wurde der Bedarf nach einer zusätzlichen Schutzmöglichkeit laut, die den Fortschritt im Bereich der modernen, auf Biotechnologie basierenden Pflanzenzüchtung hinreichend belohnt. Durch eine entsprechende Anpassung des Patentrechts sind daher mittlerweile auch biotechnologische Erfindungen patentierbar.

I. Erste Stufe – Nationaler Sorten- und Patentschutz (ca. 1900 bis 1960)

1. Die Rechtsentwicklung in Deutschland

a) Sortenschutz

aa) Etablierung erster Schutzmechanismen

In Deutschland gab es lange Zeit keinen gesetzlichen Schutz für Pflanzenzüchtungen.[78] Infolgedessen konnte jeder fremde Neuzüchtungen für sich nutzen und wirtschaftlich verwerten, wodurch zahlreiche Sorten minderer Qualität auf den Saatgutmarkt drangen.[79] Diese „schlechten" Sorten konnten nicht hinreichend von den vorhandenen, etablierten Sorten unterschieden werden, was den Saatgutmarkt unüberschaubar machte.[80] Dadurch waren die Pflanzenzuchtbetriebe enormen Risiken ausgesetzt: Einerseits unterlagen sie den marktwirtschaftlichen Unsicherheiten der Nachfrageentwicklung und Preisbildung und andererseits trugen sie das Risiko von Entwicklungskosten, potenziellem Nachbau und Vertrieb unter unzutreffender Sortenbezeichnung.[81] Angesichts dieser Missstände und mangels Abhilfe von staatlicher Seite gab es Ende des 19. Jahrhunderts erste Bestrebungen von Seiten der berufsständischen Selbstverwaltungsorganisationen der Landwirtschaft, die Pflanzenzüchtung professioneller zu gestalten.[82] Neben der verstärkten Aufklärung der Landwirte durch Anbauversuche über Zuchtsorten, entwickelte der Bund der Landwirte (BdL) 1895 das System der Saatgutanerkennung, wodurch der Erwerb hochwertigen Saatguts sichergestellt werden sollte.[83] In Ergänzung dazu wurde 1905 von der Deutschen-Landwirtschafts-Gesellschaft (DLG) ein „DLG-Hochzuchtregister" für besonders hochwertiges Saatgut aufgebaut.[84] Dabei handelte es sich um ein Gütesiegel, welches für die Qualität des Saatguts einstand.

Die ersten Regelungen des Saatenmarktes erfolgten somit allesamt in privater Selbstregulierung, wobei das Interesse der Landwirtschaft an hochwertigem

---

78 *Nirk/Ullmann*, S. 188.
79 *Franz Herzfeld-Wuesthoff*, GRUR 1931, S. 300.
80 *Neumeier*, S. 13.
81 *IÖW*, Kapitel 4, S. 6.
82 *Neumeier*, S. 14.
83 *Ebda.*
84 *BDP*, S. 74.

Saatgut im Fokus stand.[85] Weniger dienten die Regelungen dem Schutz der Pflanzenzüchter. Denn der freie Verkauf von Absaaten erworbenen Saatguts war auch weiterhin zulässig, sodass Käufer von Saatgut sich die Arbeit der Züchter zunutze machen konnten, ohne selbst etwas zum Züchtungsergebnis beigetragen zu haben.[86] Aus diesem Grund wurden die Forderungen nach einem eigenständigen besonderen Schutzsystem seitens der Pflanzenzüchter eindringlicher.[87]

1929 legte der Reichsminister für Ernährung und Landwirtschaft auf Druck der Pflanzenzüchter einen Entwurf eines Saat- und Pflanzgutgesetzes vor, welches ein Schutzrecht für neue durch Züchtung gewonnene Sorten von Kulturpflanzen vorsah.[88] Die Bestimmungen entsprachen weitgehend dem Patentgesetz.[89] Allerdings wurde der Entwurf in den Folgejahren vom Reichsnährstand, dem agrarpolitischen Apparat in der Zeit des Nationalsozialismus, nicht weiterverfolgt.[90] Das Interesse des Reichsnährstands war allein auf eine Saatgutordnung zur Sicherung der Volksernährung gerichtet, sodass die Diskussion um Eigentumsrechte an einer Sorte und dessen Schutz aus dem Blickfeld gerieten.[91]

bb) Alternative Schutzformen

Einzige Möglichkeit, einen gewissen Rechtschutz für die Ergebnisse der Züchtung zu erzielen, war das Ausweichen auf alternative Schutzformen. Insbesondere Privatverträge kamen hier in Betracht, in denen unter anderem Pflichten in Bezug auf den Vermehrungsnachwuchs festgelegt werden konnten.[92] Die Effektivität solcher vertraglichen Regelungen war allerdings sehr begrenzt, da es keine Kontrollmöglichkeiten für die Einhaltung der Verträge gab.[93]

Auf Anraten der Gesellschaft zur Förderung deutscher Pflanzenzucht (GFP) versuchten viele Züchter, den Namen ihrer neuen Sorte als Warenzeichen eintragen zu lassen.[94] Mit der Eintragung erhielten sie das ausschließliche Recht, Waren

85 Vgl. *IÖW*, Kapitel 4, S. 10.
86 *Franz Herzfeld-Wuesthoff*, GRUR 1931, S. 300.
87 Vgl. *Franz Herzfeld-Wuesthoff*, GRUR 1932, S. 510.
88 Entwurf eines Saat- und Pflanzgutgesetzes, abgedruckt in: GRUR 1930, S. 244-251.
89 *Franz Wuesthoff*, GRUR 1977, S. 404 (405).
90 *Neumeier*, S. 16.
91 *BDP*, S. 77; vgl. auch *Franz Wuesthoff*, GRUR 1968, S. 24.
92 *Leßmann/Würtenberger*, § 1 Rdnr. 4.
93 *Neumeier*, S. 16.
94 *Ebda.*

der eingetragenen Art (Saatgut) und deren Verpackung und Umhüllung mit dem Warenzeichen (Sortennamen) zu versehen und in den Verkehr zu bringen.[95] Dadurch wuchs der Bekanntheitsgrad des Warenzeichens und mithin der gute Ruf der Sorte bei den Abnehmern, sodass ein gewisser Schutz erzielt werden konnte.[96] Dennoch war die Reichweite des so erzielten Schutzes eher gering: Zum einen konnten die Züchter nicht verhindern, dass ihre Sorten unter anderem Namen gehandelt wurden. Zum anderen fehlte es an einer Möglichkeit, anderen Züchtern zu verbieten, ihre Sorte als Ausgangsmaterial für die Züchtung neuer Sorten und deren gewerbliche Verwertung zu verwenden.[97]

Auch das Gesetz gegen unlauteren Wettbewerb (UWG) konnte keinen eigenständigen Sachschutz für Pflanzenzüchtungen ersetzen.[98] Unterlassungs- und Schadensersatzansprüche standen dem Züchter nur in den Fällen zu, in denen Betriebsgeheimnisse zum Zwecke des eigenen wettbewerblichen Vorteils ausspioniert wurden.[99] Die praktische Relevanz dessen war nahezu unbedeutend, da der Züchter mit jeder verkauften Pflanze der neu gezüchteten Sorte zugleich die „Fabrik" mitverkaufte und der Erwerber sich nur noch die in der Pflanze vorhandene Anlage zur Vermehrung zunutze machen musste.[100] Aus diesem Grund war ein Ausspionieren von Züchtungsleistungen – ausgenommen solchen bei generativ vermehrbaren Pflanzen – überflüssig. Besonders schwer fiel zudem der Nachweis sittenwidrigen, wettbewerbsfeindlichen Verhaltens durch den Erwerber gemäß §§ 1 UWG a.F. (jetzt: § 3 Abs. 1 UWG), 826 BGB. Die bloße Ausnutzung der von dem ersten Züchter geleisteten Zuchtarbeit durch Nachzüchtung reicht hierfür nicht aus. Vielmehr müssen die beteiligten Verkehrskreise gezielt über die Herkunft der Absaaten getäuscht werden und es muss absichtlich der Eindruck erweckt werden, es handele sich um Produkte des Erstherstellers.[101] Für eine wettbewerbswidrige Handlung im Sinne des § 1 UWG a.F. reichte es dagegen aus, wenn der Mitbewerber den guten Ruf der bekannten Pflanzensorte gezielt ausnutzen wollte, um unmittelbar an der „Leistung" des

95 § 15 WZG abgedruckt in: BGBl. I 1968, S. 29 (33).

96 *Neumeier*, 17.

97 *Isay*, GRUR 1931, S. 905 (905 f.).

98 *Büchting*, S. 31.

99 *Ebda.*

100 *Freda Wuesthoff*, GRUR 1957, S. 49 (50).

101 BGH, U. v. 21.11.1958 – I ZR 61/57, abgedruckt in: NJW 1959, S. 576 ff. = BGHZ 28, 387 ff. = GRUR 1959, S. 240 ff.

Züchters teilhaben zu können.[102] Aus dem Wettbewerbsrecht folgte jedoch kein umfassendes Ausschlussrecht, auf Grund dessen der Züchter jedem die Benutzung der Sorte oder des Züchtungsverfahrens hätte untersagen können.[103] Plagiatszüchtungen und Preisunterbietungen schlechten Saatgutes konnten infolgedessen nur unzureichend verhindert werden.[104]

cc) Saatgutgesetz (1953)

Wegen der Unvollkommenheit aller alternativen Schutzmöglichkeiten gingen die Bemühungen um die Schaffung eines Spezialgesetzes für Pflanzenzüchtungen weiter. Allerdings dauerte es bis 1953, bis ein „Gesetz über Sortenschutz und Saatgut von Kulturpflanzen" (sog. Saatgutgesetz)[105] verabschiedet wurde, welches erstmals den Sortenschutz als privates Verbietungsrecht ausgestaltete. Allerdings entsprach der Schutz dieses Rechts aufgrund der Verbindung mit einer öffentlich-rechtlichen Vertriebsordnung noch nicht dem anderer gewerblicher Schutzrechte.[106] Denn mit der Voraussetzung der landeskulturellen Brauchbarkeit wurde der Schutz von der Erfüllung eines öffentlichen Zwecks abhängig gemacht.[107] Entscheidend für den Schutz der Sorte waren die Eigenschaften des aus dem Saatgut der Sorte gewonnenen Aufwuchses. Zeichnete sich dieser in besonderer Weise durch seine Menge, seine Güte, seine Ertragssicherheit oder seine besondere Widerstandsfähigkeit gegen Schädlinge und Krankheiten aus, lag der Anbau der Sorte im Interesse der Hebung oder Verbesserung des Bodenertrages.[108]

Problematisch war des Weiteren, dass das Gesetz nur Nutzpflanzen umfasste, während ein Großteil von Pflanzen, insbesondere der Bereich der Zierpflanzen, von vornherein nicht dem Anwendungsbereich des Gesetzes unterfiel.[109] Wegen dieser Mängel forderten die Züchter auch nach Erlass des Gesetzes weiterhin die Einführung eines echten umfassenden Sachschutzes sowie die Trennung von

---

102 *Pinzger*, GRUR 1938, S. 733 (746).
103 *Büchting*, S. 32, a.A. *Eggener*, Mitt. 1959, S. 175.
104 *Büchting*, S. 32.
105 BGBl. I 1953, S. 440 ff.
106 *BDP*, S.77.
107 Vgl. *Franz Wuesthoff*, GRUR 1977, S. 404 (405).
108 Vgl. § 2 Abs. 4 des Saatgutgesetzes.
109 *Franz Wuesthoff*, GRUR 1977, S. 404 (405).

den öffentlichen Vertriebsregelungen.[110] Die in dem Gesetz enthaltenen materiell-rechtlichen Regelungen hinsichtlich des Sortenschutzes stellten aber zumindest den Grundstein für ein eigenständiges und umfassendes Schutzrecht dar.[111]

b) Patentschutz

aa) Anfänge der Patentierung lebender Materie

Bereits zu Beginn des 20. Jahrhunderts begehrten Züchter für das Ergebnis ihrer Züchtungsarbeit Patentschutz.[112] Dies war vor allem der Tatsache geschuldet, dass es zu diesem Zeitpunkt keinen wirklichen Schutz für Erfindungen auf dem Gebiet der Pflanzenzucht gab und § 1 Abs. 1 PatG in seiner Fassung von 1877 biologische Erfindungen nicht ausdrücklich ausschloss.[113] Nach dem Wortlaut konnte Patentschutz für neue Erfindungen erteilt werden, die eine gewerbliche Verwertung gestatten.[114] Von einer Beschränkung der Patentgegenstände auf „Erzeugnisse der Industrie, Methoden, solche herzustellen, und Maschinen, Geräte oder Werkzeuge" wurde bewusst abgesehen, um Verunsicherungen zu vermeiden.[115] Die Motive zu § 1 PatG legten jedoch den Schluss nahe, dass der Gesetzgeber zumindest gewerbliche Verwertungen auf dem Gebiet der Landwirtschaft von der Patentierung ausschließen wollte, da neben dem Auffinden unbekannter Naturprodukte auch neue Methoden des Ackerbaus vom Schutz ausgenommen werden sollten.[116] Trotzdem wurden bereits zu dieser Zeit vereinzelt Patente für Pflanzenzüchtungen erteilt.[117]

Von dem engen Verständnis des Gewerbebegriffes hat sich das Reichspatentamt immer weiter gelöst. Während die Erteilung von Patenten für Pflanzenzüchtungen zunächst sehr restriktiv gehandhabt wurde und nur selten gelang, fand mit der grundlegenden Entscheidung der Beschwerdekammer vom 19. September 1932, in welcher die Patentfähigkeit landwirtschaftlicher Kulturverfahren aner-

110 *BDP*, S. 78.
111 Vgl. *Leßmann/Würtenberger*, § 1 Rdnr. 6.
112 *Quade*, GRUR 1913, S. 2 ff.; *Franz Herzfeld-Wuesthoff*, GRUR 1932, S. 510 ff.; *Isay*, GRUR 1931, S. 905 ff.
113 *Neumeier*, S. 17.
114 Vgl. § 1 PatG 1877 abgedruckt in: RGBl. 1877, Band Nr. 23, S. 501.
115 *Schade*, GRUR 1950, S. 312.
116 Vgl. die Ausführungen zur Entstehungsgeschichte von § 1 PatG 1877 bei *Schade*, GRUR 1950, S. 312 (313).
117 *Quade*, GRUR 1913, S. 2, der beispielhaft ein Verfahren zur Veredelung von Weinreben sowie ein Verfahren zum Verhindern des Entartens der Baumwollstaude nennt.

kannt wurde, ein Umdenken statt.[118] Begründet wurde dies vor allem damit, dass in jener Zeit als die Motive zum Patentgesetz von 1877 verfasst wurden, niemand den Verlauf der Technik auch nur ansatzweise vorhersehen konnte.[119] Da durch den rasanten Fortschritt der Technik die Beeinflussung von Funktionen lebender Organismen nicht mehr unmöglich war, hielt das Reichspatentamt eine Beschränkung des Patentschutzes auf den Bereich der toten Natur nicht mehr für angebracht.[120] Damit war auch der Weg für eine Ausdehnung der Patentfähigkeit auf Züchtungsverfahren geebnet.[121]

Im Anschluss an diese Entscheidung hat sich das Reichspatentamt daher mehrfach mit der Frage eines Patentschutzes für Pflanzenzüchtungen auseinandersetzen müssen. Beispielhaft sei hier auf die Entscheidung vom 20. Dezember 1934 hinzuweisen, in der der Erste Beschwerdesenat die Bekanntmachung einer Anmeldung als „Lupinensaatgut" anordnete.[122] Das Reichspatentamt stützte seine Argumentation im Wesentlichen darauf, dass die geistige schöpferische Leistung in der besonderen Auswahl der Elternpflanzen zu sehen sei, aus der ein neues, schutzwürdiges Ergebnis, nämlich eine Lupine mit besonders hohem Fettgehalt und geringem Alkaloidgehalt, hervorgegangen sei.[123]

Um problemlos der Ideologie der Nationalsozialisten entsprechende staatliche Reglementierungen erlassen zu können, verfolgte der Reichsnährstand eine Landwirtschaft frei von Patenten.[124] Denn die Erstreckung des Patentschutzes auf landwirtschaftliche Kulturverfahren wurde als Einbruch kapitalistischen Denkens in das Gebiet der Urproduktion angesehen.[125] Angesichts dieser feindseligen Haltung verwundert es nicht, dass die vom Reichspatentamt für patentfähig erachteten Anmeldungen für Saatgut – unter anderem auch die für Lupinensaatgut – von den Anmeldern „freiwillig" zurückgenommen wurden.[126] Bis

118 RPA, Ent. v. 19.10.1932, Az.: St. 46193 III/45b 1 I B. 483/30, abgedruckt in: GRUR 1932, S. 1114 ff.

119 RPA, GRUR 1932, S. 1114 (1115).

120 RPA, GRUR 1932, S. 1114 (1115).

121 *Schade*, GRUR 1950, S. 312 (314).

122 RPA, B. v. 20.12.1934, Az.: B. 162235 III/45f, abgedruckt in: Mitt. 1936, S. 95.

123 Ebda.

124 *Neumeier*, S. 23.

125 So *Gissel*, der als Vertreter der Ansichten des Reichsnährstandes auftrat, RdR 1941, S. 442 ff.

126 *Neumeier*, S. 24.

zum Ende der nationalsozialistischen Diktatur wurden infolgedessen keine Patente mehr für züchterische Leistungen erteilt, sodass die zu Beginn der 30er Jahren ergangene Entscheidungspraxis des Reichspatentamts hinsichtlich der Patentfähigkeit von Pflanzenzüchtungen einen deutlichen Rückschritt erlitt.[127]

Nach Stabilisierung der nachkriegsbedingt schlechten Versorgungslage entwickelte sich Anfang der 1950er Jahre erneut eine Diskussion um die Patentfähigkeit von Pflanzenzüchtungen.[128] Wurde die Patentierbarkeit lebender Materie zu Beginn des 20. Jahrhunderts noch wegen des angeblich fehlenden technischen Charakters bezweifelt[129], sah man den Grund nun in der fehlenden Möglichkeit zur Wiederholung, welche ebenfalls Patentierungsvoraussetzung ist.[130] Hinsichtlich der Technizität kam man dagegen zu dem Schluss, dass Funktionen der lebenden Natur nicht zwangsläufig außerhalb des Bereichs der Technik liegen müssten, sondern nur insoweit ausgenommen werden müssten, als es sich um unbeherrschbare biologische Prozesse handele. Dabei war die Frage nach Patentschutz vor allem für solche Pflanzenzüchtungen von Bedeutung, die nicht dem Ernährungs- und Nutzpflanzensektor angehörten und damit aus dem Anwendungsbereich des 1953 in Kraft getretenen Saatgutgesetzes herausfielen.[131] Um diese Schutzlücke zu schließen, war die patentamtliche Praxis daher dazu übergegangen gerade auf Zierpflanzen großzügig Patente zu erteilen.[132]

bb) Entscheidungspraxis des BGH in der Nachkriegszeit

Die erste höchstrichterliche Entscheidung auf dem Gebiet der Pflanzenpatentierung erging am 6. Juli 1962.[133] Gegenstand des vom BGH zu entscheidenden Falles war ein auf die vegetative Vermehrung von Rosen gerichteter Patentan-

---

127 *Ebda.*

128 *Neumeier*, S. 29.

129 Vgl. *v. d. Trenck*, der eine direkte Übertragung der Patentregeln, die gerade auf das Gebiet des Toten zugeschnitten seien, aufgrund der großen Unterschiede zum Bereich des Lebenden für schwierig hält, GRUR 1939, S. 437 (439).

130 Vgl. *Marx*, GRUR 1952, S. 456 (458); *Benkard*, GRUR 1953, S. 97; *Kirchner*, GRUR 1951, S. 572; *Freda Wuesthoff*, GRUR 1957, S. 49 (52); *Schmidt*, GRUR 1952, S. 168.

131 Vgl. *Franz Wuesthoff*, GRUR 1977, S. 404 (405).

132 Siehe hierzu *Freda Wuesthoff*, die die vom Deutschen Patentamt nach dem Krieg erteilten Patente auflistet, GRUR 1957, S. 49 (50).

133 BGH, U. v. 06.07.1962, Az.: I ZR 74/59 – Rosenzüchtung, abgedruckt in: GRUR 1962, S. 577 ff. = NJW 1962, S. 2058 f.

spruch.[134] Zwar handelte es sich um einen Verletzungsprozess, in dem die Rechtsgültigkeit des Schutzrechts nicht zu überprüfen war; gleichwohl konnten den Entscheidungsgründen allgemeine Grundsätze für die Auslegung derartiger Patente entnommen werden.[135] Der BGH ordnete die Ansprüche einer zwischen Verfahrens- und Sachpatent liegenden Kategorie, nämlich der Kategorie „der durch die Anwendung auf ein bestimmtes Arbeitsmittel gekennzeichneten Verfahrenspatente“[136] zu und bezeichnete derartige Patente als statthaft. Den Stimmen in der Literatur[137], die eine Patentfähigkeit von Pflanzenzüchtungen unter dem Gesichtspunkt mangelnder Wiederholbarkeit ablehnten, wurde damit eine Absage erteilt. Nach den Erwägungen des BGH kommt es nämlich auf die Frage, ob der Züchtungsvorgang als Ganzes mit dem gleichen Ergebnis wiederholbar ist, nicht an, weil nur der Schritt der vegetativen Vermehrung für den Durchschnittsfachmann nachvollziehbar sei und deswegen auch nur dieser geschützt werden könne.[138] Auf Grundlage dessen wurden in den nachfolgenden Jahren weitere Patente erteilt, die auf die vegetative Vermehrung eines Züchtungsergebnisses gerichtet waren, auch wenn das Züchtungsverfahren an sich nicht wiederholbar war. In derselben Entscheidung urteilten die Richter zudem, dass sich der Schutz nicht nur auf das aus dem Züchtungsverfahren unmittelbar gewonnene Produkt erstrecke, sondern auch auf die in späteren Vermehrungsstufen vorgenommene vegetative Vermehrung.[139] Voraussetzung sei aber, dass das Ausgangsmaterial bei der Vermehrung in seinen angezüchteten Eigenschaften unverändert bleibe und auf eine bestimmte im Patentanspruch beschriebene Weise gewonnen werden müsse.[140] Im Schrifttum ist die Entscheidung vielfach auf Kritik gestoßen. Insbesondere habe der BGH den Vermehrungsanspruch nur aus dem Grund konstruiert, um sich der Frage nach der Wiederholbarkeit von

134 Ebda.

135 *Franz Wuesthoff*, GRUR 1962, S. 555 (556).

136 BGH, GRUR 1962, S. 577 (580), Entscheidungsgründe II Ziff. 4 Abs. 1.

137 Ablehnend: *Schmidt*, GRUR 1952, S. 168 ff.; *Tetzner* GRUR 1952, S. 176 (177); *Benkard*, GRUR 1953, S. 97 ff.

138 BGH, GRUR 1962, S. 577 (579), Entscheidungsgründe II Ziff. 3 Abs. 1.

139 BGH, GRUR 1962, S. 577 (579), Entscheidungsgründe II Ziff. 3 Abs. 5.

140 *Franz Wuesthoff*, GRUR 1962, S. 555 (557).

Züchtungsverfahren entziehen zu können.[141] Damit werde aber außer Acht gelassen, dass Vermehrungsverfahren als solche bereits bekannt sind.[142]

Trotz der bereits 1961 ergangenen „Rosenzüchtungs"-Entscheidung des BGH gilt als Grundstein für die Befürwortung der Patentierung lebender Materie der Beschluss des BGH vom 27. März 1969, der unter der Bezeichnung „Rote Taube" Rechtsprechungsgeschichte geschrieben hat.[143] Zum Patent angemeldet war ein mehrstufiges Tierzüchtungsverfahren, bei dem Tauben verschiedener Rassen gekreuzt, selektioniert und rückgekreuzt wurden. Ziel war es, eine neue, durch einzelne veränderte Erscheinungsmerkmale gekennzeichnete Art zu kreieren. Auch wenn in dem Verfahren vor dem BGH über die Patentierung eines Tierzüchtungsverfahrens gestritten wurde, konnten die in den Urteilsgründen getroffenen Erwägungen über den Einzelfall hinaus auf alle biologischen Erfindungen ausgedehnt werden, also auch auf pflanzengenetische Erfindungen.[144] Das Zukunftsweisende lag vor allem darin, dass der BGH nun ausdrücklich entschied, eine technische Erfindung im Sinne des Patentrechts könne auch in der planmäßigen Ausnutzung biologischer Kräfte bestehen.[145] Der enge traditionelle Begriff von Technik, zu dem nur der Bereich der unbelebten Natur, seine Ausnutzung und Beeinflussung durch Lehren der Physik und Chemie zählte, war damit überholt.[146] Erst durch diese grundsätzliche Abkehr von dem historisch wurzelnden Erfindungsbegriff wurde die Patentfähigkeit biologischer Erfindungen ermöglicht. Gleichzeitig bezog der BGH zu der heftig umstrittenen Frage, ob die Wiederholbarkeit des Züchtungsverfahrens Patentierungsvoraussetzung ist, Stellung und hielt entgegen zahlreicher Stimmen in der Literatur[147] daran fest. Nach Auffassung des BGH werde das Erfordernis der Wiederholbarkeit nicht dadurch abkömmlich, dass das Ergebnis der Züchtung aus sich selbst her-

141 *Moufang*, S. 87; *Neumeier*, S. 30.

142 Siehe *Neumeier*, S. 30, der auf die später ergangenen Entscheidungen hinweist, in denen stets eine praktische Wiederholbarkeit des Züchtungsvorganges gefordert wurde.

143 BGH, B. v. 27.03.1969, Az.: X ZB 15/67 – Rote Taube, abgedruckt in: NJW 1969, S. 1713 = BGHZ 52, S. 74 ff. = GRUR 1969, S. 672 ff.

144 *Neumeier*, S. 57.

145 BGH, NJW 1969, S. 1713 (1714).

146 *Beier*, GRUR 1972, S. 214 (216).

147 Gegen das Erfordernis der Wiederholbarkeit als unmittelbare Patentierungsvoraussetzung siehe: *Kirchner*, GRUR 1951, S. 572 ff. und GRUR 1952, S. 453 ff.; *Franz Wuesthoff*, GRUR 1953, S. 230 (231); *Freda Wuesthoff*, GRUR 1957, S. 49 (52); *Marx*, GRUR 1952, S. 456 (458).

aus erbbeständig vermehrt werden könne.[148] Denn die einfache Vermehrung sei nur dem möglich, der das Ergebnis des Züchtungsverfahrens bereits besitze; ein Ersatz für eine Lehre, die einen Fachmann in die Lage versetzt, das Verfahren nachzuvollziehen, stelle dies jedenfalls nicht dar.[149] Quintessenz dessen war, dass das Züchtungsverfahren als solches wiederholbar sein musste, damit Patente für Pflanzenzüchtungen gewährt werden konnten, was zugleich eine Abkehr von den Grundsätzen der „Rosenzüchtungs"-Entscheidung bedeutete.[150]

Die vom BGH ausschließlich für Tierzüchtungsverfahren aufgestellten Grundsätze zur generellen Patentierbarkeit wurden erstmals in einer Entscheidung des Bundespatentgerichts (BPatG) vom 16. Oktober 1973 auf Pflanzenzüchtungen übertragen.[151] Gegenstand des Verfahrens war die Patentierung eines Verfahrens zur Gewinnung einer neuen Sorte von Usambara-Veilchen, welche noch nicht im Artenverzeichnis zum Sortenschutzgesetz aufgeführt und deswegen dem patentrechtlichen Schutz grundsätzlich zugänglich war. Das BPatG ging von einer Übertragbarkeit der vom BGH aufgestellten Grundsätze aus, da sowohl Tier- als auch Pflanzenzüchtungen Erfindungen auf einem Spezialgebiet der Biologie, nämlich dem der Genetik, seien.[152] Im Hinblick auf die Erkenntnisse zur Vererbungslehre sei eine unterschiedliche Behandlung patentrechtlich unter keinem Gesichtspunkt geboten.[153] Im vorliegenden Verfahren wurde die Patentierbarkeit des Züchtungsverfahrens mangels Wiederholbarkeit abgelehnt. In den Entscheidungsgründen führte das Gericht aus, dass eine konkrete neue erbbeständige Pflanze nicht auf Grund ihrer Existenz Gegenstand eines Patents sein könne, sondern die patentierende Lehre in der Angabe der Methode bestehe, die zur Gewinnung der neuen Pflanzen aus den bekannten Arten führe.[154] Die Reproduzierbarkeit einer Pflanze durch natürliche Vermehrung erfülle das Kriterium der Wiederholbarkeit im patentrechtlichen Sinne jedenfalls nicht.[155] Bei dem Fortpflanzungsvorgang handele es sich vielmehr nur um die triviale Ausnutzung ei-

148 BGH, NJW 1969, S. 1713 (1715), Erwägungsgrund II B 2.
149 Ebda.
150 *Neumeier*, S. 57.
151 BPatG, B. v. 16.10.1973 – 32 W (pat) 82/72, abgedruckt in: GRUR 1975, S. 654 ff. = BlPMZ 1974, S. 203 ff.
152 BPatG, GRUR 1975, S. 654 (655).
153 Ebda.
154 Ebda.
155 Ebda.

ner allen Lebewesen innewohnenden Fähigkeit und demzufolge nicht um eine neue Erfindung im Sinne des Patentrechts.[156] Hinzu komme, dass das Vermehrungsverfahren voraussetze, dass man das Erzeugnis (der neuen Pflanze) bereits besitze.[157] Ein Verfahren, das sein eigenes Ergebnis zur Voraussetzung habe, sei aber ein Widerspruch in sich und mit dem patentrechtlichen Erfindungsbegriff als Lehre zum technischen Handeln nicht zu vereinbaren.[158] So hat das BPatG in seinem Beschluss ausgeführt, dass durch die Vermehrung auf natürlichem Wege zwar die Körperwelt um die entsprechende Anzahl neuer Exemplare der Spezies bereichert werde, ein Beitrag zum Fortschritt der Technik und Wissenschaft aber nicht geleistet werde.[159] Nur letzteres sei aber Sinn des modernen Patentwesens. Dadurch distanzierte sich das BPatG entschieden von der Konstruktion des BGH, das Patentbegehren in den Fällen als Vermehrungsanspruch auszulegen, in denen das Züchtungsverfahren als solches nicht wiederholt werden kann. Zugleich führte das Festhalten an dem Merkmal der Wiederholbarkeit zwangsläufig zu einem restriktiven Umgang hinsichtlich der Patentierbarkeit von klassischen Pflanzenzüchtungen, sodass im Folgenden zunächst einmal keine Patente mehr in diesem Bereich erteilt wurden.[160]

2. Entwicklungen im europäischen Ausland

Auch im Ausland erkannte man frühzeitig die Notwendigkeit, Züchter von Pflanzenerfindungen durch gesetzliche Regelungen zu schützen. In den meisten Nachbarländern wurde daher – ebenso wie in Deutschland – ein besonderes, eigenständiges Schutzsystem für Pflanzen eingeführt. Die Möglichkeit, Patentschutz alternativ zu beantragen, wurde dagegen von den meisten Ländern abgelehnt. Es gab jedoch auch Länder (beispielsweise Belgien oder Italien), in denen nicht extra ein eigenes Schutzsystem geschaffen und für den Schutz von Pflanzenzüchtungen auf das bestehende Patentrecht zurückgegriffen wurde. Nur vor diesem Hintergrund erklärt sich die spätere Tendenz zu einer einheitlichen Rechtsentwicklung in Europa, weshalb eine Betrachtung der einzelstaatlichen Regelungsregime zum Schutz von Pflanzenzüchtungen unerlässlich ist.

156 BPatG, GRUR 1975, S. 654 (657).
157 *Hesse*, GRUR 1969, S. 644 (648).
158 *Hesse*, GRUR 1969, S. 644 (649).
159 BPatG, GRUR 1975, S. 654 (657).
160 *Moufang*, S. 99.

a) Parallelen zur deutschen Rechtsentwicklung in Frankreich

Die Forderung nach einem besonderen Schutz von Pflanzenzüchtungen kam in Frankreich erstmals 1903 im Rahmen eines Kongresses der Obstzüchter auf.[161] Verlangt wurde, dass neue Sorten einer Prüfung und Registrierung durch eine internationale Kommission von Experten unterzogen werden.[162] Nach erfolgreicher Prüfung und Registrierung sollten dem Züchter für eine bestimmte Zeit mittels Ausstellung eines entsprechenden Zertifikats das ausschließliche Recht zur Vermehrung sowie das Recht zur Verbreitung zustehen.[163]

1921 war die Frage der Schutzfähigkeit von Pflanzensorten zum ersten Mal Inhalt einer Gerichtsentscheidung in Frankreich.[164] Gegenstand des Rechtsstreits war eine neue Nelkensorte, für die der Züchter ein Exklusivitätsrecht begehrte, um Nachahmungen durch Konkurrenten zu unterbinden. Das nizzanische Handelstribunal kam zu dem Ergebnis, dass mangels Rechtsgrundlage ein derartiges ausschließliches Recht nicht gewährt werden könne.[165]

In einem Dekret vom 5. Dezember 1922 wurde schließlich die Errichtung eines besonderen Schutzsystems für Pflanzenzüchtungen vorgesehen.[166] Allerdings erfüllte keine der zur Prüfung angemeldeten 22 Sorten die Voraussetzungen, sodass kein einziges Zertifikat nach diesem Dekret erteilt wurde und das Schutzsystem damit letztlich wirkungslos blieb.[167]

Erst in den 30er Jahren sorgte die Einführung eines Katalogs kultivierter Pflanzensorten sowie eines Registers selektionierter Pflanzen für ein gewisses Schutzniveau.[168] Die Eintragung darin war Vorrausetzung für das Inverkehrbringen der jeweiligen Pflanzen. Galt dies zunächst nur für Weizensorten, wurde der Katalog später auf alle Arten erweitert.[169] Voraussetzung für die Eintragung der Sorte waren neben der landeskulturellen Brauchbarkeit, der Keimfähigkeit

161 *Matthey*, S. 13.

162 *Ebda.*

163 *Ebda.*

164 Propriété Industrielle 1923, S. 28, zitiert nach: *Matthey*, S. 14.

165 Vgl. *Matthey*, S. 14.

166 Propriété Industrielle 1932, S. 58, zitiert nach: *Matthey*, S. 14.

167 *Matthey*, S. 14.

168 Vgl. *Matthey*, S. 15.

169 Siehe *Eggener*, Mitt. 1958, S. 4, die ausführt, dass bereits 1934 der Katalog auf Getreide- und Hafersorten sowie andere Arten ausgedehnt wurde.

und dem Gesundheitszustand des Saatguts auch der Nachweis eines besonderen Fortschritts.[170] Dennoch war die Anwendbarkeit des französischen Patentgesetzes dadurch nicht ausgeschlossen, sodass 1951 erstmals ein Patent auf eine Pflanzenzüchtung in Form einer neuen Rosensorte erteilt wurde.[171]

b) Exklusivität des Sortenschutzes am Beispiel der Niederlande

In den Niederlanden wurde die Patentfähigkeit landwirtschaftlicher Kulturverfahren dagegen entschieden abgelehnt. Die negative Haltung beruhte auf der Formulierung des Art. 3 des niederländischen Patentgesetzes, wonach als Voraussetzung für ein Patent ein Ergebnis auf industriellem Gebiet gefordert wurde.[172] Im Gegensatz zur deutschen Rechtsprechung, die den vergleichbaren Begriff der gewerblichen Verwertbarkeit in § 1 des deutschen PatG im weitesten Sinne auslegte, orientierten sich die niederländischen Gerichte für die Auslegung des Begriffs der Industrie eng am normalen Sprachgebrauch, sodass patentierbare Erfindungen nur mechanische oder chemische Bearbeitungen darstellen konnten und nicht auf dem Gebiet der Landwirtschaft zu finden waren.[173] Infolge der einheitlichen Rechtsprechung, die auf ein Grundsatzurteil seitens des Hohen Rates der Niederlande (Hoge Raad) von 1930 zurückzuführen ist, sah sich auch das Patentamt genötigt, konsequent Erfindungen oder Verfahren auf landwirtschaftlichem Gebiet zurückzuweisen.[174]

Gleichwohl erkannte man das Schutzbedürfnis der Pflanzenzüchter, sodass die Niederlande als erstes europäisches Land 1941 eine detaillierte Regelung für den Schutz neuer Pflanzensorten erließ.[175] Durch dieses Gesetz wurden sowohl die Bereiche des Sortenschutzes als auch die des Saatgutverkehrsrechts gemeinsam geordnet, sodass privatrechtliche mit öffentlich-rechtlichen Vorschriften verknüpft wurden. Neben saatgutverkehrsrechtlichen Bestimmungen enthielt die Verordnung somit ein zentrales Sortenregister sowie eine besondere Sortenliste für Kulturpflanzen. Sofern es gelang, der Sorte einen besonderen Wert für die Bodenkultur nachzuweisen, erhielt der Inhaber durch Eintragung in das Register das ausschließliche Recht, Saatgut unter der Bezeichnung „Origineel" oder „Eli-

170 *Eggener*, Mitt. 1958, S. 4.
171 *Matthey*, S. 15.
172 Vgl. *Schade*, GRUR 1950, S. 312 (315).
173 Vgl. *Schippel*, GRUR Ausl. 1958, S. 333 (335).
174 *Davidson*, GRUR Ausl. 1963, S. 5 (9).
175 Vgl. *Jühe*, GRUR Int. 1967, S. 228.

te" zu verkaufen.[176] Das niederländische Schutzsystem galt vor allem durch die lange Schutzdauer von 25 Jahren und die drohenden straf- und zivilrechtlichen Sanktionen gegen Verletzer als starkes Schutzrecht.[177]

c) Die Entwicklung in den übrigen europäischen Staaten

Auch die Entwicklung in den übrigen europäischen Staaten zeigt, dass die Schwierigkeiten, ein System zum Schutz von Pflanzenzüchtungen zu etablieren, kein deutsches Phänomen war, sondern sich in den anderen Rechtsordnungen in gleicher Weise stellte. In Schutzart und Schutzumfang wichen die Regelungen in den einzelnen Ländern aber in erheblichem Umfang voneinander ab.

Nachdem in Österreich bis in die 30er Jahre aufgrund der Zugehörigkeit zum Deutschen Reich (Verfahrens-)Patente für Pflanzenzüchtungen erteilt wurden, erließ man 1946 ein eigenes Pflanzenzuchtgesetz.[178] Neue bzw. verbesserte Sorten oder landeskulturell bedeutsame Sorten konnten in ein Zuchtbuch eingetragen werden, womit – ebenso wie bei der niederländischen Pflanzenzüchterverordnung – das Recht verbunden war, die Bezeichnung „Original Hochzucht" oder „Original Erhaltungszüchtung" zu verwenden.[179] Die Praxis der Patenterteilung wurde dagegen nicht fortgeführt, zumal Bedenken hinsichtlich der Wiederholbarkeit biologischer Vorgänge auftraten.[180]

Im britischen Patentgesetz von 1949 war ein Schutz für neue Pflanzenzüchtungen nicht vorgesehen.[181] Da man der Möglichkeit, Patente für Züchtungsverfahren zu erteilen, grundsätzlich skeptisch gegenüberstand, erfolgte auch keine erweiternde Auslegung des Gesetzes.[182] Es gab nur eine einzige Entscheidung, in welcher ein Patent für ein Verfahren zur Züchtung schnell wachsender Bäume erteilt wurde.[183] Als Einzelfallentscheidung ist sie nicht verallgemeinerungsfähig, sodass ein Patentschutz für Pflanzenzüchtungen in Großbritannien im All-

176 *Matthey*, S. 21; *Neumeier*, S. 32.

177 *Neumeier*, S. 32.

178 *Eggener*, Mitt. 1958, S. 4 (5).

179 *Eggener*, Mitt. 1958, S. 4 (5).

180 *Schade*, GRUR 1950, S. 312 (315).

181 *Eggener*, Mitt. 1958, S. 4 (5).

182 Siehe hierzu *Schippel*, GRUR Ausl. 1958, S. 333. Im Gegensatz zur deutschen Entscheidung in dem „Poinsettia"-Fall lehnte das englische Patentgericht die Patentierung des landwirtschaftlichen Kulturverfahrens ab.

183 *Eggener*, Mitt. 1958, S. 4 (6).

gemeinen nicht zu erlangen war. Ein Schutz für Pflanzenzüchtungen wurde erst 1964 mit Einführung eines besonderen Züchterrechts (Plant Varieties and Seeds Act) anerkannt, dessen Schutzumfang auf die Erzeugung und den Vertrieb von Saatgut- bzw. vegetativem Vermehrungsgut abzielte.[184]

Die Schweiz hatte keine gesetzlichen Regelungen geschaffen, die dem Züchter einen Schutz ähnlich dem der gewerblichen Schutzrechte einräumten.[185] Insbesondere wurde die Einführung eines Patentschutzes für Pflanzenzüchtungen von Seiten der Politik ausdrücklich abgelehnt, sodass die dortigen Züchter noch lange relativ schutzlos gestellt waren.[186]

In Schweden bestand zunächst die Möglichkeit Patentschutz für Pflanzenzüchtungen zu erlangen.[187] Dem wurde jedoch 1968 durch das Inkrafttreten der nordischen Patentgesetzgebung, welche eine Rechtsvereinheitlichung des dänischen, finnischen, norwegischen und schwedischen Rechts bezweckte, Einhalt geboten.[188] Gemäß § 1 wurden ausdrücklich Pflanzensorten und biologische Verfahren zur Züchtung von Pflanzen vom Anwendungsbereich des Patentgesetzes ausgenommen.[189] Dadurch strebte man den Erlass umfassender Sortenschutzgesetze an, da nach dem bisherigen schwedischen Modell einer Sortenliste, nach der Sorten nur solange geschützt wurden, wie sie wichtig waren, kein wirkungsvoller Schutz erreicht werden konnte.[190]

In Belgien existierte kein besonderes Saatgut- oder Sortenschutzgesetz, sodass in mehreren Fällen Patentschutz für Pflanzenzüchtungen gewährt wurde.[191] Wesentliche Ausführungen zur Befürwortung der Patentfähigkeit finden sich in der Entscheidung des Tribunal instance de Termonde von 1958.[192] Danach sei eine Patentierung möglich, sofern für den Fall einer Kombination von Grundstoffen oder der Anwendung gewisser natürlicher Erscheinungen zwecks Erlangung ei-

---

184 *Franz Wuesthoff*, GRUR Int. 1977, S. 433 (434).

185 *Schade*, GRUR Ausl. 1957, S. 325 (327).

186 Vgl. *Hesse*, GRUR 1969, S. 644 (652).

187 *Schade*, GRUR 1950, S. 312 (315), der beispielhaft ein Patent für ein Verfahren zur Gewinnung von Lupinen hohen Fettgehaltes nennt.

188 *v. Zweigbergk/Lewin*, GRUR Int. 1968, S. 305 ff.

189 *v. Zweigbergk/Lewin*, GRUR Int. 1968, S. 305 (306).

190 Vgl. *Eggener*, Mitt. 1958, S. 4 (6); *Schade*, GRUR 1957, S. 325 (327).

191 Vgl. *Freda Wuesthoff*, GRUR 1957, S. 49 (54).

192 Tribunal de première instance de Termonde, Zwischenurteil v. 02.05.1958, übersetzt in: GRUR Ausl. 1959, S. 395 ff.

nes neuen, zusammengesetzten Erzeugnisses die menschliche Einwirkung derart ist, dass ohne diese Einwirkung die Erzeugnisse nicht in der Natur vorkommen könnten.[193] Interessanterweise vertrat das belgische Gericht dieselbe Rechtsauffassung wie der BGH in seiner „Rosenzüchtungs“-Entscheidung[194], indem es den Patentanspruch als Vermehrungsanspruch formulierte und dadurch die Patentierbarkeit nicht von der Wiederholbarkeit des Züchtungsverfahrens abhängig machte.[195]

Gab es in Italien bis Ende des Zweiten Weltkrieges keinerlei Schutzrechte für Pflanzenzüchtungen, bedingt durch den ausschließlich von staatlichen Institutionen ausgehenden Züchtungsbetrieb, ist die Erteilung von Patenten auf Neuzüchtungen von Pflanzen nach dem allgemeinen Patentgesetz seit den 50er Jahren allgemein anerkannt.[196] Zwischenzeitlich wurde in Italien sogar die Einführung eines Pflanzenpatentgesetzes in Form eines Zusatzes zum allgemeinen Patentgesetz angedacht, nach dem die neuen Pflanzenarten selbst, nicht aber die Verfahren zu deren Erlangung patentierbar sein sollten.[197] Zu einer Umsetzung dieses Vorhabens kam es aber nicht.

3. Zusammenfassung

Die Entwicklung des Sorten- und Patentschutzes in Deutschland und Europa zeigt zu Beginn der 1960er Jahre ein geteiltes Bild: So entwickeln sich Sortenschutzrecht und der Patentschutz von Pflanzenzuchtverfahren in Ländern wie Deutschland und Frankreich weitgehend unabhängig voneinander, während insbesondere in den Niederlanden ein gesondertes Regelungsregime geschaffen wurde, durch das die Rechte von Pflanzenzüchtern abschließend geregelt wurden. Die Abgrenzung von Sortenschutzrecht und Patentrecht stellt somit schon früh ein grundlegendes Problem beim Schutz von Pflanzenzuchtverfahren dar.

193 Tribunal de première instance de Termonde, GRUR Ausl. 1959, S. 395 (396).

194 Ausführlich dazu 3. Teil A. I. 1. b) bb).

195 Tribunal de première instance de Termonde, GRUR Ausl. 1959, S. 395 (396).

196 Vgl. *Matthey*, S. 22.

197 *Freda Wuesthoff*, GRUR 1957, S. 49 (54); *Eggener*, Mitt. 1958, S. 4 (5).

II. Zweite Stufe: UPOV-Übereinkommen (1961) als Meilenstein auf dem Weg zu einem besseren Schutz für Pflanzenzüchtungen

1. Allgemeines

Trotz des 1953 erlassenen Saatgutgesetzes hatten die Züchter wegen der Unvollständigkeit der spezialgesetzlichen Regelungen Schwierigkeiten, einen ausreichenden Schutz für ihre Pflanzenzüchtungen zu erlangen.[198] Zudem wurden die Probleme dadurch verstärkt, dass sich der Saatguthandel inzwischen nicht mehr nur auf Deutschland erstreckte, sondern international vollzogen wurde.[199] Wie dargestellt waren die Schutzmöglichkeiten in den verschiedenen Staaten unterschiedlich und reichten von Spezialgesetzen bis hin zum Fehlen jeglicher Regelungen. Daher wurde am 2. Dezember 1961 in Paris das „Internationale Übereinkommen zum Schutze von Pflanzenzüchtungen" (IPÜ)[200] von acht Staaten (Belgien, Dänemark, Deutschland, Frankreich, Großbritannien, Italien, Niederlande, Schweiz) unterzeichnet.[201] Zur Durchführung dieses Übereinkommens wurde ein Verband namens UPOV (Union Internationale pour la Protection des Obtentions Végétales) mit Sitz in Genf gegründet.[202] Neben der Rechtsvereinheitlichung der Schutzrechtssysteme führte das Übereinkommen zu einer Erweiterung des Anwendungsbereichs sowie dazu, dass die Erteilung des Sortenschutzes nicht mehr von einem landeskulturellen Wert der Sorte abhängig war.[203]

2. Umsetzung in das deutsche Recht

Die Unterzeichnung des Abkommens durch die Bundesrepublik erforderte eine Änderung der geltenden sortenschutzrechtlichen Bestimmungen im Saatgutgesetz von 1953, sodass am 20. Mai 1968 das „Gesetz über den Sortenschutz von Pflanzen" (Sortenschutzgesetz)[204] sowie das „Gesetz über den Verkehr mit Saat-

---

198 *Neumeier*, S. 33.

199 *Ebda.*

200 Da sich für IPÜ auch die Bezeichnung „UPOV-Übereinkommen" durchgesetzt hat, werden beide Begriffe im Folgenden synonym verwandt.

201 *Jühe*, GRUR Int. 1963, S. 525.

202 *Schade/Pfanner*, GRUR Ausl. 1962, S. 341 (347).

203 Vgl. *Leßmann/Würtenberger*, § 1 Rdnr. 7.

204 BGBl. I 1968, S. 429.

gut“ (Saatgutverkehrsgesetz)[205] erlassen wurden.[206] Indem das Kriterium der landeskulturellen Brauchbarkeit als Voraussetzung für die Erteilung des Sortenschutzes wegfiel, bestand kein zwingender Grund mehr dafür, die beiden Ordnungsbereiche in einem Gesetz zusammenzufassen.[207] Eine Trennung des privatrechtlich ausgeschalteten Züchterrechts von den öffentlich-rechtlichen Verkehrsregeln des Saatguts war logische Folge dessen. Allerdings blieb die vorherige Prüfung der Anbauwürdigkeit nach dem Saatgutverkehrsgesetz sowie die Eintragung in ein Sortenregister weiterhin Voraussetzung für die wirtschaftliche Verwertung aller im Artenverzeichnis aufgeführten Pflanzenarten und damit praktisch aller wichtigen Nutzpflanzen, sodass die Abschaffung des Erfordernis vom landeskulturellen Wert nur scheinbar erfolgte.[208] Im Prinzip änderte sich für die Züchter nichts Wesentliches: Nach wie vor war die Anwendbarkeit des Sortenschutzes abhängig von der Nennung in einem besonderen Verzeichnis für Pflanzenarten. Dass das UPOV-Übereinkommen für die Züchter zu einer wesentlichen Verbesserung ihrer Position beigetragen hat, kann somit bezweifelt werden.

3. Gründe für die Revision des UPOV-Übereinkommens im Jahr 1978 – Beitritt der USA

Im Gegensatz zu den 1972 in Genf geschlossenen Vereinbarungen, die lediglich Fragen der finanziellen Sicherheit des Verbandes betrafen, wurde das Übereinkommen 1978 umfassend revidiert.[209] Die Änderung war notwendig, da mit dem Interesse der Vereinigten Staaten am Beitritt zur UPOV sich die Frage stellte, ob neue Pflanzensorten, die derselben Art oder Gattung angehören, – so wie es in den USA üblich war – nach zwei Rechtsformen geschützt werden durften.[210] Bislang konnte nach Art. 2 Abs. 1 S. 1 IPÜ in der Fassung von 1961 jeder Verbandsstaat das vorgesehene Züchterrecht entweder durch die Gewährung eines besonderen Schutzrechts oder eines Patents einräumen.[211] Diese Möglichkeiten galten alternativ, sodass neue Pflanzensorten, die derselben Art oder Gattung

205 BGBl. I 1968, S. 444.
206 *Leßmann/Würtenberger*, § 1 Rdnr. 7.
207 *Ebda.*
208 *Franz Wuesthoff*, GRUR 1968, S. 24 (25).
209 *Neumeier*, S. 49.
210 *Moufang*, S. 104.
211 BGBl. II 1968, S. 428 (429).

angehören, nicht zugleich durch zwei Rechtsformen geschützt werden durften (vgl. Art. 2 Abs. 1 S. 2 IPÜ). Auch die Revision des Übereinkommens beseitigte das Doppelschutzverbot nicht. Es wurde lediglich eine Regelung in Art. 37 Abs. 1 IPÜ aufgenommen, wonach jeder Staat, der vor der endgültigen Ausfertigung des neuen Übereinkommens, den Schutz unter zwei Schutzrechtsformen billigte, dies auch weiterhin tun konnte, sofern er dies zu dem Zeitpunkt gegenüber dem Generalsekretär notifizierte, zu dem er die Akte unterzeichnete.[212] Dies ermöglichte den Vereinigten Staaten 1981 unter Abgabe einer entsprechenden Erklärung den Beitritt zur UPOV, ohne den parallelen Schutz aufgeben zu müssen.[213] Der Schutzumfang nach Art. 5 IPÜ blieb im Wesentlichen unverändert, sodass ein Erzeugnisschutz für Zierpflanzen trotz Widerstands der Pflanzenzüchterlobby nicht verbindlich festgelegt wurde.[214]

Mit dem Gesetz zur Änderung des Sortenschutzgesetzes vom 9. Dezember 1974[215] erfolgte die Anpassung des Gesetzes an die 1972 beschlossenen Änderungen des Übereinkommens und mit der Novellierung des Sortenschutzgesetzes am 11. November 1985[216] die Umsetzung der grundlegenden Revision des UPOV-Übereinkommens aus dem Jahre 1978. Eine sachliche Änderung des Sortenschutzgesetzes war notwendig, da der Schutzgegenstand im Vergleich zur bisherigen Regelung erweitert wurde, indem nunmehr außer den Samen und Stecklingen auch alle Pflanzen und Pflanzenteile, die noch keine für den Letztverbraucher unmittelbar nutzbare Form haben, erfasst wurden.[217] Für die Züchter, insbesondere von Zierpflanzen, stellte aber auch diese Neufassung keine wirkliche Stärkung ihrer Rechte dar. Von der in Art. 5 Abs. 4 IPÜ eingeräumten Möglichkeit, den Schutz auch auf gewerbsmäßig vertriebene Endprodukte auszudehnen, machte Deutschland im Rahmen der Neufassung des Sortenschutzgesetzes keinen Gebrauch.[218] Ansonsten wurden im Rahmen der Novellierung zu Zwecken der Verwaltungsvereinfachung die verfahrensrechtlichen Sondervor-

---

212 BGBl. II 1984, S. 810 (829).
213 Vgl. hierzu der Beitrag in: GRUR Int. 1981, S. 134.
214 *Neumeier*, S. 51.
215 BGBl. I 1974, S. 3416 ff.
216 BGBl. I 1985, S. 2170 ff.
217 *Leßmann*, GRUR 1986, S. 279 (280).
218 *Leßmann*, GRUR 1986, S. 279 (281).

schriften des Sortenschutzgesetzes aufgehoben und an das geltende Verwaltungsverfahrensgesetz angeglichen.[219]

4. Fortentwicklung des UPOV-Übereinkommens durch erneute Revision im Jahr 1991

In den nachfolgenden Jahren bemängelten die Pflanzenzüchter, insbesondere solche aus dem Bereich der Zierpflanzen, weiterhin den unzureichenden Schutzumfang der Sortenschutzrechte.[220] Beispielhaft für die mangelnde Reichweite des Schutzes sei genannt, dass es zulässig war, im schutzfreien Ausland in kürzester Zeit zahlreiche Pflanzen zu vermehren und anzubauen und deren Schnittblumen dann in großen Mengen in ein Land mit Schutzsystem einzuführen, ohne dass sich der dortige Schutzrechtsinhaber dagegen wehren konnte.[221] Dies bot vor allem deshalb Grund zur Kritik, weil Schnittblumen innerhalb der Zierpflanzen das wirtschaftlich wichtigste Produkt züchterischer Erfindungen sind. Hinzu trat, dass durch die fortschreitende technologische Entwicklung in der Pflanzenzucht neue Züchtungsmethoden entstanden, die das geltende Recht vor neue Herausforderungen stellten.[222] Daher wurde das UPOV-Übereinkommen 1991 erneut revidiert.[223] Ziel dessen war die Anpassung an den Fortschritt im Bereich der Biotechnologie sowie die Beseitigung der seit langem erkannten Schwachstellen des Übereinkommens.[224] Seitdem sind keine weiteren Änderungen am UPOV-Übereinkommen erfolgt, sodass die beschriebenen Regelungen zugleich die geltende Rechtslage wiedergeben.

Während in der Revision des UPOV-Übereinkommens von 1978 die Sortendefinition aufgrund von Befürchtungen, sie könne zu eng gefasst sein, bewusst aufgegeben wurde, wurde sie nun als Begriffsbestimmung in Artikel 1 vi) IPÜ wieder eingeführt.[225] Danach kann eine Sorte immer nur eine pflanzliche Gesamtheit innerhalb eines einzigen botanischen Taxons der untersten bekannten

---

219 *Leßmann/Würtenberger*, § 1 Rdnr. 8.
220 *Neumeier*, S. 51.
221 *v. Pechmann*, GRUR 1985, S. 717 (719).
222 *Leßmann/Würtenberger*, § 1 Rdnr. 9.
223 Siehe Internationales Übereinkommen zum Schutz von Pflanzenzüchtungen in der revidierten Fassung v. 19.03.1991, abgedruckt in: GRUR Int. 1991, S. 538 ff. (revidiertes IPÜ).
224 *v. Pechmann/Straus*, GRUR Int. 1991, S. 507.
225 *Bauer*, S. 40.

Rangstufe sein.[226] Dem Vorschlag, auch Veränderungen von Pflanzenteilen dem Sortenschutzrecht zu unterstellen, wurde somit nicht gefolgt.[227]

Zu einem verbesserten Schutz der Züchter trug insbesondere die weitere Ausgestaltung des Inhalts des Züchterrechts bei. So wurde mit Art. 14 Abs. 2 IPÜ der Schutz von Endprodukten (Erntegut) eingeführt.[228] Damit war auch das eingangs geschilderte Beispiel, die Einfuhr von Schnittblumen, von der Schutzrechtswirkung erfasst. Des Weiteren wurde der Grundsatz der Abhängigkeit für im Wesentlichen abgeleitete Sorten in Art. 14 Abs. 5 IPÜ aufgestellt, was zur Angleichung an den patentrechtlichen Schutzumfang führte.[229] Das Problem bisher nicht verfolgbarer Nachahmungen, die durch gezielte Veränderung einer Eigenschaft an der geschützten Sorte aus dem Schutzbereich des Züchterrechts herausfielen, konnte so gelöst werden.[230]

Zugleich wurde das Schutzrecht des Züchters mit Art. 15 Abs. 1 iii) IPÜ dahingehend eingeschränkt, dass geschützte Sorten ohne Zustimmung des Züchters verwendet werden dürfen, sofern dies zum Zwecke der Schaffung neuer Sorten erfolgt und keine Plagiatszucht betrieben wird.[231] Als weitere Ausnahme vom Züchterrecht eröffnete das revidierte Abkommen in Art. 15 Abs. 2 IPÜ den Vertragsparteien die Möglichkeit, ein sogenanntes Landwirteprivileg zu vereinbaren, sofern die berechtigten Interessen des Züchters hinreichend gewahrt werden.[232] Danach steht den Landwirten das Recht zu, selbst erzeugtes Vermehrungsmaterial einer geschützten Sorte auf dem eigenem Hof zum Zweck des Nachbaus frei zu benutzen.

Galt der Inländerbehandlungsgrundsatz bislang nur fakultativ, da in den verschiedenen Ländern große Unterschiede hinsichtlich der Zahl der geschützten Arten bestanden, erfuhr der Grundsatz mit Abschaffung des Artenverzeichnisses

226 Revidiertes IPÜ, GRUR Int. 1991, S. 538 ff.
227 *v. Pechmann*, GRUR Int. 1991, S. 507.
228 Revidiertes IPÜ, GRUR Int. 1991, S. 538 (540).
229 *Lange*, GRUR Int. 1993, S. 137 (139).
230 *Bauer*, S. 44.
231 Revidiertes IPÜ, GRUR Int. 1991, S. 538 (541).
232 Ebda.

eine Generalisierung.[233] Dadurch wurde das UPOV-Übereinkommen erstmals zu einem universellen Schutzsystem für Pflanzenzüchtungen.[234]

Wohl am lebhaftesten wurde über die mögliche Abschaffung des sogenannten Doppelschutzverbots diskutiert.[235] War die Patentierung von Pflanzenzüchtungen bei Anwendbarkeit des Sortenschutzes gemäß Art. 2 Abs. 1 IPÜ in der Fassung vom 2. Dezember 1961 noch ausgeschlossen, wurde diese Regelung in der revidierten Fassung von 1991 nicht mehr übernommen.[236] Dem Anliegen Dänemarks und Schwedens, das Züchterrecht als einzige und ausschließliche Schutzform für Pflanzensorten ausdrücklich im UPOV-Übereinkommen festzuschreiben, wurde nicht gefolgt.[237] Welche Motive letztendlich zur Streichung der Regelung beigetragen haben, ist unklar. Behauptet wird unter anderem, dass mit der Abschaffung des Doppelschutzverbotes ein Beitrittshindernis für jene Staaten beseitigt werden sollte, die nicht bereits im Patentrecht eine Vorschrift in Form einer Patentierungsausnahme für Pflanzensorten vorgesehen haben, um eine möglichst breite Ausdehnung des Übereinkommens zu erzielen.[238] Auch wird vorgetragen, dass das Doppelschutzverbot nur aus dem Grund abgeschafft wurde, weil eine solche Regelung nicht in ein Abkommen über Sortenschutzrechte gehöre, sondern in den jeweiligen Patentgesetzen Aussagen getroffen werden müssten nach welchen Maßstäben, Patentschutz zu erlangen ist.[239] Fakt ist, dass das Doppelschutzverbot in die 1994 erlassene Verordnung über den gemeinschaftlichen Sortenschutz (GemSortVO) wieder Eingang gefunden hat.[240] Danach können dem gemeinschaftlichen Sortenschutz unterfallende Sorten nicht zugleich Gegenstand eines Patents sein, vgl. Art. 92 GemSortVO. Und auch Art. 4 Abs. 1 lit. a) der Richtlinie über den rechtlichen Schutz biotechnologischer Erfindungen (BioPatRL) schließt Pflanzensorten von dem Anwendungsbereich aus. Dies spricht dafür, dass das Doppelschutzverbot nach wie vor existiert, mit der Folge, dass soweit Sortenschutz möglich ist, keine Patente für Pflanzenzüch-

233 *Bauer*, S. 43.
234 *v. Pechmann/Straus*, GRUR Int. 1991, S. 507 (511).
235 *Straus*, GRUR Int. 1983, S. 591 ff.; *ders.*, GRUR Int. 1990, S. 617 ff.; *Beier*, GRUR 1972, S. 214 (218).
236 Vgl. revidiertes IPÜ, GRUR Int. 1991, S. 538 (539).
237 Vgl. *v. Pechmann/ Straus*, GRUR Int. 1991, S. 507 (508).
238 *Schennen*, Mitt. 1991, S. 129 (132).
239 *Ebda.*
240 *Straus*, GRUR 1992, S. 252 (265).

tungen erteilt werden können. Warum die EG-Mitgliedstaaten, die im Rahmen der Revision des UPOV-Übereinkommens auf die Abschaffung des Doppelschutzverbotes gedrängt haben, ein paar Jahre später exakt den gleichen Grundsatz wieder in die GemSortVO und die BioPatRL aufgenommen haben, ist indes nicht nachvollziehbar.[241]

III. Dritte Stufe: Angleichung der nationalen Regelungen auf europäischer Ebene

Mit der fortschreitenden europäischen Integration nahmen auch die Bestrebungen zu, den rechtlichen Rahmen für den Schutz von Pflanzenzüchtungen in Europa zu vereinheitlichen. Dies erfolgte einerseits – wie im Zusammenhang mit dem UPOV-Übereinkommen – durch Abschluss und Ratifikation völkerrechtlicher Verträge. Andererseits wirkte aber auch die Europäische Gemeinschaft mittels supranationaler Rechtsakte auf die Rechtsordnungen der Mitgliedstaaten ein. Gemeinsames Ziel war die Harmonisierung der nationalen Regelungen innerhalb Europas, wobei sich auf europäischer Ebene – wie in Deutschland – ein Dualismus von patent- und sortenschutzrechtlichen Bestimmungen entwickelte.

1. Europäisches Patentübereinkommen (1973)

Mit dem Abschluss des Europäischen Patentübereinkommens (EPÜ) am 5. Oktober 1973 in München wurde der Grundstein für die Schaffung eines einheitlichen Patentrechts auf europäischer Ebene gelegt.[242] Zwar wurde die Ausarbeitung dieses Übereinkommens wesentlich durch das bereits 1963 erlassene Straßburger Patentübereinkommen geprägt, welches durch die Beseitigung nationaler Besonderheiten im materiellen Patentrecht schon damals eine Vereinheitlichung beabsichtigte.[243] Dieses trat mangels Ratifizierung aber erst 1980 in Kraft, so dass das Straßburger Patentübereinkommen zunächst einmal keine Wirkung entfaltete. Mit der wörtlichen Übernahme der Bestimmungen in das EPÜ konnten letztlich doch die wesentlichen Zielsetzungen des Straßburger Pa-

241 *Straus*, GRUR 1992, S. 252 (265); *Leßmann/Würtenberger*, § 1 Rdnr. 13.

242 BGBl. 1976 II, S. 826 ff. Das Europäische Patentübereinkommen wird auch Münchener Übereinkommen genannt.

243 Vgl. *Braendli*, GRUR Int. 1990, S. 699 (701); *Kraßer*, S. 91.

tentübereinkommens zur Vereinheitlichung der materiellen Begriffe des Patentrechts umgesetzt werden.[244]

Entscheidend für die Patentrechtsharmonisierung war vor allem die im EPÜ festgelegte Gründung einer Europäischen Patentorganisation (EPO) einschließlich eines Europäischen Patentamts (EPA), das die Befugnis besitzt, Patente für den europäischen Raum zu erteilen.[245] Ein solches Patent besitzt in jedem der Vertragsstaaten der Europäischen Gemeinschaft dieselbe Wirkung und unterliegt denselben Vorschriften wie ein im Vertragsstaat erteiltes nationales Patent.[246] Im Vergleich zur früheren Situation ermöglicht dies europaweit agierenden Unternehmen enorme Rationalisierungsvorteile, insbesondere durch Einsparung von Amts- und Vertretergebühren.[247] Gesonderte Patentanmeldungen in sämtlichen europäischen Staaten, unter Berücksichtigung der unterschiedlichen nationalen Anmeldevoraussetzungen, sind überflüssig geworden; ausreichend ist eine einzige Anmeldung beim Europäischen Patentamt.[248] Das vom EPA erteilte Patent kann als Bündelpatent bezeichnet werden, welches nach dem einheitlichen Erteilungsverfahren seine materielle Wirkung in allen Vertragsstaaten entfaltet.[249] Obwohl die Mitgliedstaaten nicht zur Anpassung ihrer nationalen Rechtsordnungen verpflichtet waren, lieferte das EPÜ einen wichtigen Beitrag zur europäischen Patentrechtsharmonisierung.[250] Dieser Befund ist nicht zuletzt deswegen berechtigt, weil eine Reihe von Mitgliedstaaten, so auch die Bundesrepublik Deutschland, freiwillig ihre nationalen Patentrechte an die Bestimmungen des Übereinkommens angeglichen haben.

Auch wenn die Erteilung von Patenten auf Pflanzenzüchtungen regelmäßig am Wiederholbarkeitserfordernis scheiterte, so befürwortete die deutsche Rechtsprechung Anfang der 70er Jahre doch grundsätzlich die Patentfähigkeit biologischer und mithin auch pflanzengenetischer Erfindungen.[251] Ebenso verhielt sich

---

244 *Haertel*, GRUR Int. 1981, S. 479 (480).

245 *Kraßer*, S. 92.

246 *Nirk/Ullmann*, S. 13.

247 *Braendli*, GRUR Int. 1990, S. 699 (700).

248 *Krieger*, GRUR Int. 1987, S. 729 (731).

249 *Busche*, GRUR Int. 1999, S. 299.

250 *Ebda.*

251 BGH, NJW 1969, S. 1713 ff. – Rote Taube; BPatG, B. v. 09.10.1973, Az.: 32 W (pat) 42/72 – Levorin, abgedruckt in: GRUR 1974, S. 392 ff. = BPatGE 16, S. 1 ff.; BPatG, B. v. 16.10.1973, Az.: 32 W (pat) 82/72 – Usambara-Veilchen, abgedruckt in: GRUR

das europäische Recht und schloss biologische Erfindungen nicht von vornherein vom Anwendungsbereich des Patentrechts aus, zumal die ursprüngliche Auffassung, der Patentschutz beschränke sich nur auf die „tote" Technik, von niemandem mehr vertreten wurde.[252] Gleichwohl wurde bei Erlass des EPÜ eine Vorschrift in den Normenkontext aufgenommen, die eine große Gruppe genetischer Erfindungen von der Schutzrechtserteilung vollkommen ausnahm.[253] Nach Art. 53 lit. b) EPÜ können keine europäischen Patente für Pflanzensorten oder Tierarten sowie für im Wesentlichen biologische Verfahren zur Züchtung von Pflanzen oder Tieren erteilt werden. Historisch gesehen beruht diese Regelung soweit sie die Patentierbarkeit von Tierarten ausschließt, auf Art. 2 lit. b) des Straßburger Patentübereinkommens vom 27. November 1963, welches Ergebnis der Mitte des letzten Jahrhunderts einsetzenden Bestrebungen zur Vereinheitlichung des Patentrechts in Europa war.[254] Der Pflanzensorten betreffende Ausschluss war dagegen Folge der Einführung eines spezialgesetzlichen Schutzinstrumentariums in Form des Sortenschutzes und des in diesem Zusammenhang angeordneten Doppelschutzverbotes, wonach dem Sortenschutz eine absolute Vorrangstellung eingeräumt wurde.[255] Wie zuvor ausgeführt, wurde das Doppelschutzverbot, obgleich es in der revidierten Fassung des UPOV-Übereinkommens ersatzlos gestrichen wurde, nicht aufgehoben. Daher gilt nach wie vor, dass der die Pflanzensorten betreffende Patentausschluss nur insoweit reicht, wie Sortenschutz möglich ist.[256] Bei Pflanzenzüchtungen, die die Voraussetzungen für den sortenschutzrechtlichen Schutz nicht erfüllen, ist dagegen Patentschutz denkbar, sodass es keine Schutzlücken gibt. Insofern steht diese Regelung im Einklang mit den nationalen Entwicklungen innerhalb der deutschen Rechtsprechung, die auf die Patentierung auch nur in den Fällen zurückgreift, in denen es keinen anderweitigen Schutz gibt. Dass die Regelung im Großen und Ganzen der deutschen Ansicht entspricht, zeigt die fast wörtliche Übernahme der Vorschrift des Art. 53 lit. b) EPÜ im Zuge der Patentrechtsreform des deutschen

---

1975, 654; BGH, B. v. 11.03.1975, Az.: X ZB 4/74 – Bäckerhefe, abgedruckt in: BGHZ 64, S. 101 ff. = NJW 1975, S. 1025 ff = GRUR 1975, S. 430.

252 Nähere Ausführungen siehe *Blum*, GRUR Int. 1981, S. 293; vgl. auch Benkard-*Mellulis*, Art. 53 EPÜ Rdnr. 63.

253 *Moufang*, S. 101.

254 *Moser*, GRUR Int. 1998, S. 209 (210).

255 Benkard-*Mellulis*, Art. 53 EPÜ Rdnr. 68.

256 Benkard-*Mellulis*, Art. 53 EPÜ Rdnr. 71.

Gesetzgebers, die am 1. Januar 1978 in Kraft trat.[257] Der einzige Unterschied bestand darin, dass im deutschen Recht eine Rückausnahme von dem Ausnahmetatbestand des Art. 53 lit. b) EPÜ gemacht wurde. Nach § 2 Nr. 2 S. 2 PatG in der Fassung vom 1. Januar 1981 galt der Patentausschluss nämlich nicht für solche Erfindungen von Pflanzensorten, die ihrer Art nach nicht im Artenverzeichnis zum Sortenschutzgesetz aufgeführt sind, und für Verfahren zur Züchtung einer solchen Pflanzensorte.[258] Bei dieser Regelung handelte es sich aber lediglich um eine gesetzestechnische und nicht um eine inhaltliche Änderung, da das deutsche Recht bereits zuvor dem Doppelschutzverbot des UPOV-Übereinkommens Rechnung getragen hatte.[259]

2. Gemeinschaftlicher Sortenschutz (1995)

Das UPOV-Übereinkommen enthält für die beigetretenen Mitgliedstaaten verbindliche Regelungen zum Zwecke der Vereinheitlichung des Schutzes von Pflanzenzüchtungen; ein gemeinschaftliches gewerbliches Schutzrecht beinhaltet es aber nicht.[260] Daher gab es in der Europäischen Gemeinschaft Bestrebungen einen gemeinschaftlichen Sortenschutz in inhaltlicher Entsprechung zum UPOV-Übereinkommen umzusetzen, der die Erteilung von gemeinschaftsweit geltenden Schutzrechten erlaubt.[261] Dies gelang im Jahr 1995 mit der in Kraft getretenen Verordnung über den gemeinschaftlichen Sortenschutz (GemSortVO).[262]

a) *Voraussetzungen*

Mittels Antrags beim Gemeinschaftlichen Sortenamt (CPVO) in Angers ist es möglich, einen gültigen Schutz für Pflanzensorten zu erlangen, welcher nach Art. 2 GemSortVO für das gesamte Gemeinschaftsgebiet einheitlich erteilt, übertragen und beendet wird. Nach wie vor ist es den Mitgliedstaaten aber gestattet, nationale Sortenschutzrechte zu erteilen (Art. 3 GemSortVO). Somit kann der Pflanzenzüchter frei entscheiden, ob er anstelle des gemeinschaftlichen

---

257 Vgl. BGBl. II 1976, S. 649.

258 Vgl. BGBl. I 1981, S. 1.

259 Ebda.

260 *Neumeier*, S. 55.

261 Vgl. Präambel der Verordnung (EG) Nr. 2100/94 des Rates vom 27.07.1994 über den gemeinschaftlichen Sortenschutz, ABl. EG Nr. L 227 v. 01.09.1994, S. 1.

262 Verordnung (EG) Nr. 2100/94 des Rates vom 27.07.1994 über den gemeinschaftlichen Sortenschutz, ABl. EG Nr. L 227 v. 01.09.1994, S. 1 ff.

Sortenschutzes ein national wirkendes Schutzrecht in einem einzigen Mitgliedstaat beantragen will.[263]

Wie schon zuvor erwähnt ist es äußerst überraschend, dass mit Art. 92 Abs. 1 GemSortVO das Verbot des Doppelschutzes wieder ausdrücklich in den Normenkontext aufgenommen wurde, obwohl es nach langen Diskussionen im UPOV-Übereinkommen ersatzlos gestrichen wurde. Durch den gemeinschaftlichen Sortenschutz schützbare Sorten dürfen demnach weder Gegenstand eines Patents noch eines nationalen Sortenschutzes sein. Dies gilt auch für bereits erteilte nationale Sortenschutzrechte und Patente, sodass diese für die Dauer des gemeinschaftlichen Schutzes verdrängt werden. Hier trägt der Pflanzenzüchter, der nur ein nationales Schutzrecht beantragt hat, das Risiko, dass er die Rechte aus seinem Schutzrecht nicht geltend machen kann, solange für dieselbe Sorte gemeinschaftlicher Sortenschutz besteht (vgl. Art. 92 Abs. 2 GemSortVO).

b) Schutzumfang

Der Schutzumfang entspricht im Wesentlichen dem des UPOV-Übereinkommens. Dem Inhaber eines gemeinschaftlichen Sortenschutzes stehen nach Art. 13 GemSortVO ausschließliche Rechte im Hinblick auf die Erzeugung, Vermehrung und Verwertung der geschützten Sorte zu. Dies gilt auch für im Wesentlichen abgeleitete Sorten, da mittels biotechnologischer Methoden geschützte Sorten leicht imitiert werden können. Außerdem ist das Erntegut (z.B. Schnittblumen oder Obst) einer Sorte erfasst. Insoweit spiegeln sich die in den Revisionsprozessen zum UPOV-Übereinkommen gemachten Fortschritte hinsichtlich der Schutzrechtserweiterung im gemeinschaftlichen Sortenschutz wider. Maximal wird ein gemeinschaftliches Sortenschutzrecht für 25 Jahre bzw. 30 Jahre im Fall von Reb- und Baumsorten gewährt (Art. 19 Abs. 1 GemSortVO).

In gleicher Weise wie sich die Entwicklung zur Schutzrechtserweiterung im UPOV-Übereinkommen beim gemeinschaftlichen Sortenschutzrecht auswirkt, gelten die allgemeinen Beschränkungen in Bezug auf die Schutzrechtswirkung. Gemäß Art. 15 GemSortVO existiert auch hier ein Züchterprivileg, wonach Handlungen zwecks Züchtung, Entdeckung und Entwicklung anderer Sorten ohne Zustimmung des Schutzrechtsinhabers erlaubt sind, um die Forschung im

263 *Leßmann/Würtenberger*, § 1 Rdnr. 28.

Bereich der Pflanzenzüchtung voranzutreiben. Ausgenommen sind wiederum im Wesentlichen abgeleitete Sorten oder ununterscheidbare Sorten, da ein derart minimaler Fortschritt nicht eine gravierende Einschränkung der Rechte des Schutzrechtsinhabers zur Folge haben soll. Auch hinsichtlich des Landwirteprivilegs bestehen keine Unterschiede zur vergleichbaren Regelung im UPOV-Übereinkommen. Landwirte dürfen gemäß Art. 14 GemSortVO gegen Zahlung eines angemessenen Entgelts Nachbau betreiben. Zur Durchsetzung der Vergütungsansprüche hat der Schutzrechtsinhaber einen Auskunftsanspruch gegenüber Landwirten, bei denen konkrete Anhaltspunkte bestehen, dass sie von der Möglichkeit des Nachbaus Gebrauch machen.[264] Betreibt ein Landwirt unzulässigerweise Nachbau, macht er sich unter Umständen schadensersatzpflichtig; jedenfalls kann er zur Unterlassung und zur Zahlung einer angemessenen Vergütung verpflichtet werden (Art. 94 GemSortVO).

Im Gegensatz zu den patentrechtlichen Bestimmungen hat trotz des Erlasses der GemSortVO auf europäischer Ebene eine vollständige Harmonisierung mit den nationalen Regelungen nicht stattgefunden. Damit stehen deutscher und europäischer Sortenschutz nach wie vor nebeneinander.[265]

3. Biopatentrichtlinie (1998)

a) Entstehungsgeschichte

Um den Anwendungsbereich von Patent- und Sortenschutz bei Pflanzenzüchtungen sachgerecht voneinander abgrenzen zu können, erließ die Europäische Gemeinschaft am 6. Juli 1998 die Richtlinie Nr. 98/44/EG über den rechtlichen Schutz biotechnologischer Erfindungen (BioPat-RL).[266] Die Richtlinie versucht der Besonderheit gerecht zu werden, dass – obwohl es bereits ein speziell auf die Bedürfnisse pflanzlicher Materie zugeschnittenes Schutzrecht gibt – ein zusätzliches Schutzbedürfnis für durch Biotechnologie erzielte Forschungsergebnisse

264 Siehe hierzu EuGH, U. v. 10.04.2003, Az.: C-305/00 – Christian Schulin./.Saatgut-Treuhandverwaltungsgesellschaft GmbH, abgedruckt in: EuZW 2003, S. 404 ff. = GRUR Int. 2003, 736 ff. = Mitt. 2003, 311 ff.

265 *Leßmann/Würtenberger*, § 1 Rdnr. 27.

266 Richtlinie 98/44/EG des Europäischen Parlaments und des Rates vom 06. 08.1998 über den rechtlichen Schutz biotechnologischer Erfindungen, ABl. EG Nr. L 213 v. 30.07.98, S.13 ff.

in der Pflanzengenetik besteht.[267] Erstmals wurde die Idee einer Richtlinie zur Förderung der Biotechnologie in der Gemeinschaft 1985 im Weißbuch der Europäischen Kommission über die Vollendung des Binnenmarktes geäußert.[268] 1988 legte die Europäische Kommission dem Rat einen konkreten Vorschlag über eine Richtlinie zur Patentierung biotechnologischer Erfindungen vor.[269] Zweifeln an der Kompetenz für einen solchen Rechtsakt trat die Kommission mit der Begründung entgegen, dass das Ziel, biotechnologischen Rechtsschutz zu gewährleisten, zugleich der Harmonisierung nationaler Patentrechte und damit der Verwirklichung des EG-Binnenmarktes diente, sodass der Rat gemäß Art. 100 lit. a) EG (jetzt Art. 114 AEUV) ermächtigt sei, eine solche Richtlinie zu erlassen.[270] Im Mittelpunkt dieses Vorschlags stand die Ausweitung des gewerblichen Rechtsschutzes vor dem Hintergrund, die Wettbewerbsfähigkeit der europäischen Industrie gegenüber Japan und den USA zu steigern.[271] Gerade diese Begründung stieß auf Kritik, weil nur einseitig Interessen der Industrie berücksichtigt und ethische Belange der Patentierbarkeit lebender Materie völlig außen vor gelassen worden seien.[272] Nach Ablehnung des Vorschlags durch das Europäische Parlament unterbreitete die Kommission im Dezember 1992 einen neuen Vorschlag, in dem ethische Gesichtspunkte mit berücksichtigt worden waren, ohne damit aber das eigentliche Ziel aufzugeben, das Patentrecht aus ökonomischen Gründen zu harmonisieren.[273] Trotz Einberufung eines Vermittlungsausschusses der Kommission und des Parlaments 1995 wurde dieser Richtlinienvorschlag vom Europäischen Parlament erneut abgelehnt.[274] Nach Auffassung des Parlaments gebe es zu große Differenzen in Bezug auf die mit der

---

267 *Leßmann/Würtenberger*, § 1 Rdnr. 14.

268 KOM (85) 310 endg. vom 14.06.1985, Vollendung des Binnenmarktes, Weißbuch der Kommission an den Europäischen Rat, S. 36, Punkt 149, abrufbar unter: http://europa.eu/documents/comm/white_papers/pdf/com1985_0310_f_de.pdf (zuletzt abgerufen am 09.08.2012).

269 Vorschlag der Kommission für eine Richtlinie des Rates über den rechtlichen Schutz biotechnologischer Erfindungen, ABl. EG Nr. C 010 v. 13.01.1989, S. 3 ff.

270 ABl. EG Nr. C 010 v. 13.01.1989, S. 3 (3 f.).

271 *Neumeier*, S. 61.

272 Vgl. Stellungnahme des Europäischen Patentamts, ABl. EG Nr. C 305 v. 23.11.1992, S. 160 f.

273 Geänderter Vorschlag der Kommission für eine Richtlinie des Rates über den rechtlichen Schutz biotechnologischer Erfindungen, ABl. EG Nr. C 44 v. 16.02.93, S. 36 ff.

274 Beschluss über den gemeinsamen Entwurf des Vermittlungsausschusses, ABl. EG Nr. C 068 v. 20.03.1995, S. 26 ff.

Richtlinie verfolgten Ziele, da die Kommission einen Schutz biotechnologischer Erfindungen um jeden Preis, auch auf Kosten von Ethik und Moral, anstrebe.[275] Erst 1997 wurde seitens der Kommission ein weiterer Änderungsvorschlag eingereicht, der mit der Nichtpatentierbarkeit des menschlichen Körpers erstmals konkrete Schutzrechtseinschränkungen aus ethischen Gründen vorsah.[276] Nicht zuletzt weil alle Änderungswünsche des Parlaments berücksichtigt wurden, wurde nach zähen Verhandlungen zwischen Kommission und Parlament und sechzehn Jahre nach den ersten Überlegungen zum Schutz biotechnologischer Erfindungen eine Einigung über den Inhalt der Richtlinie erzielt, sodass diese am 6. Juli 1998 in Kraft treten konnte.

b) Zielsetzung der Richtlinie

Grundanliegen der Richtlinie war es, den europäischen Patentschutz im Bereich der Biotechnologie zu harmonisieren.[277] Daneben wurde die Steigerung der Wettbewerbsfähigkeit der europäischen Industrie durch gezielte Innovationsförderung mittels eines angemessenen Schutzes angestrebt.[278] Denn die Gewährung gewerblicher Schutzrechte, insbesondere die Gewährung von Patenten, hat sich als effektive Maßnahme zur Absicherung von Investitionsrisiken der Unternehmen bewährt. Langfristig betrachtet sollte die Angleichung der Rechts- und Verwaltungsvorschriften bestehende Handelsschranken überwinden und die Verwirklichung des EU-Binnenmarktes vorantreiben.[279] Auch sollte der Erlass gemeinschaftsweit harmonisierter Regelungen zu mehr Rechtsklarheit und Rechtssicherheit führen.[280] Die nach langwierigen Verhandlungen erlassene Richtlinie ist nicht nur Ausdruck ökonomischer Überlegungen, sondern hat gleichermaßen die ethischen Bedenken der Gesellschaft hinsichtlich der Patentierung lebender Materie mit aufgenommen.

Trotz der Harmonisierungsbestrebungen als vorrangigem Ziel verlangt die Richtlinie nicht die Einführung eines besonderen Rechts, sondern es genügt die Anpassung der bestehenden nationalen Patentgesetze an die Besonderheiten der

---

275 Vgl. *Zintler*, S. 83.

276 Geänderter Vorschlag der Kommission, ABl. EG Nr. C 311 v. 11.10.1997, S. 12 (13), Erwägungsgrund Nr. 13.

277 ABl. EG Nr. L 213, S. 13, Erwägungsgrund Nr. 3.

278 ABl. EG Nr. L 213, S. 13, Erwägungsgrund Nr. 2 und Nr. 3.

279 ABl. EG Nr. L 213, S. 13, Erwägungsgrund Nr. 6 und Nr. 7.

280 ABl. EG Nr. L 213, S. 13 (13 f.), Erwägungsgrund Nr. 9.

biotechnologischen Forschung.[281] Damit knüpft die Biopatentrichtlinie an die nationalen Patentgesetze der Mitgliedstaaten an, die auch schon vorher Grundlage für den Schutz von biotechnologischen Erfindungen waren. Soweit die Biopatentrichtlinie keine speziellen Regelungen trifft, gilt also nach wie vor das nationale Patentrecht.[282]

c) Verhältnis zum EPÜ

Im Gegensatz zum EPÜ, welches in der Form eines zwischenstaatlichen Übereinkommens eigenständiges Recht darstellt, ist die Biopatentrichtlinie ein supranationales Regelungsinstrument der Europäischen Gemeinschaft. Damit ist das Europäische Patentamt (EPA) als zwischenstaatliche Organisation ausschließlich an das EPÜ, nicht jedoch an die Biopatentrichtlinie gebunden.[283] Alleinige Grundlage für die Prüfung und Erteilung von europäischen Patenten ist mithin das EPÜ und seine Ausführungsverordnung.[284] Allerdings hat das EPA im Interesse einer einheitlichen europäischen Patentrechtsordnung seine Ausführungsbestimmungen an die Vorgaben der Richtlinie angepasst.[285] Auch wenn die Biopatentrichtlinie bei der Prüfung von Patentanmeldungen für biotechnologische Erfindungen ergänzend heranzuziehen ist, sind für die Erteilung der Patente aber letztlich nur die Aussagen des EPÜ entscheidend.[286] In Zweifelsfällen geht das EPÜ daher stets der Biopatentrichtlinie vor (vgl. Art. 164 Abs. 2 EPÜ).

d) Umsetzung der Richtlinie in den Mitgliedstaaten

Mit Verabschiedung der Biopatentrichtlinie waren die Mitgliedstaaten der Europäischen Gemeinschaft verpflichtet, ihr nationales Recht dahingehend anzupassen, dass biotechnologische Erfindungen patentrechtlich geschützt werden (Art. 1 Abs. 1 BioPat-RL). Die Umsetzung der Bestimmungen in nationales Recht musste bis zum 30. Juli 2000 erfolgen (Art. 15 Abs. 1 BioPat-RL).

Trotz dieser zweijährigen Frist verlief die Umsetzung der Richtlinie von Seiten der Mitgliedstaaten sehr schleppend. Für die Patentierungspraxis des EPA war

---

281 ABl. EG Nr. L 213, S. 13, Erwägungsgrund 8.

282 BT-Drs. 15/1709, S. 8

283 Vgl. *Kraßer*, S. 199.

284 *Feldges*, GRUR 2005, S. 977 (981).

285 Beschluss des Verwaltungsrats vom 16.06.1999 zur Änderung der Ausführungsordnung zum Europäischen Patentübereinkommen, ABl. EPA 1999, S. 437 ff.

286 *Kraßer*, S. 199.

die Richtlinie dagegen frühzeitig bindend, da die EPÜ-Vertragsstaaten schon 1999 den Beschluss gefasst hatten, die Richtlinie als sekundäres Recht in die Ausführungsordnung zum EPÜ aufzunehmen.[287]

Gleich zu Beginn des Richtlinienerlasses erhoben die Niederlande, die als einziger Mitgliedsstaat gegen die Richtlinie gestimmt hatten, eine Klage auf Feststellung der Nichtigkeit der Richtlinie vor dem Europäischen Gerichtshof, über die der EuGH am 9. Oktober 2001 zu entscheiden hatte.[288] Unterstützt wurden sie dabei von Italien und Norwegen, die sich der Klage anschlossen. Zur Begründung ihrer Klage trugen die Niederlande neben der angeblichen irrtümlichen Wahl von Art. 100a EG a.F. (jetzt: Art. 114 AEUV) als Kompetenzgrundlage, Verstöße gegen das Subsidiaritätsprinzip, gegen den Grundsatz der Rechtssicherheit, Verletzungen völkerrechtlicher Verpflichtungen und der Menschenwürde sowie einen Verstoß gegen wesentliche Verfahrensvorschriften bei der Annahme des Kommissionsvorschlages vor.[289] In seinem Urteil wies der EuGH die Klage vollumfänglich ab.[290] Im Hinblick auf die Frage der Kompetenz stellte der EuGH fest, dass unterschiedliche Auslegungen nationaler Rechtsvorschriften durch die patentrechtliche Praxis und Rechtsprechung sich durchaus schädlich auf den Binnenmarkt auswirken könnten, sodass der Erlass harmonisierender Regelungen nach Art. 100a EG a.F. (jetzt: Art. 114 AEUV) gerechtfertigt sei.[291] Darüber hinaus überschreite die Richtlinie nicht das, was eine Maßnahme zur Angleichung der Rechtsvorschriften der Mitgliedstaaten beinhalten dürfe.[292] Die Richtlinie schaffe kein neues gewerbliches Schutzrecht, sondern erweitere lediglich den Anwendungsbereich des bestehenden Titels. Im Übrigen verstoße die Richtlinie nicht gegen völkerrechtliche Verpflichtungen (z.B. aus dem EPÜ).[293] Beruhen Unterschiede in den Mitgliedstaaten beim Patenschutz für biotechnologische Erfindungen eventuell auf einer unterschiedlichen Auslegung von Begriffen völkerrechtlicher Abkommen, so stehe dem Erlass einer Richtlinie als Mittel zur Gewährleistung einer einheitlichen Auslegung solcher Begriffe durch die

---

287 Siehe Änderungsbeschluss der Ausführungsordnung, ABl. EPA 1999, S. 437 ff.

288 EuGH, U. v. 09.10.2001, Az.: C 377/98, abgedruckt in: GRUR Int. 2001, S. 1043 ff. = EuZW 2001, S. 691 ff. = ZUR 2002, S. 42 ff.

289 EuGH, GRUR Int. 2001, S. 1043, Rdnr. 13.

290 EuGH, GRUR Int. 2001, S. 1043 (1047), Rdnr. 88.

291 EuGH, GRUR Int. 2001, S. 1043, Rdnr. 15 ff.

292 EuGH, GRUR Int. 2001, S. 1043 (1044), Rdnr. 23.

293 EuGH, GRUR Int. 2001, S. 1043 (1046), Rdnr. 62.

Mitgliedstaaten grundsätzlich nichts entgegen. Im Rahmen der Grundrechtsprüfung wies der Gerichtshof abschließend darauf hin, dass die Menschenwürde hinreichend gewahrt werde, da die Regelungen in Bezug auf die lebende Materie menschlichen Ursprungs so streng gefasst seien, dass der Körper des Menschen tatsächlich unverfügbar und unveräußerlich bleibe.[294]

e) Schleppende Umsetzung in Deutschland

Ohnehin waren alle Mitgliedstaaten unabhängig von dem eingeleiteten Gerichtsverfahren verpflichtet, die Bestimmungen der Richtlinie innerhalb der vorgegebenen Frist umzusetzen, da die Klage der Niederlande gemäß Art. 242 EG (jetzt: Art. 278 AEUV) keine aufschiebende Wirkung hatte.[295]

Obwohl die Umsetzung der Richtlinie bis zum 30. Juni 2000 somit eine rechtlich verbindliche Vorgabe darstellte, zeigten sich Deutschland, Frankreich, Österreich, Italien, die Beneluxstaaten sowie Schweden unbeeindruckt.[296] Zwar wurde in Deutschland bereits im Oktober 2000, unmittelbar nach Erlass der Biopatentrichtlinie, über einen entsprechenden Gesetzentwurf beraten.[297] Wegen massiver Widerstände wurde der Entwurf jedoch nach der ersten Lesung zurückgezogen. Erst am 15. Oktober 2003 wurde ein neuer Gesetzentwurf zur Umsetzung der Richtlinie von der Bundesregierung in den Bundestag gebracht, der im Wesentlichen dem Gesetzentwurf der 14. Legislaturperiode entsprach.[298] Wie der erste Entwurf lehnte sich auch der neue Entwurf weitgehend an den Text der Biopatentrichtlinie an, enthielt aber auch einige zusätzliche Klarstellungen, insbesondere was die Wirkung des Patents anging. Die möglichst wortlautgetreue Übernahme der Bestimmungen der Richtlinie wurde damit begründet, dass nur so der Wille des Europäischen Gesetzgebers ausreichend beachtet werden könne, ohne ihn zu verändern oder zu verfälschen.[299] Des Weiteren seien die europäischen Regelungen ausgereift, da sie das Ergebnis langer und intensi-

294 EuGH, GRUR Int. 2001, S. 1043 (1047), Rdnr. 77.
295 Vgl. *Frahm/Gebauer*, EuR 2002, S. 78 (80).
296 *Feldges*, GRUR 2005, S. 977.
297 BT-Drs. 14/5642, S. 5 ff.
298 BT-Drs. 15/1709, S. 18.
299 BT Drs. 15/1709, S. 9.

ver Beratungen zwischen dem Europäischen Parlament und dem Rat darstellten.[300]

Im Gegensatz zum Gesetzesentwurf aus dem Jahr 2000 konnten sich Regierung und Opposition nunmehr auf die Änderung des bestehenden Patentgesetzes einigen. Auch der Bundesrat, der abermals die unzureichende Beantwortung der Frage nach der Reichweite des Stoffschutzes kritisierte, stimmte schlussendlich dem zweiten Entwurf der Bundesregierung zu.[301] Das Gesetz zur Umsetzung der Biopatentrichtlinie wurde schließlich am 21. Januar 2005 im Bundesgesetzblatt verkündet und trat am 28. Februar 2005 in Kraft.[302] Dadurch wurde kein neues Patentrecht für biologische Erfindungen geschaffen, es wurden lediglich die bestehenden patentrechtlichen Bestimmungen angepasst. Bereits im Juli 2003 hatte die EU-Kommission, nachdem die säumigen Mitgliedstaaten auf die Aufforderung seitens der Kommission[303], die Richtlinie umzusetzen, nicht reagierten, ein Vertragsverletzungsverfahren beim EuGH eingeleitet.[304] Am 28. Oktober 2004 verurteilte der EuGH Deutschland wegen Nichtumsetzung der Biopatentrichtlinie.[305] Unmittelbare Konsequenzen hatte das Feststellungsurteil keine, zumal in Deutschland 2005 eine Einigung über die Änderung des Patentgesetzes unter Berücksichtigung der Bestimmungen der Richtlinie erzielt werden konnte.[306] Die Festsetzung von Erzwingungsgeld war somit nicht erforderlich.

Zusammenfassend lässt sich sagen, dass ein Schutz biotechnologischer Erfindungen zwar nicht erst durch die Biopatentrichtlinie ermöglicht wurde, da Patente auf biotechnologische Erfindungen auch vorher schon – beispielsweise aufgrund der Regelungen im EPÜ – zulässig waren.[307] Die Biopatentrichtlinie macht aber, obwohl sie an die Struktur der bisherigen europäischen Patentrechte

---

300 Ebda.

301 BT-Drs. 15/1709, S. 17.

302 BGBl. I 2005, S. 146.

303 KOM (2002) 27 endg. vom 23.01.2002, Aktion 5 des Aktionsplans „Biowissenschaften und Biotechnologie: Eine Strategie für Europa", abrufbar unter: http://eur-lex.europa.eu/LexUriServ/LexUriServ.do?uri=COM:2002:0027:FIN:de:PDF (zuletzt abgerufen am 06.08.2012).

304 Abrufbar unter: beck-aktuell-Redaktion, 11.07.2003, becklink 98861.

305 Siehe *zu Waldeck und Pyrmont*, GRUR Int. 2004, S. 1047.

306 Abrufbar unter: beck-aktuell-Redaktion, 03.11.2004, becklink 130321.

307 *v. Renesse/Tanner/v. Renesse*, Mitt. 2001, S. 1 (2).

anknüpft, doch wichtige Vorgaben im Umgang mit biotechnologischen Erfindungen, die vor allem ethischen Erwägungen stärker Rechnung tragen als bisher.

4. Gemeinschaftspatentübereinkommen (1975 ~)

Nach dem Abschluss des EPÜ wurde mit der beabsichtigten Umsetzung eines Gemeinschaftspatents die Harmonisierung des europäischen Patentsystems weiter vorangetrieben.[308] Allerdings konnte das Luxemburger Übereinkommen über das Gemeinschaftspatent (GPÜ), welches bereits am 15. Dezember 1975 von den damals neun EWG-Staaten unterzeichnet wurde, bislang nicht in Kraft treten, weil es nicht von allen Mitgliedstaaten der Gemeinschaft ratifiziert worden ist.[309] Mit diesem Übereinkommen wurde beabsichtigt, anstelle des nach dem EPÜ erteilten Bündelpatents ein supranationales Patent mit einheitlicher Schutzwirkung und einheitlicher gerichtlicher Durchsetzbarkeit einzuführen.[310] Denn erst mit der Vereinheitlichung des Patentsystems in Form eines Gemeinschaftspatents könne ein einheitlicher Binnenmarkt in der Gemeinschaft verwirklicht werden.[311]

Trotz der Unterzeichnung der Vereinbarung 1985 in Luxemburg, in der allgemeine Fragen wie das Verhältnis zum Recht der EWG, die Zuständigkeit des EuGH und das Inkrafttreten geklärt wurden, konnte keine endgültige Einigung darüber erzielt werden, das GPÜ auch ohne Dänemark und Irland umzusetzen.[312] Auch ein erneuter Anlauf im Jahr 1989, der weitere Kompromisse vorsah, wurde nicht von allen Vertragsstaaten ratifiziert und hatte demzufolge keine verbindliche Wirkung.[313] Die Möglichkeit eines Inkrafttretens ohne einzelne ratifizierende Staaten wurde auch nicht weiterverfolgt.[314] Fünfzehn Jahre nach Verabschiedung des Luxemburger Übereinkommens wurde nochmals ein Versuch unternommen, ein Gemeinschaftspatent einzuführen. Als Kompromiss zu dem bisherigen Übereinkommen schlug die EU-Kommission im August 2000 eine Verordnung über ein Gemeinschaftspatent vor, welches nationale Schutzrechte nicht ersetzen, sondern dem Anmelder lediglich eine zusätzliche Option

---

308 *Haberl/Schallmoser*, GRUR-Prax. 2010, S. 23.
309 Däbritz/Jesse/Bröcher-*Jesse/Bröcher*, Teil I. 16. c) Rdnr. 164.
310 *Krieger*, GRUR Int. 1987, S. 729.
311 Vgl. *Krieger*, GRUR Int. 1987, S. 729 (732).
312 *Kraßer*, S. 98.
313 *Ebda.*
314 *Schäfers/Schennen*, GRUR Int. 1992, S. 638 (641).

bieten sollte.[315] Im Europäischen Rat konnte man sich jedoch nicht auf eine solche Vereinbarung verständigen, sodass auch dieser Versuch erfolglos blieb.[316] 2006 unternahm die Kommission einen erneuten Anlauf, indem sie in einer öffentlichen Konsultation neben der Schaffung eines Gemeinschaftspatents, die Etablierung eines einheitlichen Patentgerichtssystems vorsah.[317] Am 04. Dezember 2009 hat sich schließlich auch der EU-Ministerrat auf wesentliche Elemente eines einheitlichen Patentgerichtssystems sowie eines EU-Patents geeinigt.[318] Mit Ausnahme der Umbenennung des Gemeinschaftspatents in „EU-Patent" gab es gegenüber dem ursprünglichen Vorhaben inhaltlich keine wesentlichen Änderungen.[319] Die Umbenennung war dem Umstand geschuldet, dass die Europäische Gemeinschaft aufgrund des Lissabon-Vertrages mit Wirkung zum 01. Dezember 2009 durch die Europäische Union ersetzt worden war.[320] Am 13. April 2011 hat die Kommission einen erneuten Verordnungsvorschlag vorgelegt.[321] Im Gegensatz zu den anderen Vorschlägen knüpft dieser Vorschlag an das bestehende Europäische Patentsystem an und verleiht den Europäischen Patenten eine einheitliche Wirkung.[322] Das heißt, dass die Schutzwirkung in allen teilnehmenden Mitgliedstaaten dieselbe ist. Patente mit einheitlicher Wirkung können dementsprechend nur gemeinsam erteilt, übertragen, gelöscht oder widerrufen werden. Die diesbezüglich erforderlich werdende Verwaltung übernimmt das EPA.[323]

---

315 Vgl. Vorschlag der Kommission für eine Verordnung des Rates über das Gemeinschaftspatent vom 01.08.2000, ABl. EG Nr. C 337 E v. 28.11.2000, S. 278 ff.

316 *Haberl/Schallmoser*, GRUR Prax. 2010, S. 23.

317 KOM (2007) 165 endg. vom 03.04.2007, Mitteilung der Kommission an das Europäische Parlament und den Rat – Vertiefung des Patentsystems in Europa, abrufbar unter: http://eur-lex.europa.eu/LexUriServ/LexUriServ.do?uri=COM:2007:0165:FIN:de:PDF (zuletzt abgerufen am 19.08.2012).

318 Schlussfolgerungen des Rates zur Verbesserung des Patentsystems in Europa vom 07.12.2009, Dokumenten-Nr. 17229/09.

319 Grabitz/Hilf/Nettesheim-*Stieper*, Art. 118 AEUV Rdnr. 32.

320 *Haberl/Schallmoser*, GRUR-Prax. 2010, S. 23.

321 KOM (2011) 215 endg. vom 13.04.2011, Vorschlag für eine Verordnung des Europäischen Parlaments und des Rates über die Umsetzung der verstärkten Zusammenarbeit im Bereich der Schaffung eines einheitlichen Patentschutzes, abrufbar unter: http://ec.europa.eu/internal_market/indprop/docs/patent/com2011-215-final_de.pdf (zuletzt abgerufen am 19.08.2012).

322 KOM (2011) 215 endg., S. 4.

323 Ebda.

Die sich hierdurch ergebenden Möglichkeiten sind auch im Hinblick auf den Schutz von Pflanzenzüchtungen interessant. Ein einheitlicher Patentschutz beseitigt nicht nur den Wettbewerbsnachteil europäischer Unternehmen, sondern erleichtert auch das rechtliche Vorgehen gegen unzulässig erteilte Patente. Dies gilt vor allem, wenn das parallel geplante Übereinkommen für ein europäisches Patentgerichtssystem umgesetzt wird.[324]

5. Zusammenfassung

Bezogen auf den Schutz biotechnologischer Erfindungen ist festzuhalten, dass die Rechtsangleichung auf europäischer Ebene erfolgreich verlief. Anhand der historischen Entwicklung lassen sich vor allem die wachsende Bedeutung des Schutzes von Pflanzenzüchtungen und die Beweggründe, die zu diesem Sinneswandel geführt haben, aufzeigen. Zugleich wird deutlich, dass schon auf europäischer Ebene kein einheitliches Schutzkonzept für Pflanzenzüchtungen besteht. Vielmehr existieren verschiedene Regeln, die auf völkerrechtlichen und supranationalen Rechtsakten beruhen, sodass sich die Bindung der verpflichteten Staaten erheblich unterscheidet.

B. Patent- und Sortenschutz im globalen Kontext

Auch wenn der Fokus dieser Untersuchung auf dem Verhältnis von Sorten- und Patenschutz in Deutschland und Europa liegt, kann nicht ausgeblendet werden, dass die Rechtsentwicklung auch durch globale Entwicklungen gesteuert und beeinflusst worden ist und teilweise auch noch beeinflusst wird.

Hierzu gehören zum einen internationale Abkommen, die – in unterschiedlichem Umfang – Regelungen enthalten, die für den Schutz von Pflanzenzüchtungen von Bedeutung sind. Zum anderen ist gerade im Bereich der Biopatentierung und des Sortenschutzes die Entwicklung in den USA von Bedeutung, weil sich der Saatgutmarkt zunehmend zu einem globalen Markt entwickelt hat und die USA dementsprechend auch vermehrt als Taktgeber bei den Verhandlungen zu multilateralen Verträgen aufgetreten sind. Da diese Wechselwirkungen in der weiteren Untersuchung nicht unberücksichtigt bleiben sollen, ist es sinnvoll, sich einen kurzen Überblick über die Regelungen zu verschaffen.

---

324 Weitere Ausführungen in: Benkard-*Schäfers*, Art. 67 EPÜ Rdnr. 38; siehe hierzu auch: 5. Teil B. III.

I. Internationale Übereinkommen mit Bezug zu Pflanzenzuchtverfahren

1. Die Pariser Verbandsübereinkunft von 1883

Erstes internationales Patentübereinkommen ist die am 20. März 1883 geschlossene Pariser Verbandsübereinkunft zum Schutz des gewerblichen Eigentums (PVÜ).[325] Das von nur elf Staaten geschlossene Übereinkommen ist mittlerweile zu einem weltweiten Staatenverbund mit mehr als 170 Mitgliedern geworden.[326] Mit dem Grundsatz der Inländerbehandlung und dem Prioritätsprinzip hat die PVÜ zwei wesentliche Grundprinzipien des Patentschutzes aufgestellt, die in allen noch folgenden patentrechtlichen Regelungssystemen – gleich ob national oder international – Eingang gefunden haben.[327] Sie bildet daher die Basis aller Patentübereinkommen. Spezifische Regelungen, die Erfindungen im Zusammenhang mit Pflanzenzüchtungen betreffen, enthält die PVÜ nicht. Dadurch, dass der patentrechtliche Gewerbebegriff weit ausgelegt und nicht nur auf den eigentlichen Wortsinn beschränkt wurde, hat die PVÜ gewissermaßen den Weg für den Patentschutz auf lebende Materie und damit auch für pflanzenzüchterische Erfindungen geebnet (vgl. Art. 1 Abs. 3 PVÜ). Allerdings überließ die PVÜ den Mitgliedstaaten die legislative Autonomie, sodass diese über 100 Jahre lang frei entscheiden konnten, welche Erfindungen sie in ihrem Land für patentierbar erachteten.[328] Konsequenz dessen war, dass in einigen Ländern bis Ende der 1980er Jahre der Patentschutz für Erfindungen auf dem Gebiet lebender Materie gänzlich versagt wurde.

2. Vertrag über die internationale Zusammenarbeit auf dem Gebiet des Patentwesens von 1970 (PCT)

Ziel des 1970 geschlossenen Vertrages über die internationale Zusammenarbeit auf dem Gebiet des Patentwesens war es, eine Harmonisierung auf verfahrens-

---

325 Vgl. *Beier*, GRUR Int. 1983, S. 339 ff., der ausführlich die Vorgeschichte der PVÜ darstellt.

326 Das Deutsche Reich hat sich bereits 1903 der PVÜ angeschlossen, RGBl. 1903, S. 147. In der Bundesrepublik ist die Übereinkunft am 19.09.1970 in Kraft getreten, BGBl. II 1970, S. 1073 f.

327 *Kraßer*, S. 81.

328 *Straus*, GRUR Int. 1996, S. 179 (180).

rechtlicher Ebene herbeizuführen.[329] Mittels einer einzigen Patentanmeldung ist es möglich, ein Patent für alle Vertragsstaaten zu beantragen.[330] Mit einem Anmeldevorgang können somit viele Länder erfasst werden, wobei die Entscheidung über die Patenterteilung weiter nach nationalem Recht erfolgt.[331]

Auch wenn die Harmonisierung des materiellen Patentrechts nicht im Vordergrund dieses Vertrages stand, lieferte er doch einige wichtige Impulse für einen einheitlichen Mindestpatentschutz in allen Vertragsstaaten.[332] Unter anderem wurden in Regel 39 der Ausführungsverordnung des PCT bereits in der Erstfassung von 1970 Pflanzensorten und im Wesentlichen biologische Verfahren zur Züchtung von Pflanzen als von der internationalen Recherche ausgenommene Gegenstände genannt.[333] Die Recherchebehörden seien nicht verpflichtet, eine internationale Recherche für eine internationale Anmeldung durchzuführen, soweit der Anmeldungsgegenstand Pflanzensorten oder im Wesentlichen biologischen Verfahren zur Züchtung von Pflanzen betreffe. Damit wurde der Grundstein für die spätere Ausschlussbestimmung in Art. 53 lit. b) EPÜ gelegt, wonach keine europäischen Patente für Pflanzensorten und im Wesentlichen biologische Verfahren zur Züchtung von Pflanzen erteilt werden dürfen.

3. Übereinkommen über die biologische Vielfalt (1992)

Von Relevanz für die Patentierung pflanzenzüchterischer Erfindungen ist auch das Übereinkommen über die biologische Vielfalt (Convention on Biological Diversity – CBD)[334], welches 1992 auf der UN-Konferenz über Umwelt und Entwicklung in Rio de Janeiro (UNCED) von mehr als 150 Ländern unterzeichnet wurde.[335]

Die Präambel zählt detailliert die wesentlichen Beweggründe auf, die zum Abschluss dieses völkerrechtlich verbindlichen Übereinkommens geführt haben.[336] Darauf aufbauend nennt Art. 1 CBD die drei Hauptziele des Übereinkommens: Neben der Erhaltung der biologischen Vielfalt und der nachhaltigen Nutzung der

---

329 Zur Vorgeschichte des PCT siehe *Haertel*, GRUR Int. 1971, S. 101 ff.

330 BGBl. II 1976, S. 649 (664).

331 Vgl. *Kretschmer*, GRUR 1979, S. 536.

332 *Straus*, GRUR Int. 1996, S. 179 (185).

333 BGBl. II 1976, S. 644 (770).

334 BGBl. II 1993, S. 1741.

335 *Straus*, IIC 1993, S. 602.

336 BGBl. II 1993, S. 1741 (1742).

Bestandteile der biologischen Vielfalt strebt die Konvention zudem die gerechte Aufteilung der sich aus der Nutzung genetischer Ressourcen ergebenden Vorteile an.[337] Damit werden nicht nur ökologische Ziele verfolgt, sondern gleichzeitig ökonomische Interessen berücksichtigt, die mit der Nutzung genetischer Ressourcen zwangsläufig verbunden sind.[338]

Insgesamt bleiben diese Zielvorstellungen jedoch sehr vage, sodass der Inhalt der Konvention der nationalen Politik lediglich als Orientierungsrahmen dienen kann.[339] Von Bedeutung sind daher die regelmäßig stattfindenden Vertragsstaatenkonferenzen (VSK), auf denen strittige Aspekte und neue Fragestellungen diskutiert werden können.[340] Vor allem die dort erlassenen Umsetzungsprotokolle, die den Inhalt der Konvention zu einzelnen Themenbereichen konkretisieren, leisten einen positiven Beitrag für die Umsetzung der Konvention in die nationale Politik.[341] Aufgrund des fehlenden Zwangs zur Umsetzung haben die meisten Vertragsstaaten – trotz der bereits 1993 in Kraft getretenen Konvention – keine nationale Biodiversitätsstrategie entwickelt.[342]

Für die Patentierung pflanzenzüchterischer Erfindungen von Bedeutung ist vor allem Art. 15 CBD, der erstmals ausdrücklich Zugang und Nutzung von genetischen Ressourcen der nationalen Souveränität unterstellt.[343] Dadurch wird den Vertragsstaaten das Recht eingeräumt, durch nationale Rechtsvorschriften festzulegen, unter welchen Umständen sie Zugang zu genetischen Ressourcen gewähren wollen.[344] Mit dieser Bestimmung soll sichergestellt werden, dass die aus Forschung und Nutzung genetischer Ressourcen gewonnenen Ergebnisse auch den Ländern zugutekommen, aus denen die genetischen Ressourcen stammen, was zumeist die Entwicklungsländer sind.[345] Das Souveränitätsrecht gilt aber nicht uneingeschränkt. Der Zugang zu genetischen Ressourcen muss grund-

337 BGBl. II 1993, S. 1741 (1744).

338 *Meyer/Revermann/Sauter*, S. 214.

339 *Ebda.*

340 *Meyer/Revermann/Sauter*, S. 216.

341 *Ebda.*

342 In Deutschland wurde erst 2007 eine nationale Strategie zur biologischen Vielfalt vom BMU beschlossen, um der Verpflichtung aus Art. 6 CBD gerecht zu werden, vgl. *BMU*, S. 7.

343 BGBl. II 1993, S. 1741 (1752).

344 *Straus*, GRUR Int. 2004, S. 792.

345 *Meyer/Revermann/Sauter*, S. 221.

sätzlich ermöglicht werden und den Vertragspartnern dürfen keine Restriktionen mit dem Ziel auferlegt werden, den Zugang zu erschweren.[346] Insofern setzt das in Art. 15 CBD geregelte System Rahmenbedingungen sowohl für Vertragsparteien, die genetische Ressourcen bereitstellen, als auch für solche, die die genetischen Ressourcen nutzen wollen.[347] Mit der Verpflichtung, gemeinsam Bedingungen auszuhandeln (sogenannte „mutually agreed terms" – MAT) und dem Erfordernis der vorherigen Zustimmung des Geberlandes, nennt die Konvention zugleich die beiden entscheidenden Verfahrensvoraussetzungen für den Zugang zu genetischen Ressourcen.[348]

Neben Art. 15 Abs. 6 CBD, der den Vertragsstaaten die Pflicht auferlegt, dass Herkunftsland der Ressourcen an der wissenschaftlichen Forschung zu beteiligen und bestenfalls die Forschungstätigkeit dorthin zu verlagern, ist der Grundsatz der ausgewogenen und gerechten Verteilung der Vorteile, die aus der Nutzung der genetischen Ressourcen resultieren, in Art. 15 Abs. 7 CBD normiert.[349] Als lex specialis hierzu regelt Art. 19 CBD die Forschungsbeteiligung und den gerechten Vorteilsausgleich im Bereich der Biotechnologie.[350] Dass die Biotechnologie eigene Erwähnung findet, zeugt von der wachsenden Bedeutung dieses Bereichs mit ihrem immensen kommerziellen Potential.

Schließlich ist noch auf Art. 16 CBD hinzuweisen, der den Herkunftsländern genetischen Materials den Zugang zur Technologie und die Weitergabe von Technologie zusichert.[351] Diese Vorschrift ist ein Kompromiss zu der Forderung der Entwicklungsländer, von der Lizenzpflicht für aus genetischem Material entwickelte patentierte Produkte gänzlich befreit zu werden, was entschieden von den Industrieländern abgelehnt wurde.[352] Gewerblichen Schutzrechten wird ein angemessener und wirkungsvoller Schutz zuerkannt (Art. 16 Abs. 4 i.V.m. Abs. 2 S. 2 CBD), sofern sie nicht in Widerspruch zu den Zielen des Übereinkommens stehen (Art. 16 Abs. 5 CBD).[353] Die Entwicklungsländer erhalten

346 Vgl. Art. 15 Abs. 2 CBD.
347 *v. Hahn*, ZaöRV 2003, S. 295 (297).
348 Vgl. Art. 15 Abs. 4 und 5 CBD.
349 BGBl. II 1993, S. 1741 (1753).
350 BGBl. II 1993, S. 1741 (1755).
351 BGBl. II 1993, S. 1741 (1753).
352 Vgl. *Henne*, S. 128 f.
353 *Götting*, GRUR Int. 2004, S. 731 (734).

demnach nur einen erleichterten Zugang zu Technologien, die durch Immaterialgüterrechte geschützt werden (Art. 16 Abs. 3 CBD).

Mit dem 1994 geschlossenen Internationalen Übereinkommen über handelsbezogene Aspekte des geistigen Eigentums (TRIPS) hat sich die Wirkung dieser Vorschrift allerdings ein Stück weit relativiert. Zumindest im Patentbereich gelten seitdem völkerrechtlich verbindliche Mindestschutzstandards, die auch nicht durch die Biodiversitätskonvention ausgehöhlt werden können.[354]

4. TRIPS-Abkommen

International betrachtet ist das 1994 geschlossene TRIPS-Abkommen (Agreement on Trade-Related Aspects of Intellectual Property Rights – Übereinkommen über handelsbezogene Aspekte der Rechte des geistigen Eigentums), als bedeutendstes und umfassendstes Abkommen im Bereich der Immaterialgüterrechte, zu betiteln.[355] Erklärtes Ziel des Abkommens ist es, „Verzerrungen und Behinderungen des internationalen Handels zu verringern, und unter Berücksichtigung der Notwendigkeit, einen wirksamen und angemessenen Schutz der Rechte des geistigen Eigentums zu fördern sowie sicherzustellen, dass die Maßnahmen und Verfahren zur Durchsetzung der Rechte des geistigen Eigentums nicht selbst zu Schranken für den rechtmäßigen Handel werden" (Präambel).[356] Dabei legt das TRIPS-Abkommen den Vertragsstaaten in Art. 1 Abs. 1 S. 2 TRIPS die Pflicht auf, Mindeststandards für den Schutz geistigen Eigentums zu gewährleisten: Sämtliche Vertragsstaaten müssen in ihrem Territorium mindestens den Schutz für geistige Eigentumsrechte gewähren, den das TRIPS-Abkommen vorsieht.[357]

a) Überblick über die Regelungen zu biotechnologischen Erfindungen

Auch hinsichtlich der patentrechtlichen Stellung biotechnologischer Erfindungen enthält das TRIPS detaillierte Regelungen, die festlegen, ob und wie Erfindungen auf dem Gebiet der Biotechnologie Patentschutz genießen können. Einfallstor für den Patentschutz biotechnologischer Erfindungen ist Art. 27 Abs. 1 S. 1 TRIPS, wonach Patente auf allen Gebieten der Technik ohne Diskriminie-

---

354 *Straus*, GRUR Int. 2004, S. 792.
355 *Correa*, The Journal of World Intellectual Property, Vol. 1 (1998), S. 75.
356 BGBl. II 1994, S. 1730 (1731).
357 Ebda.

rung erhältlich sein müssen.[358] Durch diese Regelung wurde nach jahrelangen Diskussionen die Patentierbarkeit genetischer Erfindungen auf internationaler Ebene ausdrücklich festgelegt.[359] Folglich können auch auf pflanzengenetischen Ressourcen basierende Erfindungen patentiert werden, sofern sie die üblichen Patentvoraussetzungen der Neuheit, erfinderischen Tätigkeit und gewerblichen Anwendbarkeit erfüllen. Dies bedeutet aber zugleich, dass das bloße Auffinden einer neuen Pflanzenart in der Natur eine reine Entdeckung ist und somit auch nach dem TRIPS-Abkommen keinen Schutz genießt.[360]

Gleichwohl lässt das TRIPS-Abkommen keine grenzenlose Patentierung von Erfindungen zu: In Art. 27 Abs. 2 und Abs. 3 TRIPS sind Gründe aufgezählt, nach denen den Vertragsstaaten das Recht eingeräumt wird, bestimmte Erfindungen von der Patentierbarkeit auszunehmen.[361] Während in Art. 27 Abs. 2 TRIPS als Grund für die Nichtpatentierbarkeit ganz allgemein ein Verstoß gegen die öffentliche Ordnung oder die guten Sitten genannt wird, enthält Art. 27 Abs. 3 TRIPS konkrete Kategorien, im Rahmen derer Erfindungen der Patentschutz versagt werden kann. Die für den Schutz von Pflanzenzüchtungen wesentliche Ausschlussbestimmung findet sich in Art. 27 Abs. 3 lit. b) TRIPS.[362] Danach können die Vertragsstaaten Pflanzen und Tiere sowie im Wesentlichen biologische Verfahren für die Züchtung von Pflanzen und Tieren von der Patentierbarkeit ausschließen. Nicht nur ethische bzw. moralischen Bedenken Europas haben zum Erlass dieser Vorschrift geführt; diese Regelung wurde vor allem auch auf Druck der Entwicklungsländer in das Abkommen aufgenommen, da bei einer zu weitreichenden Patentierbarkeit pflanzengenetischer Erfindungen negative Auswirkungen auf die Ernährungssicherheit und Gesundheitsversorgung in Entwicklungsländern befürchtet wurden.[363] Mit dem generellen Ausschluss von Pflanzen und Tieren geht das TRIPS-Abkommen auf den ersten Blick weiter als der im EPÜ vorgesehene Ausschluss von „Pflanzensorten und Tierarten".[364] Ob damit eine generelle Aussage hinsichtlich der Patentierbarkeit von Pflanzenteilen, insbesondere Pflanzenzellen und Pflanzengenen, ge-

358 BGBl. II 1994, S. 1730 (1737).

359 *Straus*, GRUR Int. 1996, S. 179 (188); *Faupel*, GRUR Int. 1990, S. 255 (260).

360 *Goebel*, S. 181.

361 BGBl. II 1994, S. 1730 (1737).

362 BGBl. II 1994, S. 1730 (1737).

363 *Gervais*, S. 150.

364 *Straus*, GRUR Int. 1996, S. 179 (190).

troffen werden sollte, darf bezweifelt werden. Zumal die Patentierung von pflanzlichem Material übliche Praxis der Patentämter in den wichtigsten Industrieländern war, so dass es einer Klarstellung bedurft hätte, wenn der Ausschluss von Pflanzenteilen wirklich gewollt gewesen wäre.[365]

Jedenfalls können Erfindungen für Mikroorganismen sowie nicht-biologische und mikrobiologische Verfahren zur Züchtung von Pflanzen und Tieren patentiert werden (vgl. Art. 27 Abs. 3 lit. b) S. 1 HS 2 TRIPS). Dabei bleibt unklar, was der Begriff „Mikroorganismus" exakt umfasst. Teilweise wird der Begriff in einem weiten Sinne verstanden, sodass auch Pflanzenzellen und –gene darunter fallen.[366] Letztlich spielt dies keine Rolle, soweit der Auslegung gefolgt wird, dass ein Ausschluss von Pflanzenzellen nach Art. 27 Abs. 3 lit. b) TRIPS nicht bezweckt war.[367] Auch geht aus dem TRIPS-Abkommen nicht hervor, wann ein Verfahren als nicht-biologisch einzustufen ist, sodass die Auslegung dieses Begriffs ebenfalls problematisch ist.[368]

Aufgrund dieser zahlreichen Unklarheiten hinsichtlich der Begrifflichkeiten geriet gerade diese Vorschrift zunehmend in Kritik, sodass Artikel 27 Abs. 3 lit. b) TRIPS als einzige Vorschrift seit 1999 Gegenstand eines Revisionsprozesses im TRIPS-Council wurde.[369] Verschiedene Vorschläge zur Änderung der Vorschrift wurden insbesondere von NGOs (Non-Governmental Organizations) unterbreitet, in denen ausdrücklich die Nichtpatentierbarkeit von in der Natur vorkommenden biologischen Material proklamiert wurde und der Schutz traditionellen Wissens indigener Völker für bedeutsam erklärt wurde.[370] Daneben war Ziel mancher entwickelter Länder, dass der Ausschluss von Pflanzen und Tieren im Interesse des biotechnologischen Fortschritts gestrichen wird.[371] Ein Konsens zwischen den einzelnen Vertragsstaaten wurde im Hinblick auf diese Thematik

365 Vgl. *Goebel*, S. 184 ff., der Für und Wider des Ausschlusses von Pflanzenteilen abwägt und zu dem Schluss kommt, dass nach dem Sinn und Zweck von Art. 27 Abs. 3 lit. b) der Ausschluss sich nicht auf Pflanzenteile erstreckt.

366 *Correa*, GRUR Int. 1994, S. 799 (801), der das mexikanische Gesetz zum Gewerblichen Rechtsschutz von 1991 als Beispiel dafür anführt, dass der Begriff „Mikroorganismus" auch in einem weiten Sinne verstanden werden kann; *WIPO*, S. 5 f.

367 *Goebel*, S. 194.

368 *Straus*, GRUR Int. 1996, S. 179 (190).

369 *Correa*, S. 211.

370 *Ebda.*

371 *Ebda.*

bislang jedoch nicht erzielt, sodass der Wortlaut der Vorschrift sich nicht geändert hat.

b) Anforderungen an die Schutzregime der Vertragsparteien

Aufgrund der dargestellten Verpflichtungen muss für Pflanzensorten ein effektives Schutzsystem bereitgestellt werden. Alternativ zu einem Schutz durch Patente lässt das TRIPS-Abkommen auch den Schutz durch ein wirksames sui-generis-System oder auch durch eine Verbindung beider Schutzregime zu (vgl. Art. 27 Abs. 3 lit. b) S. 2 TRIPS).[372] Dass der Schutz von Pflanzenzüchtungen nach drei verschiedenen Methoden möglich ist, beruht letztlich auf dem mangelnden Konsens zwischen den an den Vertragshandlungen beteiligten Staaten.[373] Die meisten europäischen Staaten befürworteten ein System sui-generis, weil sie das Patentsystem für den Schutz von Pflanzenzüchtungen als nicht geeignet ansahen und weil sich das UPOV-Übereinkommen als sui-generis System bewährt hatte; die USA, Japan und Australien wollten hingegen ihrer Linie treubleiben, Patente auf Pflanzenzüchtungen zu erteilen.[374] Dementsprechend einigte man sich darauf, alle Schutzmöglichkeiten als gleichwertige Schutzsysteme anzuerkennen.

Auswirkungen dieser Kompromisslösung zeigen sich vor allem im Verhältnis zur Biopatentrichtlinie. Da nicht nur die Mitgliedstaaten der Europäischen Gemeinschaft sondern auch die Gemeinschaft selbst dem TRIPS-Abkommen beigetreten waren, bestand eine besondere Herausforderung bei Erlass der Richtlinie darin, dem umfassenden Geltungsanspruch des TRIPS Rechnung zu tragen. Dem wird die Richtlinie insofern gerecht, als dass die aus dem Abkommen resultierenden Verpflichtungen von der Richtlinie explizit unberührt bleiben (vgl. Art. 1 Abs. 2 BioPat-RL). Anders als das TRIPS-Abkommen, welches mit Art. 27 Abs. 1 S. 1 TRIPS den Grundsatz aufstellt, dass Patente für Erfindungen auf allen Gebieten der Technik erhältlich seien, verpflichtet die Biopatentrichtlinie zu Beschränkungen für die Patentierbarkeit biologischen Materials.[375] Bezogen auf pflanzenzüchterische Erfindungen gibt es somit einen wesentlichen Unterschied zwischen dem TRIPS-Abkommen und der Biopatentrichtlinie: Während

372 BGBl. II 1994, S. 1730 (1737).
373 *UNCTD-ICTSD*, S. 394.
374 *UNCTD-ICTSD*, S. 394.
375 Siehe ABl. EG Nr. L 213, S. 13 (14), Erwägungsgrund Nr. 13.

im Rahmen der Biopatentrichtlinie Pflanzensorten und im Wesentlichen biologische Verfahren zur Züchtung von Pflanzen nicht patentiert werden können,[376] wird die Entscheidung im TRIPS-Abkommen, ob auch für derartige Gegenstände Patentschutz gewährt werden kann, den Vertragsparteien überlassen.[377] Die Biopatentrichtlinie enthält somit eine engere Regelung, die sich aber in dem Gestaltungsspielraum bewegt, den das TRIPS-Abkommen den Vertragsparteien einräumt.

II. Die Rechtsentwicklung in den USA

Im Vergleich zu der europäischen Entwicklung haben die USA von Beginn an eine Sonderrolle eingenommen, da Züchtern dort die Möglichkeit eingeräumt wurde, auf mehrfache Weise Schutz für Pflanzenzüchtungen zu erlangen. Die Auswirkungen dieser von der Situation in Europa divergierenden Rechtslage haben sich bereits früh beim Beitritt der USA zum IPÜ gezeigt, sind aber vor allem im Zusammenhang mit den langwierigen Verhandlungen über die Vorgaben des TRIPS-Abkommens zu den Schutzverpflichtungen der Vertragsparteien offen zutage getreten. Deswegen und weil in der gegenwärtigen Diskussion verstärkt auf Entwicklungen in den USA Bezug genommen wird, ist es erforderlich, einen kurzen Blick auf die Rechtslage in den USA zu werfen.

1. Pflanzenpatentgesetz (Plant Patent Act)

Anders als in Europa entstand in den USA bereits 1930 ein besonderes Spezialschutzsystem für Pflanzenpatente, der sogenannte Plant Patent Act (PPA), durch den das allgemeine Patentrecht modifiziert wurde.[378] Dies war notwendig, da Schutz für Pflanzenzüchtungen nach dem allgemeinen Patentgesetz nicht zu erlangen war. Denn zum einen galten Pflanzensorten als Erzeugnisse der Natur und zum anderen konnten sie nicht so ausreichend schriftlich beschrieben werden, wie es den Anforderungen des Patentrechts genügt hätte.[379]

Voraussetzung der Patentierbarkeit nach dem PPA war und ist die Neuheit und Unterscheidungskraft der Sorte (vgl. 35 U.S.C. § 161).[380] Daneben wurde in ei-

376 Vgl. Art. 4 Abs. 1 BioPat-RL.
377 Vgl. Art. 27 Abs. 3 lit. b) TRIPS.
378 *Williams*, GRUR Int. 1983, S. 702 (704).
379 Vgl. *Adler*, GRUR Int. 1988, S. 11 (12).
380 Title 35 of the United States Code.

ner Grundsatzentscheidung des Obersten Gerichtshofs die Erfindungshöhe bzw. das Erfordernis des Nichtnaheliegens als weitere Voraussetzung für die Erteilung eines Pflanzenpatents benannt.[381] Das Problem der ausführbaren schriftlichen Beschreibung wurde dadurch gelöst, dass die Beschreibung der Pflanze nur so aussagekräftig sein muss, wie dies vernünftigerweise möglich ist.[382] Von Bedeutung ist vor allem die Aufzählung der Merkmale und Unterschiede der Pflanze gegenüber bestehenden Sorten, damit ein Vergleich vorgenommen werden kann. Im Zuge der allgemeinen Patentrechtsreform 1953 wurden die Regelungen des PPA zudem dahingehend geändert, dass von nun an auch neu aufgefundene, also entdeckte, Pflanzen schutzfähig sind.[383] Von der Schutzfähigkeit ausdrücklich ausgenommen wurden aber alle durch Knollen vermehrte Pflanzen.[384] Betroffen waren davon insbesondere Kartoffeln. Angeblich wurde die Ausnahme eingeführt, weil bei Kartoffeln die vegetative Vermehrung von dem gleichen Pflanzenteil ausgehe, der auch als Nahrungsmittel verkauft werde.[385] Daneben haben aber vermutlich auch politische Zweckmäßigkeitserwägungen eine entscheidende Rolle gespielt, da das Landwirtschaftsministerium ein umfangreiches Züchtungsprogramm für Kartoffeln in der fraglichen Zeit durchführte.[386]

Pflanzenpatente wurden nach der ursprünglichen Fassung des Gesetzes nur für vegetativ vermehrte Sorten erteilt.[387] Grund der Beschränkung war die damalige Überzeugung, dass nur die vegetative Vermehrung echte Wiedergabe gewährleiste. Hingegen bedürfe die generative Vermehrung keines Schutzes, da sie keine stabile Reproduktion zulasse.[388] Unter Umständen trug auch die Sorge der Landwirte und Wissenschaftler zu der Einschränkung bei, der Schutz generativ vermehrter Sorten könne den freien Austausch von genetischem Material behindern und zu einer Konzentration des Saatgutmarktes führen.[389]

---

381 Yoder Brothers, Inc. v. California-Florida Plant Corp., 537 F.2d 1347 (5th Cir. 1976).
382 35 U.S.C. § 162 – Description Claim.
383 *Williams*, GRUR Int. 1983, S. 702 (703).
384 Vgl. der Begriff „tuber“ in 35 U.S.C. § 161.
385 *Williams*, GRUR Int. 1983, S. 702 (704).
386 Vgl. *Moufang*, S. 115.
387 *Williams*, GRUR Int. 1983, S. 702 (703).
388 *Adler*, GRUR Int. 1988, S. 11 (12).
389 *Ruttan*, Science, Vol. 216 (1982), S. 23 (25).

2. Plant Variety Protection Act (PVPA)

Während der 60er Jahre wuchs in den USA das Interesse, auch für generativ vermehrte, kommerzielle Pflanzen rechtlichen Schutz zu schaffen.[390] Dem wurde allerdings nicht durch die Ausweitung des Anwendungsbereichs des PPA auf derartige Pflanzen, sondern durch Etablierung eines gesonderten Schutzsystems Rechnung getragen. Für generativ vermehrte Sorten wurde 1970 daher der Plant Variety Protection Act (PVPA) erlassen.[391] Dabei handelt es sich um ein Sortenschutzgesetz, dem die europäischen Sortenschutzgesetze und das UPOV-Übereinkommen als Vorbild dienten.[392] Beabsichtigt wurde mit dem Gesetz eine Förderung des Fortschritts in der Landwirtschaft, wofür die Offenlegung neuer Sorten und ihre Art der Herstellung essentiell waren.

Für die Schutzrechtserteilung nach dem PVPA muss die Pflanze neu, unterscheidbar, homogen und beständig sein.[393] Insoweit besteht kein Unterschied zu den europäischen Schutzvoraussetzungen. Anders als die europäischen Sortenschutzgesetze in ihrer ursprünglichen Fassung enthielt der PVPA von vornherein kein Artenverzeichnis, sondern schloss nur den Schutz von Pilzen, Bakterien und Hybriden der ersten Generation aus.[394] Zur Begründung des Ausschlusses von Hybriden wurde auf die mangelnde Beständigkeit und den ausreichenden mittelbaren Schutz über die jeweiligen Elternlinien hingewiesen.[395] Im Rahmen einer Gesetzesänderung von 1994 wurde diese Ausnahme jedoch gestrichen und Hybride der ersten Generation in den Schutz des PVPA mit einbezogen.[396] Wesentlich war zudem, dass ein Landwirtevorbehalt bereits explizit geregelt war. Dass nicht nur die Weitervermehrung ordnungsgemäß erworbenen Saatguts zum Zwecke des Anbaus, sondern auch der Verkauf des so gewonnenen Saatguts als zulässig erachtet wurde, stellte eine großen Unterschied zu den vergleichbaren Regelungen in den europäischen Ländern dar.[397]

---

390 *Adler*, GRUR Int. 1988, S. 11 (13).
391 7 U.S.C. §§ 2321-2582.
392 *Williams*, GRUR Int. 1983, S. 702 (705).
393 7 U.S.C. § 2402 lit. a).
394 Vgl. *Bauer*, S. 52.
395 *Moufang*, S. 127.
396 Vgl. *Bodewig*, GRUR Int. 1994, S. 969.
397 Vgl. *Neumeier*, S. 66.

Durch den Beitritt der USA zum UPOV-Übereinkommen bedurfte das Gesetz 1980 einer umfassenden Reformierung.[398] Vor allem aufgrund der Anforderungen, die das UPOV-Übereinkommen an die Neuheit stellte, waren einige Änderungen des amerikanischen Sortenschutzgesetzes notwendig geworden.[399]

Der Erfolg des PVPA spiegelte sich insbesondere darin wider, dass in den Folgejahren nach seiner Entstehung eine rasant wachsende Zahl neuer Sorten für Sojabohnen, Weizen und Baumwolle angemeldet wurden und auch die Privatinvestitionen im Bereich der Pflanzenforschung schlagartig stiegen.[400]

3. Allgemeines Patentrecht

Darüber hinaus hat der U.S. Supreme Court in einer Grundsatzentscheidung von 1980 (Diamond v. Chakrabarty[401]) die Erteilung normaler Patente auch für Mikroorganismen bejaht, wodurch der Weg für die Patentierung lebender Organismen geebnet wurde. Nach Auffassung des Supreme Courts komme es für die Frage der Patentfähigkeit nicht auf eine Unterscheidung zwischen lebenden und nicht-lebenden Gegenständen an, sondern es sei zwischen Produkten der Natur und von Menschenhand herrührenden Erfindungen zu differenzieren.[402]

Den sehr weitreichenden Formulierungen des Supreme Courts stand das Patent und Trademark Office der Vereinigten Staaten (PTO) kritisch gegenüber. Bis Mitte der 80er Jahre vertrat es daher entschieden den Standpunkt, dass nach dem PPA oder dem PVPA schutzfähige Pflanzen nicht nach dem allgemeinen Patentrecht geschützt werden könnten.[403] Diese Auffassung gab das PTO jedoch endgültig in dem wegweisenden Urteil „Hibberd" auf.[404] Weder der Gesetzeswortlaut noch die Gesetzesgeschichte 35 U.S.C. § 101 würden eine eindeutige Aussage darüber treffen, ob der Schutz pflanzengenetischer Erfindungen nach dem allgemeinen Patentgesetz wegen der Spezialregelungen des PVPA und des PPA

---

398 *Ebda.*

399 *Williams*, GRUR Int. 1983, S. 702 (707).

400 *Straus*, GRUR Int. 1983, S. 591 (594).

401 U.S. Supreme Court, 447 U.S. 303 (1980) – Diamond v. Chakrabarty, übersetzt von *Bodewig*, GRUR Int. 1980, S. 627 ff.

402 U.S. Supreme Court, GRUR Int. 1980, S. 627 (630).

403 *Moufang*, S. 201.

404 Patent and Trademark Office (PTO), Board of Appeals and Interferences, Entscheidung v. 18.09.1985 – übersetzt von *Hibberd*, GRUR Int. 1986, S. 570 ff.

ausgeschlossen sei.[405] In Fällen, in denen sich zwei Gesetze mit derselben Materie befassten, seien beide anzuwenden, solange sich zwischen diesen kein Widerspruch bzw. unüberbrückbarer Konflikt ergebe.[406] Ein solcher ergebe sich weder zwangsläufig aus der Anzahl der Unterschiede in der Ausgestaltung der Schutzrechtssysteme noch könne er aus dem Umstand hergeleitet werden, dass sich die Schutzgegenstände der konkurrierenden Rechtssysteme überschneiden. Dementsprechend entschied die Kammer, dass auch Pflanzen, die bereits nach dem PPA oder dem PVPA schutzfähig sind, auch patentfähige Gegenstände im Sinne von 35 U.S.C. § 101 darstellen können.[407]

Die Kammer des PTO sah sich auch durch das in Art. 2 Abs. 1 IPÜ festgelegte Doppelschutzverbot nicht daran gehindert, Ansprüche nach dem allgemeinen Patentrecht für Maissamen, Pflanzen, Gewebekulturen, Hybridsamen und Hybridpflanzen zu gewähren, da die UPOV eine Exekutivvereinbarung sei, die noch nicht vom Senat formell ratifiziert worden sei und deswegen in den USA noch nicht Gesetzeskraft erlangt habe.[408] Darüber hinaus sei fraglich, ob überhaupt eine Verletzung gegen die völkerrechtliche Regelung des Art. 2 Abs. 1 IPÜ vorliege. Denn das Doppelschutzverbot war durch die Einführung von Art. 37 Abs. 1 IPÜ aufgeweicht worden, um den USA den Beitritt zum UPOV zu ermöglichen. Daher war zumindest offen, ob so die Möglichkeit geschaffen werden sollte, das Doppelschutzverbot auch insoweit außer Kraft zu setzen, als es die kumulative Anwendung pflanzengenetischer Spezialschutzformen neben dem Schutz durch allgemeine Patente untersagte.[409] Vor diesem Hintergrund wurde der Vorbehalt des Art. 37 Abs. 1 IPÜ weit ausgelegt, sodass neben den spezialgesetzlichen Regelungen auch das allgemeine Patentrecht zur Anwendung kommen konnte.[410] Trotz der zunächst abweichenden Erteilungspraxis vom PTO wird die Erteilung allgemeiner Patente auf Pflanzen daher seit dieser Entscheidung als rechtlich zulässig angesehen.[411]

---

405 PTO, GRUR Int 1986, S. 570 (571).
406 PTO, GRUR Int. 1986, S. 570 (572).
407 PTO, GRUR Int. 1986, S. 570 (573).
408 Ebda.
409 *Moufang*, S. 208.
410 *Adler*, IIC 1986, S. 195 (209).
411 *Moufang*, S. 208.

Erkennbar ist, dass die USA mir ihrem umfassenden Patentschutzsystem für Pflanzenzüchtungen eine Sonderrolle einnehmen. Welche Auswirkungen dies haben kann, zeigen insbesondere die Auseinandersetzungen bei den Verhandlungen zur CBD und zum TRIPS-Abkommen. Im internationalen Rahmen sind die Rechtsvorstellungen der USA in der Regel nicht konsensfähig, sodass es immer wieder zu vertraglichen Kompromisslösungen kommt, wodurch den Staaten erhebliche Gestaltungsspielräume bleiben. Dies hat zur Folge, dass sich kein einheitliches Rechtsregime zum Schutz von Pflanzenzüchtungen herausgebildet hat. Vielmehr besteht auch hier das Nebeneinander von Sortenschutz- und Patenrecht, das die Rechtsentwicklung in diesem Bereich seit Beginn prägt.

C. Aktueller Stand des Sorten- und Patentschutzes in Deutschland

In Anbetracht der Entwicklungen auf nationaler, europäischer und internationaler Ebene verwundert es nicht, dass die gegenwärtige Rechtslage in Deutschland durch ein Nebeneinander von Sorten- und Patentschutz geprägt ist. Pflanzenzüchtungen können demnach nach dem Sortenschutzrecht und nach dem Patentrecht geschützt werden. Beide Rechtsmaterien unterfallen dem Immaterialgüterschutz.[412] Gemeinsam ist ihnen, dass dem Schutzrechtsinhaber ein zeitlich befristetes Ausschließlichkeitsrecht eingeräumt wird.[413] Gerade seitdem die Möglichkeiten der Biotechnologie in der Pflanzenzüchtung die Grenzen von Patent- und Sortenschutz verschwimmen lassen haben, drängt sich allerdings die Frage auf, warum der Schutz von Pflanzenzüchtungen durch zwei unterschiedliche Schutzrechtssysteme abgesichert werden muss. Da mittlerweile auch Pflanzen patentiert werden können, fällt eine klare, eindeutige Abgrenzung beider Schutzrechtsgegenstände schwer.[414] Dies gilt vor allem für Pflanzen, die sortengeschützt sind und zugleich patentierte Bestandteile beinhalten.[415] Um hierauf eine Antwort zu finden, muss das Verhältnis von Sorten- und Patentschutz näher in Augenschein genommen werden. Insbesondere muss die Vorfrage gestellt werden, was auf welche Weise geschützt werden kann und wo die Gemeinsamkeiten und Unterschiede beider Schutzsysteme liegen.

---

412 *Keukenschrijver*, Einl. Rdnr. 13.

413 *Lukes*, GRUR Int. 1987, S. 318.

414 Vgl. *Neumeier*, S. 67.

415 *Bette/Stephan*, S. 29.

I. Schutzgegenstand

1. Schutzgegenstand des Sortenschutzes

Gegenstand des Sortenschutzes ist die Pflanzensorte (Sorte), und zwar in der Gesamtheit der für sie entscheidenden genetischen Information, die durch natürliche Vererbungsprozesse an die nachfolgende Generation weitergegeben wird.[416] Entgegen früherer Bestrebungen, den Sortenbegriff nicht zu definieren, um eine zu enge Begriffsbestimmung zu vermeiden, wurde in der Novellierung des UPOV-Übereinkommens von 1991 wieder eine Definition in den Vertragstext aufgenommen.[417] Danach ist eine Sorte eine Gesamtheit von Pflanzen innerhalb eines bestimmten Taxons der untersten bekannten Rangstufe. Insofern können auch Pflanzenteile unter den Sortenbegriff fallen, sofern aus diesen wieder vollständige Pflanzen gewonnen werden können, die dieselben Merkmale aufweisen.[418] Voraussetzung dafür ist, dass der vollständige Satz der Gene einer ganzen Pflanze in dem Pflanzenteil enthalten ist.[419] Auch die einzelne Zelle kann folglich dem Sortenschutz unterfallen, sofern sie als kleinste selbständig lebensfähige Einheit das gesamte Genom enthält.[420] Geschützt wird demnach ein gesamtes, einmaliges Genom mit seinen phänotypischen Ausprägungen.[421]

Grund für den weiten Sortenbegriff ist, dass bereits die wirtschaftliche Verwertung von Stecklingen oder einzelnen Zellen zu Vermehrungszwecken angestrebt wird und die wirtschaftliche Bedeutung der Gesamtpflanze eher belanglos ist.[422] Nach dem Sortenschutzrecht wird somit die Individualität der Pflanzensorten geschützt, die von dem jeweiligen Genom, welches einmalig ist, herrührt.[423] Dem Sortenschutz unterfallen kann daher jede Pflanze, die wegen ihrer individuellen Eigenschaften von Pflanzen der gleichen Art unterscheidbar ist.

---

416 *Straus*, GRUR 1993, S. 794 (795).

417 Siehe oben unter 3. Teil A. II. 4.

418 *Leßmann/Würtenberger*, § 2 Rdnr. 57.

419 *Kreukenschrijver*, § 2 Rdnr. 7.

420 *Ebda.*

421 *Bette/Stephan*, S. 28.

422 *Leßmann/Würtenberger*, § 2 Rdnr. 60.

423 *Leßmann/Würtenberger*, § 2 Rdnr. 56.

2. Schutzgegenstand des Patentrechts

a) Allgemeine Begriffsbestimmung

Schutzgegenstand des Patentrechts ist die Erfindung. Weder das PatG noch das EPÜ definieren, was unter dem Begriff der Erfindung zu verstehen ist. Vorteil der Unbestimmtheit des Rechtsbegriffs ist seine Anpassungsfähigkeit an den jeweils neusten Erkenntnisstand in Wissenschaft und Forschung.[424] An Kontur hat der Erfindungsbegriff vor allem durch die „Rote-Taube"-Entscheidung des BGH von 1969 gewonnen. In dieser hat der BGH die dem Patentschutz zugängliche Erfindung als eine „Lehre zum planmäßigen Handeln unter Einsatz beherrschbarer Naturkräfte zur Erreichung eines kausal übersehbaren Erfolges" beschrieben.[425] Damit wurde klargestellt, dass aufgrund eines modernen Verständnisses von Technik auch auf biologischen Phänomenen beruhende Erfindungen technische Erfindungen im Sinne des Patentrechts sein können.[426]

Gegenstand des Patentrechts können demnach auch Erzeugnisse sein, die aus biologischem Material bestehen sowie biologische Verfahren, in denen dieses Material hergestellt, bearbeitet oder verwendet wird.[427] Allgemein werden sie als Biopatente bezeichnet. Die bloße Decodierung einer Gensequenz oder eines Genoms reicht für die Erteilung eines Patents nicht aus, da es sich um eine Entdeckung und nicht um eine Erfindung handelt.[428] Patentierbar ist aber die gewerbliche Anwendbarkeit der Gene oder Gensequenzen in Bezug auf ihre konkrete Funktion.[429] Demnach muss nicht nur die Wirkung, welche beim Vorhandensein des Gens ausgelöst wird, oder die mit dem Gen korrespondierende Eigenschaft beschrieben werden können, sondern darüber hinaus muss die angesprochene Gensequenz mithilfe eines Verfahrens beliebig oft her- und zur Verfügung gestellt werden können.[430]

---

424 Vgl. BGH, NJW 1969, 1713.– Rote Taube.
425 Siehe oben unter 3. Teil A. I. 1. b) bb).
426 *Kraßer*, S. 198.
427 Vgl. Art. 3 Abs. 1 BioPat-RL; Art. 1 Abs. 2 S. 1 PatG; Regel 26 Abs. 2 EPÜ.
428 *Zach*, S. 128.
429 *Kraßer*, S. 201.
430 *Zach*, S. 128.

b) Abgrenzungsschwierigkeiten bei Pflanzenzuchtverfahren

Bezogen auf Pflanzenzüchtungen wirft die vom BGH zum Patentbegriff entwickelte Definition mehrere Probleme auf. Vorab ist die Frage zu stellen, ob die Züchtung der neuen Pflanze nicht auf bloßer Entdeckung beruht. Dabei ist insbesondere an Fälle zu denken, in denen sich die züchterische Leistung auf das Auffinden von Mutationen oder die mit biotechnologischen Methoden möglich gewordene Funktionsaufklärung von Genen beschränkt.[431] Hier bedarf es einer klaren Abgrenzung zum Erfindungsbegriff, da für Entdeckungen gerade kein Schutz begründet werden kann.[432] Während eine Erfindung immer eine geistige Leistung eines Menschen in Form einer „Lehre zum planmäßigen Handeln" darstellt, die den Stand der Technik erweitert, ist eine Entdeckung die schlichte Erkenntnis bzw. das Auffinden von etwas bereits Existentem.[433] Zum Erfinder wird ein Entdecker erst in dem Moment, indem er aufbauend auf seiner Erkenntnis eine Anleitung zu einem konkreten Handeln geben kann, die stets zu demselben Erfolg führt.[434] Nur wenn für die Entdeckung als solche Schutz begehrt wird, ist Patentschutz ausgeschlossen; auf Entdeckungen beruhende Erfindungen sind dagegen dem Patentschutz zugänglich, auch wenn sie aus dem Bereich der Biologie stammen.[435] Ein Verfahren, mit dem ein in der Natur aufgefundener Stoff hergestellt werden kann, ist patentierbar. Das gleiche gilt sogar für den Stoff selbst, sofern er mithilfe des Verfahrens exakt beschrieben werden kann und sein Vorhandensein vorher nicht bekannt war.[436] Der Umstand, dass ein Stoff in der Natur bereits vorhanden war, steht daher nicht immer seiner Patentierbarkeit entgegen.[437]

Kann die Frage, ob es sich um eine bloße Entdeckung handelt, verneint werden, folgt das nächste Problem, dass eine Lehre zu einem konkreten Handeln mit stets gleichbleibendem Erfolg seine Planbarkeit voraussetzt. Die Handlungsanleitung muss nicht nur nachvollziehbar sein, sondern der Erfolg muss jederzeit

431 Vgl. *Neumeier*, S. 75.
432 Siehe Art. 52 Abs. 2 lit. a) EPÜ; § 1 Abs. 3 Nr. 1 PatG.
433 BT-Drs. 15/1709, S. 10.
434 Schulte-*Moufang*, § 1 Rdnr. 127.
435 *Neumeier*, S. 76.
436 *Kleine/Klingelhöfer*, GRUR 2003, S. 1 (3).
437 Vgl. § 1 Abs. 2 S. 2 PatG, Art. 3 Abs. 2 BioPat-RL.

und gezielt wiederholt werden können.[438] Andernfalls wäre die Lehre zum technischen Handeln nicht ausführbar und es gäbe keine patentfähige Lösung.[439] Bei Pflanzenzüchtungen galt das Merkmal der Wiederholbarkeit aufgrund der natürlichen Vermehrbarkeit des Züchtungsergebnisses bei Erbbeständigkeit lange Zeit als überflüssig.[440] Diesen Einwänden ist die Rechtsprechung entgegengetreten und hat an dem Erfordernis der Wiederholbarkeit auch im Bereich der Pflanzenzüchtungserfindungen festgehalten.[441] Eine Erfindung darf also nicht nur einmalig ausführbar sein, sondern sie muss ausführbar bleiben.[442] Wenn der Gegenstand der Erfindung ein bestimmtes Züchtungsverfahren ist, muss daher nachvollzogen werden können, auf welche Art und Weise die neuen Pflanzen entstanden sind. Das heißt, dass in dem Fall der Weg selbst – also das Verfahren – nachvollziehbar sein muss.[443] Ist Gegenstand der Erfindung lediglich die einzelne Pflanze, also das Züchtungsergebnis, ist die Hinterlegung ausreichend, um dem Merkmal der Wiederholbarkeit zu genügen.[444] Auf den Streit um die dogmatische Einordnung der Wiederholbarkeit als eigenständige Patentvoraussetzung oder als Voraussetzung der gewerblichen Anwendbarkeit soll hier nicht näher eingegangen werden.[445]

Auch das Merkmal der gezielten Ausnutzung von Naturkräften bedarf einer eingehenderen Betrachtung. Werden Mutationen als Ausgangsmaterial für die Schaffung neuer Sorten verwendet, hängt der Erfolg des Züchtungsergebnisses weitestgehend vom Zufall ab.[446] Ob dies noch unter die Definition des Erfindungsbegriffs subsumiert werden kann, der ja gerade das planmäßige Handeln unter Einsatz beherrschbarer Naturkräfte voraussetzt und damit dem Zufall entgegensteht, ist daher zweifelhaft. Abzustellen ist hier allerdings nicht auf die

---

438 *Eisenkolb*, S. 80.

439 *Kirchner*, GRUR 1951, S. 572.

440 Vgl. *Kirchner*, GRUR 1951, S. 572 (573); *Marx*, GRUR 1952, S. 456 (458); *Freda Wuesthoff*, GRUR 1957, S. 49 (51).

441 Siehe oben unter 3. Teil A. I. 1. b) bb).

442 Schulte-*Moufang*, § 1 Rdnr. 54.

443 Schulte-*Moufang*, § 1 Rdnr. 97.

444 *Ebda.*

445 Für die Einordnung des Merkmals der Wiederholbarkeit als eigenständige Patentvoraussetzung: BGH, NJW 1969, S. 1713 (1714) – Rote Taube; *Hesse*, GRUR 1969, S. 644 (648). Für die Einordnung des Merkmals als Voraussetzung der gewerblichen Anwendbarkeit: *Beier*, GRUR Int. 1961, S. 331 (332).

446 *Neumeier*, S. 73.

Mutation als solche, die nur eine zufällige Veränderung des Erbguts ist, sondern allein entscheidend ist deren Ausnutzung in Form einer planmäßigen züchterischen Arbeit.[447] Werden dabei die Anforderungen an eine technische Erfindung erfüllt, ändert daran auch die Mutation als vorgelagertes zufälliges Erzeugnis nichts.[448]

Patentierbare biotechnologische Erfindungen können vor diesem Hintergrund in drei Gruppen unterteilt werden: Erstens können Erfindungen zusammengefasst werden, bei denen biologische Vorgänge gezielt mit technischen Mitteln beeinflusst werden.[449] Hierunter fallen beispielsweise landwirtschaftliche Kulturverfahren, bei denen mittels physikalischer oder chemischer Mittel das Wachstum gefördert oder die Beschaffenheit verändert wird.[450] Zweitens sind Erfindungen erfasst, die mit biologischen Mitteln nichtlebende Materie beeinflussen. Hierunter fallen die durch Mikroorganismen und Pilze beeinflussten Gärungsprozesse.[451] Die dritte Kategorie bezieht sich auf Erfindungen, bei denen sowohl Mittel als auch Ergebnis auf biologischen Erscheinungen beruhen.[452] Zu dieser Kategorie gehören die Pflanzenzüchtungsverfahren, auf denen der Fokus dieser Arbeit liegt.

3. Abgrenzung beider Schutzgegenstände

Eine klare Abgrenzung von Sorten- und Patentschutz bereitet deswegen erhebliche Schwierigkeiten, weil patentfähige Gensequenzen in verschiedensten Sorten auftreten können. So kann beispielsweise ein Genkonstrukt, welches eine bestimmte Färbung bewirkt, nicht nur als solches patentrechtlich geschützt werden, sondern darüber hinaus indirekt auch dem Sortenschutz unterfallen, wenn es in eine bestimmte Pflanzensorte eingebaut wird und dadurch eine neue Sorte mit der gewünschten Färbung entsteht.[453] Zwar ist zu berücksichtigen, dass unterschiedliche Gegenstände geschützt werden: Dem Patentschutz können alle Pflanzen unterfallen, die das Genom mit der entsprechenden Färbung aufweisen. Dagegen kann die konkret so manipulierte und neu geschaffene Sorte nur dem

---

447 *Ebda.*
448 *Ebda.*
449 Benkard-*Mellulis*, § 2a PatG Rdnr. 9.
450 Benkard-*Mellulis*, § 2a PatG Rdnr. 10.
451 Benkard-*Mellulis*, § 2a PatG Rdnr. 11.
452 Benkard-*Mellulis*, § 2a PatG Rdnr. 9.
453 *Leßmann/Würtenberger*, § 2 Rdnr. 75.

Sortenschutz unterfallen.[454] Gleichwohl ändert dies nichts an dem Umstand, dass sich die Rechte von Patent- und Sortenschutzinhabern überschneiden können. Vielmehr können die Rechte des Patentinhabers sogar in Konflikt zu einer Vielzahl von Sortenschutzrechten verschiedenster Rechtsinhaber geraten, da der Patentschutz nicht auf eine konkrete Sorte beschränkt ist.

II. Schutzvoraussetzungen

1. Neuheitsbegriff

Die mit der Gewährung von gewerblichen Schutzrechten verliehene Monopolstellung ist nur dadurch gerechtfertigt, dass mit dem Ergebnis etwas Neues entwickelt wird, das den Stand der Allgemeinheit bereichert, weil es bislang nicht zugänglich war.[455] Honoriert wird demnach nicht die individuelle Leistung des Einzelnen, sondern das objektiv wertvolle Ergebnis, welches der Allgemeinheit von Nutzen ist.[456] Insofern muss sowohl die nach dem Patentrecht zu schützende Erfindung als auch die dem Sortenschutz unterfallende Pflanzensorte neu sein. Aufgrund der unterschiedlichen Schutzrichtung erfüllt das Kriterium der Neuheit im jeweiligen Schutzsystem eine spezifische Funktion.

a) Der patentrechtliche Neuheitsbegriff

Nach dem Patentrecht ist eine Erfindung als neu zu beurteilen, sofern sie nicht zum Stand der Technik gehört.[457] Was unter dem Begriff „Stand der Technik" zu verstehen ist, wird durch die Legaldefinition in § 3 Abs. 1 S. 2 PatG beschrieben: Danach umfasst der Stand der Technik alle Kenntnisse, die vor der Anmeldung durch Beschreibung, Benutzung oder in sonstiger Weise der Öffentlichkeit zugänglich gemacht worden sind. Neben schriftlichen und mündlichen Beschreibungen kann auch die bloße Benutzung in der Öffentlichkeit neuheitsschädlich sein. Die Neuheit ist folglich nicht im Sinne von etwas neu Geschaffenem (ontologische Neuheit) zu verstehen, sondern es handelt sich um eine informatorische Neuheit.[458] Damit können auch Stoffe, die in der Natur bereits existieren, bislang aber unentdeckt geblieben sind, als „neu" im Sinne des Pa-

---

454 *Ebda.*

455 *Mes*, § 3 Rdnr. 6.

456 *Osterrieth*, 2. Teil. Rdnr. 204.

457 Vgl. § 3 Abs. 1 S. 1 PatG und Art. 54 Abs. 1 EPÜ.

458 *Sellnick*, GRUR 2002, S. 121 (122).

tentrechts gelten.[459] Dass es sich bei Pflanzenzüchtungen um Naturstoffe handelt, steht der Neuheit somit zunächst einmal nicht entgegen.[460] Pflanzliche Gensequenzen werden mittlerweile in großem Maßstab und vollautomatisch aufgefunden.[461] Die hierbei eingesetzten Methoden gehören zum Stand der Technik, sodass diesbezüglich keine Neuheit im Sinne des Patentrechts vorliegt. Erst mit der Funktionsaufklärung der Gensequenz durch Angabe des spezifischen Proteins wird der Stand der Technik erweitert.[462] Dies gilt allerdings nur dann, wenn das Protein nicht bereits vorher durch seine Strukturformel, seine biologische Aktivität oder andere physikalische Merkmale eindeutig identifiziert werden kann.[463]

b) Der Neuheitsbegriff des Sortenschutzsystems

Anders als der dem Patentrecht zugrundeliegende Neuheitsbegriff ist für die Neuheit nach dem Sortenschutzrecht nicht die Zugehörigkeit zum Stand der Technik maßgeblich.[464] Die Neuheit einer Sorte hängt vielmehr maßgeblich von der Frage ab, ob Vermehrungsmaterial oder Erntegut einer Sorte innerhalb bestimmter Fristen schon in den Verkehr gebracht worden ist (vgl. Art. 6 Abs. 1 IPÜ).[465] Im Gegensatz zum patentrechtlichen Neuheitsbegriff ist das allgemeine Bekanntsein oder die Beschreibung der Sorte in wissenschaftlichen Veröffentlichungen nicht neuheitsschädlich (vgl. § 6 Abs. 1 SortSchG, Art. 10 Abs. 1 GemSortVO).[466] Neuheitsschädlich ist nur die Abgabe zu gewerblichen Zwecken an Dritte.[467] § 6 Abs. 2 SortSchG (= § 10 Abs. 2 und 3 GemSortVO) nennt zudem wichtige Ausnahmen, in denen die Abgabe an Dritte zu gewerblichen Zwecken nicht neuheitsschädlich ist.[468] Eine wichtige Ausnahme ist die Abgabe an Dritte zu Versuchszwecken oder zur Züchtung neuer Sorten, sofern dabei nicht auf die (noch) nicht geschützte Sorte Bezug genommen wird. Innerhalb der Europäischen Gemeinschaft gilt eine einjährige Neuheitsschonfrist; außerhalb

---

459 *Kraßer*, S. 296.
460 *Neumeier*, S. 79.
461 *Zech/Ensthaler*, GRUR 2006, S. 529 (532).
462 *Schrell*, GRUR 2001, S. 782 (786).
463 *Rauh/Jaenichen*, GRUR 1987, S. 753 (755).
464 *Kreukenschrijver*, § 6 Rdnr. 3.
465 *Leßmann*, GRUR 1986, S. 279 (281).
466 *Leßmann/Würtenberger*, § 2 Rdnr. 142.
467 *Leßmann/Würtenberger*, § 2 Rdnr. 143.
468 BGBl. I 1997, S. 3164 (3166).

der Europäischen Gemeinschaft vier Jahre, bei Reben und Baumarten sogar sechs Jahre.[469] Dadurch soll dem Züchter ermöglicht werden vor der angestrebten Vermarktung die Sorte zu testen; allerdings bringt diese Regelung für Pflanzenarten mit mehrjährigen Vermehrungs- und Produktzyklen keinen Vorteil, da dementsprechend die Testphasen auch länger als ein Jahr dauern.[470]

2. Erfinderische Tätigkeit und Unterscheidbarkeit

a) Erfinderische Tätigkeit im Patentrecht

Die Gewährung von Patentschutz soll zu geistigen Leistungen motivieren und als Ansporn dienen. Daher soll nicht jede neue technische Lehre dem Patentschutz unterfallen, sondern nur diejenige, die auf einer erfinderischen Tätigkeit beruht.[471] Gemäß § 4 S. 1 PatG und Art. 56 S. 1 EPÜ liegt erfinderische Tätigkeit vor, wenn die Erfindung sich für den Fachmann nicht in naheliegender Weise aus dem Stand der Technik ergibt. Unterschieden wird also zwischen solchen Neuerungen, die den Stand der Technik zwar bereichern, deren Auffinden aber für den Fachmann naheliegt, und solchen, deren Auffinden auch für einen Fachmann überraschend ist, weshalb es gerechtfertigt ist, den wirtschaftlichen Wert der Erfindung für eine begrenzte Zeit ausschließlich dem Erfinder vorzubehalten.[472]

Bei Pflanzenzüchtungen wird im Hinblick auf die erfinderische Tätigkeit oftmals bemängelt, dass die geistige Leistung einzig und allein darin bestehe, geeignete Elternlinien auszuwählen.[473] Auch wenn dies für die traditionelle Züchtung unter Umständen zutreffen kann, wird eine erfinderische Tätigkeit im Bereich der biotechnologischen Pflanzenzucht in der Regel unzweifelhaft vorliegen. Grund für diese Annahme ist, dass die pflanzliche Genomanalyse häufig komplex ist, sodass die Aussicht, ein Gen mit einer für die Züchtung vorteilhaften Funktion aufzufinden, häufig unsicher und wenig erfolgversprechend ist.[474] Erfinderische Tätigkeit liegt somit jedenfalls bei der erstmaligen Bereitstellung eines Proteins, dessen Funktion dem Stand der Technik noch nicht bekannt war,

469 Vgl. § 6 Abs. 1 Nr. 2 SortSchG, § 10 Abs. 1 lit. b) GemSortVO.
470 *Leßmann/Würtenberger*, § 2 Rdnr. 140.
471 Schulte-*Moufang*, § 4 Rdnr. 7.
472 *Kraßer*, S. 301.
473 *Lange*, GRUR Int. 1985, S. 88 (90).
474 *Kraßer*, S. 317.

vor.[475] Auch das DPMA und das EPA halten erfinderische Tätigkeit in den Fällen für gegeben, in denen überraschende, für den Durchschnittsfachmann nicht vorhersehbare, überlegene Eigenschaften eines neuen chemischen Stoffes gegenüber bekannten Stoffen vergleichbarer Konstitution und Aktivität hervortreten.[476] Im Ergebnis bestehen daher keine grundsätzlichen Bedenken, erfinderische Tätigkeit auch bei Pflanzenzüchtungen anzunehmen.

b) Unterscheidbarkeit im Sortenschutzrecht

Das Kriterium der Unterscheidbarkeit im Sortenschutzrecht (vgl. Art. 5 Abs. 1 ii) IPÜ, § 1 Abs. 1 Nr. 1 SortSchG) ist gleichzusetzen mit der patentrechtlichen Erfindungshöhe, die als Erfordernis jeder erfinderischen Tätigkeit gilt.[477] Unterscheidbar ist eine Sorte, wenn ihre Pflanzen sich in der Ausprägung wenigstens eines maßgebenden Merkmals von den Pflanzen der anderen allgemein bekannten Sorten deutlich abheben.[478] Das heißt, dass es keine Rolle spielt, wie viele Merkmale sich überschneiden; entscheidend ist nur, dass durch ein spezifisches Merkmal ein deutlicher Unterschied zu der anderen Sorte erkennbar ist.[479] Nicht mehr erforderlich ist, dass es sich um morphologische Merkmale im makroskopischen Bereich handelt; ausreichend sind vielmehr auch Unterschiede im Mikroskopischen, wie zytologische oder biochemische Merkmale.[480] Allerdings erfolgt in der Praxis die Prüfung der Unterscheidbarkeit anhand von Prüfungsrichtlinien des Bundessortenamts und der UPOV, die nach wie vor vornehmlich auf morphologische Merkmale abstellen.[481] Qualitätsmerkmale – wie beispielsweise ein erhöhter Ölsäuregehalt – sind dagegen erst zu berücksichtigen, wenn auf morphologischer Ebene keine Unterschiede zu erkennen sind.[482] Unter Umständen kann es daher dazu kommen, dass eine neue Pflanzensorte keinen Sor-

475 *Rauh/Jaenichen*, GRUR 1987, S. 753 (757).
476 *Ebda.*
477 *Leßmann/Würtenberger*, § 2 Rdnr. 76.
478 Vgl. Art. 7 IPÜ; Art. 3 Abs. 1 SortSchG.
479 Vgl. *Jestaedt*, GRUR 1982, S. 595 (598).
480 *Keukenschrijver*, § 3 Rdnr. 6.
481 *Leßmann/Würtenberger*, § 2 Rdnr. 90 f.; Übersicht auf der Webseite vom Bundessortenamt (www.bundessortenamt.de).
482 *Willnegger*, GRUR Int. 2003, S. 815 (818).

tenschutz erlangt, weil die Qualitätsmerkmale, die die Sorte ausmachen, nicht im Merkmalskatalog erfasst werden.[483]

3. Gewerbliche Anwendbarkeit versus Homogenität und Beständigkeit

a) Gewerbliche Anwendbarkeit als patentrechtliches Kriterium

Nach § 5 PatG und Art. 57 EPÜ gilt eine Erfindung als gewerblich anwendbar, wenn ihr Gegenstand auf irgendeinem gewerblichen Gebiet einschließlich der Landwirtschaft hergestellt oder benutzt werden kann. Die Voraussetzung der gewerblichen Anwendbarkeit bezweckt, dass eine Erfindung nicht nur die Theorie um neue Methoden bereichert, sondern sie für das Gewerbe, für die Praxis, nützlich ist.[484] Erfüllt ist dieses Kriterium, wenn Erfindungen der praktischen Verwertung in einem Gewerbebetrieb zugänglich sind. Das heißt, dass es einen Markt geben muss, auf dem sich Abnehmer für das Produkt finden lassen. Nicht maßgeblich sind wirtschaftlicher Wert und Erfolg, da nicht verlangt wird, dass die Verwertung gewinnbringend sein muss.[485] Der Begriff „Gewerbe" wird dabei in einem weiten Sinne verstanden. Erfasst wird jede fortgesetzte, selbständige, erlaubte, auf Gewinn gerichtete Tätigkeit.[486] Die ausdrückliche Erwähnung der Landwirtschaft hat dabei nur klarstellende Funktion dahingehend, dass zum Gewerbe auch die Betriebe der Urproduktion zählen.[487]

Problematisch im Bereich pflanzengenetischer Erfindungen ist das Erfordernis der gewerblichen Anwendbarkeit vor allem bei Züchtungsverfahren. Einmal vollzogen, wird das ursprüngliche Züchtungsverfahren nicht mehr angewendet, da sich das daraus gewonnene Saatgut selbst vermehren kann und eine Wiederholung des Verfahrens unökonomisch und deswegen wirtschaftlich sinnlos wäre.[488] Allerdings können zumindest für die Ergebnisse derartiger Züchtungsver-

---

483 *Willnegger*, GRUR Int. 2003, S. 815 (816).

484 BGH, B. v. 06.07.1971, Az.: X ZB 9/70 – Trioxan, abgedruckt in: GRUR 1972, 80 (83) = BGHZ 57, S. 1 ff. = NJW 1971, S. 2309 ff.; BGH, B. v. 03.02.1966, Az.: Ia ZB 26/64 – Appetitzügler, abgedruckt in: GRUR 1966, 312 (316) = NJW 1966, S. 832 ff. = BGHZ 45, S. 102 ff.

485 Benkard-*Kinkeldey*, Art. 57 EPÜ Rdnr. 5.

486 Schulte-*Moufang*, § 5 Rdnr. 10.

487 Benkard-*Kinkeldey*, Art. 57 EPÜ Rdnr. 8.

488 *Hesse*, GRUR 1969, S. 644 (649).

fahren, also für das Saatgut, Sachpatente erteilt werden.[489] Darüber hinaus gibt es auch Züchtungsverfahren, bei denen die wiederholte Anwendung des ursprünglichen Verfahrens durchaus wirtschaftlich sinnvoll sein kann, weil die erlangten Eigenschaften nicht erbbeständig sind oder im Fall der Hybridzüchtung erst die Wiederholung in jeder Generation gewährleistet, dass die gleichen Qualitätsmerkmale erzielt werden.[490] Denn der Hybridzüchtung haftet die Eigenschaft an, dass bei Kreuzung der Hybride untereinander, gewünschte Merkmale wieder verschwinden, weil der Genotyp größtenteils heterozygot ist.[491] Folglich kann das Merkmal der gewerblichen Anwendbarkeit auch bei traditioneller Pflanzenzüchtung erfüllt sein.

b) *Homogenität und Beständigkeit im Sortenschutzrecht*

aa) Homogenität

Neben der Unterscheidbarkeit muss eine Sorte hinreichend homogen sein (vgl. § 4 SortSchG, Art. 8 IPÜ). Pflanzen einer Sorte müssen in ihren charakterisierenden Eigenschaften in gewissem Maße einheitlich sein. Absolute Homogenität gibt es im Bereich der lebenden Materie nicht, sodass geringfügige Abweichungen unbeachtlich sind.[492] So unterscheidet sich auch innerhalb einer Sorte jede Pflanze von der anderen.[493] Um festzustellen, ob eine Sorte homogen ist, ist eine Anbauprüfung durchzuführen, deren Dauer von der Pflanzenart abhängt.[494] Bei vegetativ vermehrbaren Pflanzenarten sind höchstens zwei Vegetationsperioden erforderlich; für die Prüfung generativ vermehrbarer Pflanzenarten reichen zwei Vegetationsperioden hingegen nicht aus.[495]

Dabei steht das Merkmal der Homogenität mit dem der Unterscheidbarkeit in engem Zusammenhang. Denn erst, wenn eine Pflanzengesamtheit hinreichend einheitlich ist, kann sie sich auch von einer anderen vergleichbar einheitlichen Pflanzenmenge unterscheiden.[496] Ohne ausreichende Homogenität würde es zu vielen Überschneidungen kommen, die den Nachweis etwaiger Schutzrechtsver-

---

489 *Moufang*, S. 299.
490 *Lange*, GRUR Int. 1985, S. 88 (91).
491 Siehe oben unter 2. Teil B. IV.
492 *Leßmann/Würtenberger*, § 2 Rdnr. 118.
493 *Neumeier*, S. 94.
494 *Nirk/Ullmann*, S. 187.
495 *Ebda.*; *Leßmann/Würtenberger*, § 2 Rdnr. 119.
496 *Neumeier*, S. 94.

letzungen unmöglich machen würden, weil die Grenzen der jeweiligen Schutzrechte nicht mehr klar voneinander abgegrenzt werden könnten.[497]

bb) Beständigkeit

Eine Sorte muss zudem beständig sein. Nach Art. 9 IPÜ und § 5 SortSchG ist eine Sorte dann beständig, wenn sie nach aufeinanderfolgenden Vermehrungen oder im Fall eines besonderen Vermehrungszyklus am Ende eines jeden Zyklus in ihren typischen Merkmalen unverändert bleibt. Für die Schutzfähigkeit einer Sorte ist es demnach notwendig, dass die Sorten ihre charakterisierenden Eigenschaften von Generation zu Generation beibehalten.[498] Das setzt bei generativer Vermehrung eine Vererbbarkeit der Merkmale voraus; bei vegetativer Vermehrung müssen sie übertragbar sein.[499]

Zu Problemen führt das Kriterium der Beständigkeit bei Zuchtverfahren wie der Hybridzüchtung.[500] Hierbei mangelt es gerade an der Vererblichkeit des leistungsfähigen Züchtungsergebnisses, sodass eine permanente erhaltungszüchterische Arbeit durch jährliche Wiederholung des Züchtungsvorgangs erforderlich ist, um die Sorte in ihrer einmaligen genetischen Kombination erhalten zu können.[501] Andernfalls würde die Sorte nach mehreren Vermehrungsprozessen nicht mehr ihrem ursprünglichen Sortenbild und den sie charakterisierenden Eigenschaften entsprechen. Um zu gewährleisten, dass auch Ergebnisse aus der Hybridzüchtung Sortenschutz genießen können, reicht es für die Beständigkeit aus, dass die die Sorte charakterisierenden Merkmale nach jedem Vermehrungszyklus erfüllt sind und nicht bereits nach jeder einzelnen Vermehrung.[502] Daher bedarf es für die Prüfung der Beständigkeit – ebenso wie bei der Homogenität – mehrjähriger Anbauversuche.[503]

Zum Teil wird das sortenschutzrechtliche Kriterium der Beständigkeit mit dem patentrechtlichen Erfordernis der Wiederholbarkeit verglichen.[504] So übernehme die Beständigkeit im Sortenschutzrecht die Funktion, eine Garantie für die künf-

497 *Ebda.*
498 *Leßmann/Würtenberger*, § 2 Rdnr. 124.
499 *Keukenschrijver*, § 5 Rdnr. 3.
500 *Keukenschrijver*, § 5 Rdnr. 4.
501 Vgl. *Lange*, GRUR Int. 1985, S. 88 (90).
502 Vgl. *Keukenschrijver*, § 5 Rdnr. 4.
503 *Leßmann/Würtenberger*, § 2 Rdnr. 128.
504 *Leßmann/Würtenberger*, § 2 Rdnr. 123.

tige Benutzbarkeit der züchterischen Leistung zu geben.[505] Dieselbe Funktion erfüllt im Patentrecht das Wiederholbarkeitskriterium, da nur dadurch die Einräumung eines Ausschließlichkeitsrechts gerechtfertigt werden könne.

4. Sortenbezeichnung

Eine für den Sortenschutz zusätzliche Bedingung ist die Sortenbezeichnung (vgl. § 7 SortSchG). Eine vergleichbare Vorschrift findet sich im Patentrecht nicht. Diese Pflicht zur Kennzeichnung entstammt dem saatgutverkehrsrechtlichen Bereich.[506] Zwar handelt es sich um eine rein formale Voraussetzung; in der Praxis ist sie aber von großer Bedeutung, da sie als Gattungsbezeichnung die Sorte individualisiert und von Pflanzen anderer Sorten der gleichen Art oder Gattung abgrenzt.[507] Insofern dient die Sortenbezeichnung der Produktidentifizierung. Im Gegensatz zu einer Marke hat die Sortenbezeichnung aber nicht die zusätzliche Funktion, den jeweiligen Herstellerbetrieb zu kennzeichnen, sodass der Schutzumfang der Sortenbezeichnung im Vergleich zum Markennamen wesentlich geringer ausfällt.[508]

III. Schutzumfang

Durch das Sortenschutz- wie durch das Patentrecht wird dem Schutzrechtsinhaber ein umfassendes Benutzungsrecht eingeräumt.[509] Das zunächst wesentlich enger ausgestaltete Sortenschutzrecht wurde dabei im Laufe der Zeit immer weiter ausgedehnt, sodass der Schutzbereich einer Sorte heute an einigen Stellen großzügiger als der eines Patents ausfällt.[510]

1. Reichweite des Sortenschutzes

Die Wirkung des Sortenschutzes erstreckt sich im Ausgangspunkt nicht auf die Sorte an sich, sondern auf ihr Vermehrungsmaterial.[511] Was unter dem Begriff Vermehrungsmaterial zu verstehen ist, ergibt sich aus der Legaldefinition in § 2 Nr. 2 SortSchG: Pflanzen und Pflanzenteile, einschließlich Samen, die für

505 *van de Graaf*, GRUR Int. 1990, S. 632 (633).
506 *Keukenschrijver*, § 7 Rdnr. 8.
507 *Leßmann/Würtenberger*, § 2 Rdnr.161.
508 *Leßmann/Würtenberger*, § 2 Rdnr. 161 ff.
509 *Leßmann/Würtenberger*, § 3 Rdnr. 2.
510 *Ebda.*
511 *Lukes*, GRUR 1982, S. 595 (597).

die Erzeugung von Pflanzen oder sonst zum Anbau bestimmt sind. Ob es sich um geborenes, also durch Natur geschaffenes Saatgut (z.B. Gräser) oder um gekorenes, durch menschliche Beeinflussung geschaffenes Saatgut (z.B. Getreide) handelt, spielt keine Rolle.[512] In Bezug auf Vermehrungsmaterial ist es allein dem Schutzrechtsinhaber vorbehalten, dieses zu erzeugen, für Vermehrungszwecke aufzubereiten, ein- oder auszuführen oder zu einem der genannten Zwecke aufzubewahren (§ 10 Abs. 1 Nr. 1 SortSchG).

Darüber hinaus werden aber auch sonstige Pflanzen und Pflanzenteile sowie die daraus unmittelbar gewonnenen Erzeugnisse geschützt (vgl. § 10 Abs. 1 Nr. 2 SortSchG). Mit dieser Erweiterung des Schutzbereichs soll gewährleistet werden, dass der Sortenschutzinhaber auf allen Entwicklungsstufen der Sorte Schutz erhält.[513] Allerdings ist er verpflichtet, zum frühestmöglichen Zeitpunkt Schutz geltend zu machen. Demnach kann der Sortenschutzinhaber seine Ansprüche nur geltend machen, wenn er den Nachweis erbringt, dass es ihm nicht möglich war, diese auf einer früheren Entwicklungsstufe geltend zu machen (sogenannte Kaskadenlösung).[514] Anders als früher werden damit nun auch Pflanzen und Pflanzenteile für Konsumzwecke erfasst, wie etwa Topfpflanzen, Schnittblumen oder Obst.[515] Voraussetzung ist allerdings, dass diese Resultat einer unlizenzierten Vermehrung sind, bei der der Sortenschutzinhaber seine Rechte noch nicht geltend machen konnte.[516] Eine unlizenzierte Vermehrung läge beispielsweise vor, wenn neue Zierpflanzensorten im schutzfreien Ausland vermehrt und deren Schnittblumen dann wieder ins Inland importiert werden würden.[517] Während es früher keine Handhabe gegen ein solches Vorgehen gab, hat sich im Laufe der Zeit die Einsicht entwickelt, dass bei Zierpflanzen die Schnittblumen das wirtschaftlich wichtige Produkt der züchterischen Leistung sind und sie deshalb geschützt werden müssen.[518]

512 *Leßmann/Würtenberger*, § 3 Rdnr. 11.
513 *Leßmann/Würtenberger*, § 3 Rdnr. 12.
514 BT-Drs. 13/7038, S. 13.
515 *Leßmann/Würtenberger*, § 3 Rdnr. 14.
516 *Ebda.*
517 *v. Pechmann*, GRUR 1985, S. 717 (719).
518 Siehe oben unter 3. Teil A. II. 4.

Mit § 10 Abs. 2 Nr. 1 SortSchG wurde zudem das Konzept der im Wesentlichen abgeleiteten Sorte in den Sortenschutz eingeführt.[519] Danach wird dem Sortenschutzrechtsinhaber ein Verbietungsrecht gegenüber der wirtschaftlichen Verwertung einer von der geschützten Ausgangssorte im Wesentlichen abgeleitete Sorte eingeräumt, soweit die Ausgangssorte selbst keine im Wesentlichen abgeleitete Sorte ist. Plagiatszüchtungen, die sich beispielsweise nur in einem für den Anbau- oder Verkaufswert der Sorte unwesentlichen Merkmal deutlich von der geschützten Sorte unterscheiden, werden auf diesem Weg unterbunden.[520] Als Beispiele für derartige Plagiatszüchtungen nennt Art. 14 Abs. 5 lit. c) IPÜ die Auslese von natürlichen oder künstlich ausgelösten Mutanten oder von somaklonalen Abweichern, die also irgendwie – ob genotypisch oder phänotypisch – von der Ausgangspflanze abweichen, sowie die Rückkreuzung oder die genetische Transformation der Ausgangssorte.[521]

Ein Sortenschutzrecht vermittelt dem Rechtsinhaber allerdings keinen unbegrenzten Schutz: Neben Handlungen im privaten Bereich und solchen, die Versuchszwecken dienen, beschränkt vor allem der Züchtervorbehalt die Wirkung des Sortenschutzes (vgl. § 10a Abs. 1 SortSchG).[522] Danach bedarf es nicht der Zustimmung des Sortenschutzinhabers, wenn eine geschützte Sorte zur Züchtung einer neuen Sorte verwendet wird. Zweck dieser Regelung besteht darin, im Interesse der Weiterentwicklung dem Züchter freien Zugang zu dem gesamten vorhandenen biologischen Material zu gewähren.[523] Die Verwertung der auf diese Weise neu geschaffenen Sorte bedarf allerdings wieder der Zustimmung des Ursprungszüchters, sofern es sich um eine im Wesentlichen abgeleitete Sorte handelt.[524] Entscheidend ist daher die Frage, wann eine Sorte als im Wesentlichen abgeleitet gilt. § 10 Abs. 3 SortSchG nennt drei Voraussetzungen, die kumulativ vorliegen müssen, damit es sich um eine im Wesentlichen abgeleitete Sorte handelt: Erstens muss es sich um eine vorwiegende Ableitung handeln. Zweitens muss eine deutliche Unterscheidbarkeit zwischen den Sorten bestehen

---

519 Entsprechende Regelungen in Art. 13 Abs. 6 GemSortVO und Art. 14 Abs. 5 IPÜ.

520 BT-Drs. 13/7038, S. 13.

521 Ebda.

522 Entsprechende Regelungen in Art. 15 GemSortVO und Art. 15 Abs. 1 IPÜ.

523 *Leßmann/Würtenberger*, § 3 Rdnr. 21.

524 *Ebda.*

und drittens müssen diese genetisch übereinstimmen.[525] Neben der Feststellung, dass die Züchtung vorwiegend auf einer geschützten Sorte beruht, und dem Vorliegen einer deutlichen Unterscheidbarkeit als Schutzvoraussetzung einer jeden Sorte, muss die abgeleitete Sorte der Ausgangssorte somit in ihren auf dem Genotyp beruhenden charakterisierenden Eigenschaften gleichen.[526]

Eine weitere bedeutende Einschränkung des Sortenschutzrechts stellt das Landwirteprivileg nach § 10a Abs. 2 SortSchG dar.[527] Danach greift der Sortenschutz nicht für solches Erntegut, das von einem Landwirt durch Anbau von Vermehrungsmaterial geschützter Sorten im eigenen Betrieb hergestellt wurde. Diese Nachbauregelung gestattet es dem Landwirt, ohne Erlaubnis des Sortenschutzinhabers einen Teil seiner Ernte einzubehalten und im nächsten Jahr auf seinen Feldern als Saatgut zur Erzeugung neuer Pflanzen einzusetzen.[528] Mit Ausnahme von Kleinlandwirten sind die Landwirte aber im Interesse der Züchter zur Zahlung eines angemessenen Entgelts verpflichtet (§ 10a Abs. 3 SortSchG).

Wird geschütztes Material vom Sortenschutzinhaber oder mit seiner Erlaubnis durch einen Dritten in Verkehr gebracht, so erlischt die Wirkung des Sortenschutzes für alle Nachfolgehandlungen gemäß § 10b SortSchG.[529] Wie bei allen gewerblichen Schutzrechten verliert der Sortenschutzinhaber nach Veräußerung sein Recht darüber zu bestimmen, welche Handlungen vorgenommen werden dürfen.[530] Zu einem Verlust seines Bestimmungsrechts kommt es jedoch nicht, wenn weiteres Vermehrungsmaterial erzeugt wird, obwohl dies beim Inverkehrbringen der Sorte nicht vom Sortenschutzinhaber beabsichtigt war.[531] Mangels Einverständnis kann in diesen Fällen nicht von einer Erschöpfung des Ausschließlichkeitsrechts ausgegangen werden. Insofern führt – anders als beim patentrechtlichen Erschöpfungsgrundsatz – neben dem Inverkehrbringen und dem Anbieten des geschützten Gegenstands, nicht auch der Gebrauch der Sache zur

---

525 Entsprechende Regelungen in Art. 13 Abs. 6 GemSortVO und Art. 14 Abs. 5 lit. b) IPÜ.

526 *Leßmann/Würtenberger*, § 3 Rdnr. 24 ff.

527 Entsprechende Regelungen in Art. 14 GemSortVO und Art. 15 Abs. 2 IPÜ.

528 Vgl. *Leßmann/Würtenberger*, § 3 Rdnr. 52.

529 Entsprechende Regelungen in Art. 16 GemSortVO und Art. 16 Abs. 1 IPÜ

530 *Franz Wuesthoff*, GRUR Int. 1977, S. 433 (438).

531 *Leßmann/Würtenberger*, § 3 Rdnr. 84.

Erschöpfung des Schutzrechts.[532] Nach wie vor unterliegt der Gebrauch somit dem Verbietungsrecht aus dem Sortenschutzrecht.

Das dem Sortenschutzinhaber eingeräumte Sortenschutzrecht ist kein ewiges Recht. Es ist zeitlich befristet. Unter Berücksichtigung der Interessen von Sortenschutzinhaber und denen der Allgemeinheit hat das UPOV-Übereinkommen folgende Dauer für das Züchterrecht festgelegt: Ausgehend vom Tag der Erteilung des Züchterrechts fällt es nicht kürzer als 20 Jahre, bei Reben und Bäumen nicht kürzer als 25 Jahre an.[533] Bedingt ist diese Unterscheidung durch die längere Entwicklungszeit.[534] Der deutsche Gesetzgeber hat die Schutzdauer noch erweitert und hat in § 13 Abs. 1 SortSchG Pflanzenarten wie Hopfen, Kartoffeln und Reben sowie alle Baumarten einer 30jährigen Schutzdauer unterstellt.

2. Reichweite des Patentschutzes bei biotechnologischen Erfindungen

Pflanzenzüchterische Erfindungen können entweder dem Erzeugnis- oder dem Verfahrensschutz zugeordnet werden, je nachdem, welchen objektiven Erfindungsinhalt sie betreffen.[535] Wird ein Erzeugnis hergestellt oder bereitgestellt, kommt Erzeugnisschutz in Betracht; hingegen Verfahrensschutz, wenn im Mittelpunkt ein biotechnologisches Verfahren steht.

a) Erzeugnispatent

Der Schutz eines Erzeugnispatents umfasst sämtliche Herstellungs- und Verwendungsmöglichkeiten des erfindungsgemäß gestalteten Erzeugnisses.[536] Ohne Zustimmung ist es somit jedem Dritten untersagt, ein Erzeugnis, das Gegenstand des Patents ist, herzustellen, anzubieten, in Verkehr zu bringen oder zu gebrauchen sowie es zu den genannten Zwecken entweder einzuführen oder zu besitzen (§ 9 S. 2 Nr. 1 PatG).

Bei Erzeugnispatenten gibt es zwei mögliche Erscheinungsformen: Entweder es handelt sich um ein Sachpatent oder um ein Stoffpatent.[537] Während Sachpatente

532 *Kraßer*, S. 793.

533 Vgl. Art. 19 IPÜ.

534 *Leßmann/Würtenberger*, § 6 Rdnr. 1.

535 Vgl. *Schieble*, S. 96, die diese Unterscheidung für Erfindungen, die menschliche DNA-Sequenzen betreffen, vornimmt.

536 *Mes*, § 14 Rdnr. 120.

537 Benkard-*Scharen*, § 14 PatG Rdnr. 40.

körperliche Gegenstände betreffen, liegt die Bedeutung von Stoffpatenten vor allem im Bereich der Chemie.[538] Daher schützen Stoffpatente, im Gegensatz zu Sachpatenten, nicht die äußere Gestalt, sondern die dem Stoff innewohnende, eigene Beschaffenheit.[539] Im Patentanspruch sind also konkret die Eigenschaften zu benennen, durch die sich der Stoff eindeutig identifizieren lässt. Neben den klassischen chemischen Verbindungen kann inzwischen auch die DNA als biotechnologisch relevante chemische Verbindung den Stoffpatenten zugeordnet werden.[540] Der Stoffschutz wirkt absolut, das heißt, dass jede Herstellung und jede Verwendung des Stoffs in den Schutzbereich des Patents fällt.[541] Der Patentinhaber kann daher jeden gewerbsmäßigen Gebrauch des Stoffes untersagen, auch wenn er selbst eine bestimmte Verwendung gar nicht erkannt hat.[542] Eine solch umfassende Wirkung auch bei lebender Materie zu gewährleisten, ist indes schwerer, da lebende Materie – im Gegensatz zu nichtlebender Materie – über die Eigenschaft verfügt, sich selbst zu vermehren, sodass aus dem patentrechtlich geschützten Gegenstand selbst etwas hervorgehen kann.[543] Insofern kann nicht nur das unmittelbar vom Erfinder hervorgebrachte oder verwendete Material dem Patentschutz unterfallen.[544] Daher bestimmt § 9a Abs. 1 PatG, in inhaltlicher Entsprechung zu Art. 8 der BioPat-RL, dass der Patentschutz für ein biologisches Material jedes weitere biologische Material mit einschließt, das aus diesem durch generative oder vegetative Vermehrung gewonnen wird und mit denselben Eigenschaften ausgestattet ist. Auch die aus der geschützten Materie hervorgegangene Materie wird damit vom Schutzumfang des Patents erfasst, sodass dem Erfinder eines belebten Gegenstandes derselbe Schutz gewährt wird, wie dem eines unbelebten Gegenstandes.[545] Solange, das Vermehrungsgut die charakterisierenden Eigenschaften des patentierten biologischen Materials ent-

---

538 Benkard-*Bacher/Mellulis*, § 1 PatG Rdnr. 82.

539 Schulte-*Moufang*, § 1 Rdnr. 214.

540 Vgl. *Hüttermann/Storz*, Mitt. 2011, S. 1.

541 Zu den Problemen, die die absolute Wirkung bei biotechnologischen Stoffen auslöst, ausführlich unten in 4. Teil A. IV. 2.

542 BGH, B. v. 14.03.1972, Az.: X ZB 2/71 – Imidazoline, abgedruckt in: NJW 1972, S. 1277 (1278).

543 *Zintler*. S. 166.

544 Schulte-*Kühnen*, § 9a Rdnr. 10.

545 *Zintler*, S 167.

hält, sind kleinere auf die biologische Variabilität zurückführende Abweichungen unerheblich.[546]

Darüber hinaus wird beim Erzeugnispatent biotechnologischer Erfindungen gemäß § 9a Abs. 3 PatG jedes Material mitgeschützt, in das das Erzeugnis Eingang findet und in dem die genetische Information enthalten ist und ihre Funktion erfüllt.[547] Das Material muss also über bestimmte Eigenschaften verfügen, die aus den genetischen Informationen resultieren.[548] Unerheblich für den Schutz ist dagegen, ob die Information in der Patentschrift beschrieben ist oder Grund für die Patenterteilung war.[549] Dabei erstreckt sich der Patentschutz „horizontal" auf alle im Wege der Vermehrung erhaltenen Reproduktionen, die ihrerseits mit den Eigenschaften ausgestattet sind.[550] Dies kann auch zur Folge haben, dass der Patentschutz sich auf eine Pflanzensorte erstreckt, die selbst nicht patentierbar wäre.[551] Maßgeblich ist nämlich nur das Vorhandensein der patentgemäßen Eigenschaften bei den Reproduktionen.[552] Es handelt sich hierbei um einen „product-by-product"-Schutz.[553] Mit dieser Regelung soll dem Umstand Rechnung getragen werden, dass beanspruchtes biologisches Material im Wege der Kreuzung auch die Eigenschaften einer anderen Pflanzensorte verbessern kann.[554]

Da die präzise Beschreibung der strukturellen Merkmale eines Erzeugnisses – gerade im Bereich der Biotechnologie – nicht immer möglich ist, werden hilfsweise die Herstellungsbedingungen im Patent mit aufgeführt.[555] Derartige Ansprüche werden als „product-by-process"-Ansprüche bezeichnet.[556] Der Schutzumfang ist derselbe wie bei einem normalen Erzeugnisanspruch.[557] Ohne Rücksicht auf das Herstellungsverfahren verletzt jedes Erzeugnis mit denselben Ei-

---

546 Schulte-*Kühnen*, § 9a Rdnr. 10.

547 Entsprechend: Art. 9 BioPat-RL.

548 Benkard-*Scharen*, § 9a PatG Rdnr. 2.

549 Ebda.

550 Benkard-*Scharen*, § 9a PatG Rdnr. 3.

551 EPA, E. v. 21.02.1995, Az.: T 356/93– Pflanzenzellen/PLANT GENETIC SYSTEMS, abgedruckt in: GRUR Int. 1995, S. 978 ff.

552 Ebda.

553 *Zintler*, S. 167.

554 BT-Drs. 15/1709, S. 12.

555 *Schrell/Heide*, GRUR 2006, S. 383.

556 BGH, GRUR 1972, S. 80 – Trioxan; ausführlich dazu: *Bühling*, GRUR 1974, S. 299 ff.

557 Benkard-*Scharen*, § 14 PatG Rdnr. 46; *Mes*, § 14 Rdnr. 108.

genschaften den „product-by-process“-Anspruch.[558] Bedeutungslos ist das Herstellungsverfahren jedoch nicht; bei der Anspruchsauslegung sind die im Anspruch enthaltenen Angaben zum Herstellungsweg zu berücksichtigen, aus denen die Beschaffenheitsmerkmale des Erzeugnisses hergeleitet werden können.[559]

b) Verfahrenspatente

Ein Verfahrenspatent untersagt es Dritten, ein Verfahren, das Gegenstand des Patents ist, anzuwenden (vgl. § 9 S. 2 Nr. 2 PatG). Eine Besonderheit des Verfahrensschutzes ist, dass sich der Patentschutz auch auf die unmittelbar durch das Verfahren hergestellten Erzeugnisse erstreckt (§ 9 S. 2 Nr. 3 PatG). Zu unterscheiden ist hierbei zwischen Arbeits- und Herstellungsverfahren: Während beim Herstellungsverfahren das unmittelbar durch das Verfahren gewonnene Erzeugnis mit geschützt ist, bringen Arbeitsverfahren kein Erzeugnis hervor, welches geschützt werden könnte.[560]

Auch Verfahren, die die Gewinnung von biologischem Material zum Gegenstand haben, werden durch § 9a Abs. 2 PatG geschützt.[561] In Form des sogenannten abgeleiteten Sachschutzes ist dabei auch das mit dem Verfahren unmittelbar gewonnene biologische Material vom Schutz des Patents umfasst, ohne dass das Erzeugnis selbst patentiert sein muss. Darüber hinaus erstreckt sich der abgeleitete Sachschutz auf sämtliche Folgegenerationen des patentierten biologischen Materials, in denen die patentgestützten Eigenschaften des biologischen Materials noch erhalten geblieben sind (vertikale Patenterstreckung).[562] Dies gilt allerdings nur insoweit, als sie unmittelbar aus dem patentierten Material oder Verfahren hervorgegangen sind.[563] Wird das biologische Material auf andere Weise hergestellt, ist der Schutzumfang des Patents dagegen nicht betroffen.

558 Vgl. BGH, B. v. 30.03.1993, Az.: X ZB 13/90 – Tetraploide Kamille, abgedruckt in: GRUR 1993, S. 651 (655) = NJW 1994, S. 199 (202).

559 BGH, U. v. 19.5.2005, Az.: X ZR 188/01 – Aufzeichnungsträger, abgedruckt in: GRUR 2005, S. 749 (750); *Mes*, § 14 Rdnr. 109; *Schrell/Heide*, GRUR 2006, S. 383 (384).

560 Vgl. *Mes*, § 14 Rdnr. 123.

561 Entsprechend: Art. 8 Abs. 2 BioPat-RL.

562 *Nirk/Ullmann*, S. 127.

563 *Zintler*, S. 167.

c) *Einschränkungen*

Der Patentschutz für biotechnologische Erfindungen unterliegt gewissen Einschränkungen. So erstreckt sich der Schutz gemäß § 9b PatG nicht auf die Vermehrung patentierten biologischen Materials, wenn die Vermehrung notwendigerweise das Ergebnis der Verwendung ist, für die das biologische Material in Verkehr gebracht wurde.[564] Es liegt auf der Hand, dass durch das Aussähen patentierten Saatguts nicht das Patent für das Saatgut verletzt wird, da das Saatgut gerade zum Zwecke des Aussäens in den Verkehr gebracht wurde.[565] Das mit Zustimmung des Patentinhabers in Verkehr gebrachte Material darf der Erwerber daher anbauen oder in sonstiger Weise vermehren, da sich das Recht des Patentinhabers erschöpft hat.[566]

Eine wichtige Einschränkung erfährt der Schutzumfang des Patents durch das Landwirteprivileg, welches bereits im Zusammenhang mit dem Sortenschutzrecht vorgestellt worden ist. Danach wird es Landwirten gestattet, legal erworbenes Pflanzengut zum Zwecke des Anbaus im eigenen Betrieb zu vermehren („Nachbau").[567] Anders als in den bisher bestehenden patentrechtlichen Regelungen ist mit der Umsetzung der Biopatentrichtlinie erstmals eine dem sortenschutzrechtlichen Landwirteprivileg entsprechende Regelung in das Patentrecht aufgenommen. Geschützt werden soll dadurch die althergebrachte Tradition der Landwirte, einen Teil ihrer Ernte für die eigene Wiederaussaat wiederzuverwenden.[568]

Ein Züchtervorbehalt wie im Sortenschutzrecht ist dem Patentrecht dagegen fremd. Es existieren mit der Möglichkeit, Zwangslizenzen einzuräumen, sowie mit dem Pflanzenforschungsprivileg aber zumindest zwei Regelungen, durch die den Züchterinteressen Rechnung getragen werden kann. § 24 Abs. 3 PatG sieht ein System gegenseitiger Lizenzen zwischen Pflanzenzüchtern und Inhabern von Patenten vor.[569] Danach hat der Pflanzenzüchter Anspruch auf eine Zwangslizenz für eine patentgeschützte Erfindung, wenn er ein bestimmtes Sortenschutz-

564 Entsprechend: Art. 10 BioPat-RL.

565 *Zintler*, S. 168.

566 Benkard-*Scharen*, § 9b PatG Rdnr. 2.

567 Vgl. Art. 11 BioPat-RL und § 9c PatG.

568 *Haedicke*, Mitt. 2005, S. 241 (245).

569 Entsprechend: Art. 12 BioPat-RL.

recht nicht anders erhalten oder verwerten kann.[570] Im Gegenzug darf der Patentinhaber vom Sortenschutzinhaber gegen Zahlung einer angemessenen Vergütung verlangen, ihm eine Lizenz für die durch das Sortenschutzrecht geschützte Pflanzensorte einzuräumen (vgl. § 24 Abs. 6 S. 4 PatG). Allerdings muss der Inhaber des Patents oder des Sortenschutzrechts nachweisen, dass er sich im Vorfeld vergebens um eine vertragliche Lizenz bemüht hat und dass die Pflanzensorte oder Erfindung gegenüber der bisherigen Entwicklung einen bedeutenden technischen Fortschritt von erheblichem wirtschaftlichem Interesse darstellt. Andernfalls besteht kein Anspruch auf Zwangslizenz.[571] Dies stellt eine starke Einschränkung gegenüber dem aus dem Sortenschutzrecht bekannten Züchterprivileg dar.

Der deutsche Gesetzgeber hat zudem im Zuge der Umsetzung der Biopatentrichtlinie in § 11 Nr. 2a PatG ein Pflanzenforschungsprivileg vorgesehen und ist damit über die Vorgaben der Richtlinie hinausgegangen, um den Fortschritt in der Züchtung nicht durch patentrechtlichen Schutz biologischen Materials unnötig zu behindern. Eine entsprechende Verpflichtung an die Mitgliedstaaten gab es nämlich in der Richtlinie nicht.[572] Privilegiert ist nach der Regelung aber nur die Nutzung zum Zwecke der Züchtung, Entdeckung und Entwicklung einer neuen Pflanzensorte, nicht erfasst ist hingegen die Verwertung des neu gewonnenen Materials.[573] Das heißt, dass die Vermarktung der neuen Pflanzensorte im Gegensatz zum sortenschutzrechtlichen Züchtervorbehalt, soweit sie in den Schutzbereich des Patents fällt, nicht ohne Zustimmung des Patentinhabers erfolgen kann.[574] Auch das patentrechtliche Pflanzenforschungsprivileg führt damit nicht zu einer mit dem Züchterprivileg im Sortenschutz vergleichbaren Beschränkung des Patents.

Um Risiken, die aus der Patentierung von Pflanzen für Landwirte bei zufälliger Gewinnung eines patentgeschützten Gegenstands resultieren, zu minimieren, wurde in das deutsche Patentgesetz mit § 9c Abs. 3 PatG eine weitere Ausnahme vom Patentschutz aufgenommen. Danach kann ein Landwirt im Regelfall nicht für eine Patentverletzung in Anspruch genommen werden, wenn das von ihm

570 Benkard-*Rogge*, § 24 Rdnr. 25.
571 Vgl. *Mes*, § 24 Rdnr. 9.
572 *Haedicke*, Mitt. 2005, S. 241 (244).
573 Benkard-*Scharen*, § 11 Nr. 2a Rdnr. 9.a.
574 *Kock/Porzig/Willnegger*, GRUR Int. 2005, S. 183.

durch Vermehrung biologischen Materials gewonnene Erzeugnis nur zufällig oder wegen nicht vermeidbarer technischer Gegebenheiten dieselben Eigenschaften oder die genetischen Informationen enthält, die Grund für das Patent sind.[575] Dadurch werden in der Natur vorkommende Auskreuzungen, wie die Übertragung von Erbmaterial durch Pollenflug, vom Patentschutz ausgenommen. Allerdings ist der Landwirt nur insoweit geschützt, als er sich das Material nicht gezielt zunutze macht.[576] Ihn trifft die Darlegungs- und Beweislasst, dass das als patentverletzend beanstandete Erzeugnis durch Aussaat von Material entstanden ist, das nicht dem betreffenden Patentschutz unterfällt.[577] Diese Regelung ist eine Reaktion auf die langwierigen Rechtsstreitigkeiten und heftigen Konflikte in Kanada rund um den Fall Percy Schmeiser, auf dessen Feldern genveränderter und patentierter Raps des Biochemie-Konzerns Monsanto gefunden wurde, den Schmeiser nach eigenen Angaben aber nie selbst ausgesät hatte.[578]

Abschließend ist zudem darauf hinzuweisen, dass auch das Patentrecht ein zeitlich befristetes Recht darstellt: Die Patentdauer beträgt 20 Jahre, beginnend mit dem Tag, der auf die Anmeldung folgt (§ 16 Abs. 1 S. 1 PatG).

IV. Unterschiede beider Schutzrechtssysteme

Waren früher Patent- und Sortenschutz in ihrer Ausgestaltung von den Anforderungen, die an die Erteilung des Schutzrechts gestellt wurden, über die Schutzgegenstände bis hin zum Schutzumfang, sehr verschieden, kam es im Laufe der Zeit zu einer gewissen Angleichung der beiden Schutzrechtssysteme. Nach wie vor bestehen aber noch wesentliche Unterschiede, die auf eine andersartige Interessenkonstellation zurückzuführen sind und die hier noch einmal zusammenfassend hervorgehoben werden sollen.

Unterschiede bestehen zunächst in Bezug auf den Schutzgegenstand: Während der Schutz des Sortenschutzrechts an die einzelne Sorte anknüpft geht das Patentrecht vom Begriff der Erfindung aus. Nach einem modernen Begriffsverständnis kann allerdings auch biologisches Material von letzterem erfasst sein.

575 *Mes*, § 9c Abs. 3 Rdnr. 7.
576 *Haedicke*, Mitt. 2005, S. 241 (244).
577 Benkard-*Scharen*, PatG, § 9c Rdnr. 31.
578 Siehe Supreme Court of Canada, U. v. 21.5.2004, 2004 SCC 34, abgedruckt in: GRUR Int. 2004, S. 1036 ff.

Überschneidungen mit dem Sortenschutzrecht können sich vor diesem Hintergrund vor allem daraus ergeben, dass auch Pflanzenzuchtverfahren Patenschutz genießen können, womit sich beide Schutzgegenstände deutlich annähern.

Zudem sind die für die Erteilung eines Sortenschutzrechts notwendigen Voraussetzungen geringer als jene im Patentrecht. So ist der Neuheitsbegriff des Sortenschutzes großzügiger ausgestaltet, was sich insbesondere darin äußert, dass nur der gewerbsmäßige Vertrieb neuheitsschädlich ist und auch insgesamt längere Neuheitsschonfristen gelten.[579] Auch lässt das sortenschutzrechtliche Erfordernis nach Unterscheidbarkeit im Gegensatz zur patentrechtlichen Erfindungshöhe nur einen sehr begrenzten und starren Schutzbereich zu, sodass bereits solche Neuzüchtungen vom Schutzbereich ausgenommen werden, die sich in einem einzigen Merkmal von der bisherigen Sorte unterscheiden.[580] Dagegen führt das weite Verständnis von erfinderischer Tätigkeit dazu, dass der Erfindungsgedanke umfassend Berücksichtigung findet und der Schutzbereich des Patents dadurch sehr großzügig ausfallen kann.[581]

Anknüpfend an die Unterschiede bei den Schutzgegenständen sind auch die Schutzrichtungen der jeweiligen Schutzrechte verschieden: Während es im Patentrecht auch Verfahrenspatente gibt, wird nach dem Sortenschutz nur das Ergebnis der Züchtung – die neue Pflanzensorte – geschützt. Verfahrensschutz gibt es indes nicht. Insgesamt werden daher wegen der geringeren Schutzvoraussetzungen die Fälle zahlreicher sein, in denen Sortenschutz erlangt werden kann.[582] Gleichwohl führt dies nicht zu einer größeren Beeinträchtigung des Allgemeininteresses, sondern ganz im Gegenteil zu einer Stärkung der Allgemeininteressen. Denn je mehr geschützte züchterische Leistungen vorhanden sind, desto geringer wiegt die mit dem Sortenschutzrecht gebilligte Monopolstellung des Einzelnen.[583]

Dagegen kam es vor allem bei der Reichweite des Sortenschutzes zu einer Angleichung an die des Patentschutzes. Während der Schutzumfang einer Sorte früher nur die Erzeugung von Vermehrungsmaterial und den gewerbsmäßigen Vertrieb umfasste, erstreckt sich die Ausschließlichkeitswirkung nunmehr auch

579 Vgl. *Neumeier*, S. 82.

580 *Neumeier*, S. 91.

581 *Ebda.*

582 *Lukes*, GRUR Int. 1987, S. 318 (320).

583 *Ebda.*

auf Endprodukte, die zum Konsum bestimmt sind.[584] Dies hat zu einer erheblichen Stärkung der Rechte aus dem Sortenschutz geführt, sodass diesbezüglich ein mit dem Patentrecht vergleichbarer Schutz erfolgt.

Auch im Bereich der Einschränkungen des Schutzumfangs kam es zu einer Harmonisierung beider Schutzrechtssysteme. So wurde das aus dem Sortenschutzrecht bekannte Landwirteprivileg für Erntegut in das Patentrecht übernommen (§ 9c Abs. 1 PatG). Dass der Schutzumfang des Patents und mithin die patentrechtliche Abhängigkeit jedoch nach wie größer ist, zeigt der Züchtervorbehalt des Sortenschutzrechts, für den es im Patentrecht keine vergleichbare Regelung gibt. Wenngleich durch die Ausdehnung des Sortenschutzes auf im Wesentlichen abgeleitete Sorten auch im Sortenschutzrecht eine stärkere Abhängigkeit geschaffen wurde.[585] Der Pflanzenzüchter darf somit die geschützte Sorte eines anderen Züchters in seiner Züchtung verwenden und ohne Zustimmung dieses Züchters die daraus entwickelte neue Sorte auf den Markt bringen.[586] Der Züchter einer Sorte hat also keinen Einfluss darauf, was der Käufer damit macht, wo er sie anbaut, wie er sie weiterverarbeitet, ob er sie für den eigenen Bedarf weiter vermehrt oder mit anderen Pflanzen kreuzt. Dagegen muss der Patentinhaber zwar seine Erfindung veröffentlichen, um das Patent erlangen zu können, wodurch die technischen und wissenschaftlichen Erkenntnisse der weiteren Forschung zugänglich gemacht werden (§ 11 Nr. 2a PatG). In die weitere Verwendung der Erfindung muss der Patentinhaber aber jedes Mal zustimmen. Denn nur er darf den patentierten Gegenstand herstellen, anbieten, in Verkehr bringen und gebrauchen.[587] Die Weiterentwicklung würde daher immer von den Befugnissen umfasst, die das Patentrecht ausschließlich dem Patentinhaber zuordnet.[588] Insofern sind die Ausschließlichkeitsbefugnisse des Patentinhabers wesentlich umfassender als die des Sortenschutzrechtsinhabers. Zudem begünstigt das Fehlen eines Züchtervorbehalts im Patentrecht die Entstehung von Abhängigkeitspyramiden und Lizenzpyramiden.[589]

---

584 Siehe oben unter 3. Teil A. II. 4. Zu der früheren Rechtslage: *Lukes*, GRUR Int. 1987, S. 318 (320).

585 Vgl. § 10 Abs. 2 Nr. 1 SortSchG und Art. 13 Abs. 5 lit. a) GemSortVO.

586 *Meyer/Revermann/Sauter*, S. 77.

587 *Leßmann/Würtenberger*, § 1 Rdnr. 12.

588 *Ebda.*

589 Vgl. *Lukes*, GRUR Int. 1987, S. 318 (321).

Ein weiterer Unterschied besteht darin, dass das Sortenschutzrecht widerrufen werden kann, falls sich nach seiner Erteilung zeigt, dass die Sorte bei der Schutzrechtserteilung nicht unterscheidbar oder neu war (vgl. § 31 Abs. 2 SortSchG).[590] Denn diese Voraussetzungen sind nämlich elementar für die Rechtfertigung, ein Ausschließlichkeitsrecht an einer Pflanzensorte zu gewähren.[591] Fehlen sie, ist die Erteilung des Sortenschutzrechts rechtswidrig und die Rücknahme ist im öffentlichen Interesse zwingend erforderlich.[592] Dadurch wird, anders als im Patentrecht, wo in der Regel eine Nichtigkeitsklage erhoben werden muss, sichergestellt, dass die im Zuge des Sortenschutzrechts entstandenen Einschränkungen für die Allgemeinheit nur solange Bestand haben, wie die geschützte Leistung tatsächlich eine Bereicherung für die Allgemeinheit bewirkt.[593]

Im Übrigen ist der Patentschutz so ausgestaltet, dass es zu Überschneidungen mit anderen Schutzrechten, wie beispielsweise Urheberrechten oder Gebrauchsmustern kommen kann; der Sortenschutz hingegen beansprucht für sich volle Exklusivität.[594] Unterfallen Pflanzensorten dem Sortenschutz, können sie nicht gleichzeitig auch noch durch andere Schutzrechte geschützt werden.

Trotz des größeren Schutzumfangs von Patenten, haben diese doch bezogen auf pflanzenzüchterische Erfindungen einen entscheidenden Nachteil gegenüber dem Sortenschutz. Während im Sortenschutzrecht berücksichtigt wird, dass die Züchtung einer Sorte eine sehr lange Entwicklungsdauer voraussetzt und somit die Mindestschutzdauer, gerechnet vom Tag der Erteilung, 25 Jahre beträgt, sieht das Patentrecht eine Schutzdauer von 20 Jahren ab dem Anmeldetag vor. Da das Prüfungsverfahren oft sehr lange Zeit in Anspruch nehmen kann, kann die eigentliche Schutzdauer eines Patents für pflanzenzüchterische Erfindungen damit im Ergebnis erheblich kürzer sein als seine Laufzeit.[595]

---

590 Entsprechende Regelung in: Art. 20 Abs. 1 lit. a) GemSortVO.

591 *Leßmann/Würtenberger*, § 6 Rdnr. 24.

592 *Leßmann/Würtenberger*, § 6 Rdnr. 28.

593 *Lukes*, GRUR Int. 1987, S. 318 (320).

594 *Straus*, GRUR Int. 1990, S. 913 (927).

595 Vgl. Verband der chemischen Industrie e.V., Daten und Fakten zum Thema: Biopatente, Stand 02.07.2012, abrufbar unter: https://www.vci.de/Downloads/Top-Thema/DF_Biopatente.pdf (zuletzt abgerufen am 11.08.2012).

4. Teil Das Spannungsverhältnis von Sorten- und Patentschutz

Ausgehend von der Darstellung der verschiedenen Schutzmöglichkeiten für Pflanzenzuchtverfahren kann nun das Verhältnis von Sortenschutz- und Patentrecht näher untersucht werden. Neben den rechtssystematischen Friktionen im Verhältnis von Sortenschutz- und Patenrecht sollen dabei auch die praktischen Auswirkungen Berücksichtigung finden, die sich aus der Gewährung von Patenten auf Pflanzenzuchtverfahren und deren Erzeugnisse ergeben können. Hierzu gehören wirtschaftliche, ethische sowie umweltpolitische bzw. entwicklungspolitische Erwägungen, die zwar die geltende Rechtslage nicht abändern, im Rahmen der Rechtsfindung aber durchaus Berücksichtigung finden können.

A. Das Konfliktverhältnis von Sortenschutz- und Patentrecht

Ursprünglich waren Sorten- und Patentschutz zwei getrennt voneinander zu behandelnde Schutzrechtssysteme. Durch die Anerkennung der Patentfähigkeit von Gensequenzen im Zuge der modernen Biotechnologie, kommt es jedoch zumindest bei Gensequenzen, die zugleich Bestandteil geschützter Sorten sind, zu Verflechtungen beider Rechtsmaterien.[596]

Grund für die Anerkennung der Patentfähigkeit ist die Tatsache, dass der Sortenschutz den Patentschutz als spezielleres Schutzrechtssystem nur insoweit ausschließen kann, als mit Hilfe des Sortenschutzes die züchterische Leistung hinreichend geschützt werden kann.[597] Wird eine einzelne Gensequenz erforscht und in Zusammenhang mit bestimmten Eigenschaften, z.B. einer Resistenz gegen eine Krankheit gebracht, entsteht dadurch keine neue, spezielle Sorte.[598] Die erforschte Funktion einer Gensequenz kann unter Umständen in einer Vielzahl von Pflanzensorten vorkommen. Da in diesem Fall keine spezielle Pflanzensorte entwickelt wurde, kann kein Schutz nach dem Sortenschutzrecht gewährleistet werden. Für derartige Fälle bedarf es gegebenenfalls eines Schutzes nach dem Patentrecht, wenn man berücksichtigt, dass die Funktionsaufklärung von Genen

596 Vgl. *Meyer/Revermann/Sauter*, S. 70.
597 Vgl. *Leßmann/Würtenberger*, § 1 Rdnr. 13.
598 *Roth*, GRUR Int. 1986, S. 759 (760).

sehr aufwändig und kostenintensiv ist. Mit der Möglichkeit, Patente auf pflanzenzüchterische Erfindungen zu erlangen, ist aber gleichzeitig eine klare Trennung von patentierbaren Erfindungen und sortenschutzfähigen Entwicklungen unumgänglich.

Eine erste Grenzziehung kann anhand der unterschiedlichen Schutzgegenstände erzielt werden: Eine Pflanze ist jedenfalls dann nicht patentierbar, wenn Schutz für sie aufgrund ihrer charakteristischen sortenspezifischen Merkmale beansprucht werden kann.[599] Um die Anwendungsbereiche von Sorten- und Patentschutz exakt trennen zu können, bleibt allerdings die Frage zu klären, in welchen Fällen eine Pflanze an sich dem Patentschutz zugänglich ist und wo die Grenze zu dem aus Art. 53 lit. b) EPÜ folgendem Patentierungsverbot von Pflanzensorten zu ziehen ist. Da die Rechtsprechung Art. 53 lit. b) EPÜ als reine Abgrenzungsnorm zwischen dem Sorten- und Patentschutz versteht, wird man die Grenzziehung letztlich dort vornehmen müssen, wo bei Wahrung der Besonderheiten beider Schutzrechtssysteme nur eines der beiden eine Schutzmöglichkeit bietet.[600] Hier lassen sich vor allem auf der Grundlage aktueller Fallkonstellationen vier Konfliktfelder aufzeigen, bei denen das Spannungsverhältnis von Sortenschutz- und Patentrecht deutlich zutage tritt.

I. Die Pflanze als Erzeugniserfindung

Das erste Konfliktfeld betrifft die Möglichkeit, ob und unter welchen Voraussetzungen Pflanzenmehrheiten, die nicht als Sorte spezifiziert sind, eine Erzeugniserfindung darstellen und damit dem Patentschutz zugänglich sind.[601] Hiermit hat sich die Rechtsprechung verhältnismäßig früh auseinandergesetzt.

1. Die Entscheidung „Vermehrungsgut/CIBA-GEIGY“

Eine erste Antwort, ob Pflanzen patentiert werden können, ist einer Entscheidung der Technischen Beschwerdekammer des EPA aus dem Jahr 1983 zu entnehmen.[602] Danach seien vom Patentierungsausschluss des Art. 53 lit. b) EPÜ

---

599 *Klett*, GRUR Int. 1998, S. 215 (217).

600 BDP, Unterschiede und Grenzziehung zwischen Sorten- und Patentschutz, abrufbar unter: http://www.oekozuechtung.de/sorten/sorten23.php (zuletzt abgerufen am 02.06.2011).

601 *Neumeier*, S. 211.

602 Technische Beschwerdekammer, Entscheidung v. 26.07.1983 – T 49/83, abgedruckt in: ABl. EPA 1984, 112 ff.

nur Pflanzen oder deren Vermehrungsgut in der genetisch fixierten Form der Pflanzensorte erfasst.[603] Im Umkehrschluss bedeutet dies, dass Pflanzen, die nicht als Sorte spezifiziert sind, patentiert werden können. Das EPA kam im vorliegenden Fall zu diesem Schluss, weil Gegenstand der Patentanmeldung nicht etwa eine von jeder anderen Sorte unterscheidbare individuelle Pflanzensorte war, sondern weil der Patentanspruch beliebige chemisch in bestimmter Weise behandelte Kulturpflanzen in Form ihres Vermehrungsguts umfasste.[604] Nach Auffassung des EPA sei die Behandlung mit dem chemischen Stoff kein für eine Pflanzensorte kennzeichnendes Kriterium, sodass kein Sortenschutz beansprucht werden könne.[605] Insofern käme nur Patentschutz in Betracht. Da mangels Anwendbarkeit des Sortenschutzes ein Konflikt zwischen beiden Rechtsmaterien nicht bestehe, spreche auch nichts gegen den Patentschutz. Dass das Objekt der chemischen Behandlung eine Pflanzensorte sei, spiele dabei keine Rolle.[606] Insofern sei es ausreichend, den Ausschlusstatbestand des Art. 53 lit. b) EPÜ auf die Fälle zu beschränken, in denen Pflanzen durch die genetisch bedingten Eigenarten ihres natürlichen Erscheinungsbildes gekennzeichnet sind.[607]

Auch wenn hier nicht über eine pflanzengenetische Erfindung, sondern über eine Erfindung, die sich auf chemisch behandeltes Saatgut bezog, entschieden wurde, beeinflusste die getroffene Entscheidung die nachfolgende Praxis des EPA zur Erteilung von Pflanzenpatenten nachhaltig.[608] Festzuhalten bleibt, dass das EPA mit dieser Entscheidung deutlich gemacht hat, dass es sich durch die Ausschlussbestimmung des Art. 53 lit. b) EPÜ grundsätzlich nicht gehindert sieht, Patentansprüche auf Pflanzen- oder Pflanzenteile, die nicht durch sortenspezifische Merkmale charakterisiert werden, zu gewähren. Damit hat es die Grenzen des Ausschlusstatbestandes dort abgesteckt, wo der besondere, nach den Grundsätzen des UPOV-Übereinkommens begründete Sortenschutz nicht mehr greift.[609]

---

603 ABl. EPA 1984, 112 (115).

604 Ebda.

605 Ebda.

606 *Kraßer*, S. 216.

607 ABl. EPA 1984, S. 112 (116).

608 *Byrne*, IIC 1986, S. 324 (326 ff.); *Moufang*, S. 190 ff., *Teschemacher*, GRUR Int. 1987, S. 303 (309); *Straus*, S. 68; *Neumeier*, S. 213.

609 *Straus*, GRUR 1992, S. 252 (262).

2. Hybridpflanzen/LUBRIZOL

In dieser Entscheidung befasste sich die Technische Beschwerdekammer des EPA erstmals mit der Patentierbarkeit einer pflanzengenetischen Erfindung.[610] Neben Ausführungen, die sich mit der Auslegung von im Wesentlichen biologischen Verfahren befassten[611], hat das EPA hier an seine in der Entscheidung „Vermehrungsgut/Ciba-Geigy“ aufgestellten Grundsätze angeknüpft. Da danach der Ausschlusstatbestand des Art. 53 lit. b) EPÜ nur die Patentierung von Pflanzen oder deren Vermehrungsgut in der genetisch fixierten Form der Pflanzensorte erfasse, sah sich das EPA nicht gehindert, für Hybridsamen und daraus gezogene Pflanzen, die mangels Beständigkeit ein für Pflanzensorten kennzeichnendes Kriterium nicht erfüllten, Patentschutz zu erteilen.[612]

Im Anschluss daran erging seitens der Einspruchsabteilung des EPA eine Entscheidung bezüglich der Patentierung pflanzlicher Lebensformen.[613] Darin bezeichnete das EPA es als ständige Praxis, Patentansprüche auf Pflanzengruppen, die größer als Pflanzensorten sind, zu bewilligen, sofern die Erfindung auch bei solch größeren Gruppen angewendet werden könne.[614]

3. „Transgene Pflanze/NOVARTIS“

Mit der Entscheidung „Pflanzenzellen/PLANT GENETIC SYSTEMS“[615] der Technischen Beschwerdekammer wurde vom bis dahin gefestigten Standpunkt, Patente auf gentechnisch veränderte Pflanzen zu erteilen, abgerückt, was zu erneuter Rechtsunsicherheit führte. Wegen dieser Unsicherheit sah sich die Technische Beschwerdekammer in dem Verfahren „Transgene Pflanze/NOVARTIS“ verpflichtet, der Großen Beschwerdekammer unter anderem folgende Rechtsfrage vorzulegen: „Wird mit einem Anspruch, der auf eine Pflanze gerichtet ist, ohne dass dabei bestimmte Pflanzensorten in ihrer Individualität beansprucht

---

610 Technische Beschwerdekammer, Entscheidung v. 10.11.1988 – T 320/87, abgedruckt in: ABl. EPA 1990, S. 71 ff.

611 Siehe dazu sogleich 4. Teil A. II.

612 EPA, ABl. 1990, S. 71 (79).

613 Einspruchsabteilung des EPA, Entscheidung v. 15.02.1993, Pat.Nr. 242 236 – Patente für pflanzliche Lebensformen/GREENPEACE, abgedruckt in: GRUR Int. 1993, S. 865 ff.

614 Vgl. EPA, GRUR Int. 1993, S. 865 (870).

615 Technische Beschwerdekammer, Entscheidung v. 21.02.1995 – T 356/93, abgedruckt in: ABl. EPA 1995, S. 545 ff.

werden, ipso facto das Patentierungsverbot des Art. 53 lit. b) EPÜ umgangen, obwohl er Pflanzensorten umfasst?"[616]

Dem Verfahren lag ein Patent auf transgene Pflanzen und deren Samen zugrunde, welche durch gentechnische Veränderung in der Lage waren, Pflanzenpathogene (Schadinsekten, pflanzenpathogene Pilze uzw.) abzutöten oder deren Wachstum zu hemmen.[617] Die Technische Beschwerdekammer führte aus, dass für die Frage, ob ein Patentanspruch auf einen Gegenstand gerichtet sei, für den nach Art 53 lit. b) EPÜ kein Patent erteilt werden dürfe, zwei verschiedene Auslegungsvarianten zur Verfügung stehen. Zum einen könne man sich auf den Wortlaut des Patentanspruchs beschränken: Komme der Begriff der Pflanzensorte nicht im Anspruch vor, sei den Erfordernissen des Art. 53 lit. b) EPÜ genüge getan und ein Patent könne erteilt werden.[618] Dies würde aber einem Verzicht auf die inhaltliche Prüfung des Anspruchs gleichkommen.[619] Der andere Auslegungsansatz knüpfe an das Wesen der Erfindung an.[620] Jede mögliche Ausführungsart des Gegenstands des Anspruchs sei entweder eine Pflanzensorte oder nicht.[621] Von einer Patentierbarkeit könne dann nur ausgegangen werden, wenn es sich bei der Ausführungsart des Gegenstandes nicht um eine Pflanzensorte handele. Die Technische Beschwerdekammer hielt die Gewährung eines solchen Patentanspruchs für unvereinbar mit Art. 53 lit. b) EPÜ, da im vorliegenden Fall der Anspruch für die Pflanze auch Pflanzensorten abdeckte und damit letztlich auch für diese Pflanzensorten ein Patent erteilt werden würde.[622]

Auch die Große Beschwerdekammer folgte der Auslegungsvariante, die auf das Wesen der Erfindung abstellt.[623] Allerdings wich sie insofern von der Auffassung der Technischen Beschwerdekammer ab, als dass sie das Patentierungsverbot des Art. 53 lit. b) EPÜ bei einem Anspruch, in dem bestimmte Pflanzensor-

616 Technische Beschwerdekammer, Entscheidung v. 13.10.1997 – T 1054/96, abgedruckt in: ABl. EPA 1998, S. 511 ff.
617 ABl. EPA 1998, S. 511 (512).
618 ABl. EPA 1998, S. 511 (524).
619 ABl. EPA 1998, S. 511 (525).
620 ABl. EPA 1998, S. 511 (523).
621 ABl. EPA 1998, S. 511 (525).
622 ABl. EPA 1998, S. 511 (524).
623 Große Beschwerdekammer, Entscheidung v. 20.12.1999, Az.: G 1/98 – Transgene Pflanze/NOVARTIS II, abgedruckt in: ABl. EPA 2000, S. 111 ff. = GRUR Int. 2000, S. 431 ff.

ten nicht individuell beansprucht werden, nicht für einschlägig hielt, auch wenn dieser möglicherweise auch Pflanzensorten umfasse.[624] Art. 53 lit. b) EPÜ sei – mit Blick auf seine Entstehungsgeschichte – eine reine Abgrenzungsnorm zum Sortenschutzrecht, sodass die Ausnahme von der Patentierbarkeit überall dort nicht eingreife, wo für den angemeldeten Anspruch Sortenschutz nicht zu erhalten sei.[625] Im zu entscheidenden Fall, war der Anspruch, der zwar Pflanzensorten umfasste, sie aber nicht individuell angab, nicht auf eine oder mehrere Pflanzensorten gerichtet, sodass eine solche Erfindung nicht durch ein Züchterrecht hätte geschützt werden können, da dieses lediglich pflanzliche Gesamtheiten betrifft, die nicht durch einzelne Merkmale, sondern durch ihr gesamten Genom definiert werden.[626] Der Umfang des Ausschlusses von der Patentierung sei stets das Gegenstück zur Verfügbarkeit von Sortenschutz.[627] Das Ergebnis, dass ein Patentanspruch, der nicht auf individualisierte Pflanzensorten gerichtet ist, nicht der Ausschlussbestimmung des Art. 53 lit. b) EPÜ unterfällt, ist seitdem gängige Praxis des EPA und wurde nicht mehr in Frage gestellt.[628]

Die Entscheidung des EPA, Art. 53 lit. b) EPÜ als reine Abgrenzungsnorm zu verstehen, ist nicht unwidersprochen geblieben.[629] Das Hauptargument der Kritiker stützte sich auf die Tatsache, dass der Sinngehalt von Art. 53 lit. b) EPÜ über eine bloße Abgrenzung von Patent- und Sortenschutz hinausgehen müsse, weil das Patentierungsverbot auch für Tierarten gelte und dort mangels eines alternativen Schutzrechts keine Gefahr eines Doppelschutzes bestünde.[630] Die Erwähnung der Tierarten müsse daher auf anderen Motiven beruhen. Grund für den Ausschluss durch den Gesetzgeber sei vielmehr die Erkenntnis, dass Pflanzen und Tiere Lebensgrundlage aller Menschen seien und insofern ihr von Natur aus vorhandenes genetisches Potenzial als Allgemeingut betrachtet werden müsse, was einen diametralen Gegensatz zu der durch das Patentrecht verliehenen

624 ABl. EPA 2000, S. 111 (134).
625 ABl. EPA 2000, S. 111 (136).
626 ABl. EPA 2000, S. 111 (134).
627 ABl. EPA 2000, S. 111 (136).
628 Vgl. Technische Beschwerdekammer, Entscheidung v. 15.06.2004, Az.: T 475/01 – Phosphinothricin-Resistenzgen/BAYER; Technische Beschwerdekammer, Entscheidung v. 06.04.2005, Az.: T 0179/01 – Herbicide resistant plants/MONSANTO).
629 Siehe *Gersteuer*, NVwZ 2008, S. 370.
630 *Gersteuer*, NVwZ 2008, S. 370 (371).

Monopolstellung darstelle.[631] Diese ethische Dimension werde zudem durch eine systematische Auslegung der Ausnahmetatbestände untermauert, da die Vorschrift des Art. 53 lit. b) EPÜ nicht nur im räumlichen, sondern ganz offensichtlich auch im sachlichen Zusammenhang zu der ordre public-Klausel in Art. 53 lit. a) EPÜ stünde.[632]

Dem steht allerdings entgegen, dass der Gesetzgeber in Art. 53 lit. b) EPÜ gerade nicht pauschal Pflanzen und Tiere vom Patentschutz ausgeschlossen hat, sondern bewusst nur Pflanzensorten und Tierarten von der Patentierbarkeit ausgenommen hat. Wenn die Schaffung des Art. 53 lit. b) ausschließlich auf ethischen Gesichtspunkte fußen würde, hätten daher konsequenterweise Pflanzen und Tiere insgesamt vom Patentschutz ausgenommen werden müssen. Im Übrigen steht es dem EPA nicht zu, wirtschaftliche Auswirkungen bzw. ethische Bedenken bei der Erteilung von Patenten zu berücksichtigen, um so den Bereich patentierbarer Gegenstände einzuschränken.

Das EPA hat seine Rechtsprechung somit durchaus im Einklang mit den geschaffenen Gesetzesgrundlagen[633] fortgesetzt. Das Ergebnis, dass erfindungsgemäße Veränderungen von Pflanzen, die nicht auf eine Sorte beschränkt sind, patentiert werden können, nimmt aber in Kauf, dass es zu Verschränkungen von Sortenschutz- und Patentrecht kommen kann.[634]

II. Verfahrenserfindungen bei Pflanzen

Das zweite Konfliktfeld betrifft ebenfalls den Ausschlussgrund des Art. 53 lit. b) EPÜ: Danach sind nicht nur Pflanzensorten, sondern auch im Wesentlichen biologische Verfahren zur Züchtung von Pflanzen vom Patentschutz ausgeschlossen. Hingegen können Erfindungen, die ein technisches Verfahren oder ein hierdurch gewonnenes Erzeugnis zum Gegenstand haben, patentiert werden.[635] Das bedeutet, dass unter Umständen Pflanzen und ihre Bestandteile auch insoweit Patentschutz erlangen können, als sie Ergebnis eines patentierten Verfahrens sind. Entscheidend für die Annahme solch mittelbarer Patentansprüche auf Pflanzen durch Verfahrenspatente ist allerdings, welche Bedeutung man der

631 *Gersteuer*, NVwZ 2008, S. 370 (372).
632 *Ebda.*
633 Siehe Art. 8 BioPat-RL.
634 *Kraßer*, S. 218.
635 *Ebda.*

Formulierung von „im Wesentlichen biologischen Verfahren" in Art. 53 lit. b) EPÜ und § 2a Abs. 1 Nr. 1 PatG beimisst.

1. Auslegung nach den vier klassischen Auslegungsmethoden

Bei der Auslegung von Gesetzesnormen kann mithilfe verschiedener Auslegungsmethoden Sinn und Tragweite einer Rechtsvorschrift erschlossen werden. Entsprechend dem klassischen Ausbildungskanon werden dabei ausgehend vom Wortlaut der Bestimmung, der Sprachgebrauch, der systematische und historische Zusammenhang sowie der Zweck der Erklärung untersucht.[636]

a) Wortlautorientierte Betrachtung

§ 2a PatG, Art. 53 lit. b) EPÜ und Art. 4 Abs. 1 lit. b) BioPat-RL nehmen explizit im Wesentlichen biologische Verfahren zur Züchtung von Pflanzen von der Patentierbarkeit aus. Dabei impliziert der Begriff „biologisch", dass es sich um ein natürliches Phänomen handelt. Beispielhaft können hierfür Vorgänge wie die natürliche Vermehrung, die Photosynthese, die Atmung oder die Verdauung genannt werden.[637] Den Begriff „biologisch" als Antonym zu dem Begriff „technisch" zu betrachten, wäre jedoch sachlich verfehlt und für die Bestimmung von im Wesentlichen biologischen Verfahren wenig hilfreich.[638] Denn nach allgemeinem Verständnis umfasst der moderne patentrechtliche Technikbegriff auch Erfindungen auf biologischem Gebiet. Konsequenterweise hat die Rechtsprechung daher vor Jahrzehnten bereits die Auffassung verworfen, eine technische Erfindung sei auf den Bereich der unbelebten Natur begrenzt.[639]

Der Begriff „im Wesentlichen" kann abhängig vom jeweiligen Kontext entweder in einer qualitativen oder in einer quantitativen Weise verstanden werden.[640] Wird ein qualitativer Maßstab angelegt, ist ausgehend vom Wesen der Erfindung auf den Gesamtanteil der menschlichen Mitwirkung und deren Auswir-

636 Vgl. Staudinger-*Coing/Honsell*, Einl. Rdnr. 53.

637 *Deutschen Vereinigung für gewerblichen Rechtsschutz und Urheberrecht*, GRUR 2008, S. 315 (318).

638 *Neumeier*, S. 185.

639 Vgl. BGH, NJW 1969, S. 1713 – Rote Taube; ausführlich dazu oben unter 3. Teil A. I. 1. b) bb).

640 *Deutschen Vereinigung für gewerblichen Rechtsschutz und Urheberrecht*, GRUR 2008, S. 315 (318).

kung auf das erzielte Ergebnis abzustellen.[641] Der Begriff „im Wesentlichen" könnte dabei auf die Relevanz des biologischen Teils für den erfinderischen Teil des Verfahrens hinweisen.[642] In diesem Fall wären die Verfahrensschritte, die für den erfinderischen Schritt nicht relevant sind, patentfähig und das Verbot würde sich nur auf den biologischen erfinderischen Schritt beziehen.[643] Gegen diese Auslegung spricht jedoch, dass die Ausschlussvorschriften völlig unabhängig von dem Erfordernis des erfinderischen Schrittes sind.[644] Für den Fall, dass der Begriff „im Wesentlichen" quantitativ aufgefasst wird, können die Begriffe „vorwiegend" oder „hauptsächlich" synonym verwandt werden. Diesem Sprachsinn zufolge wären vom Patentausschluss nicht nur rein biologische Verfahren erfasst, sondern auch solche Verfahren, bei denen als untergeordnetes Merkmal ein technisches Mittel zur Anwendung kommt.[645] Denn solange das Ergebnis des Verfahrens mittels üblicher biologischer Vorgänge, wie der Anwendung der Vererbungsregeln, erreicht wird, kann der im Wesentlichen biologische Charakter des Verfahrens schwerlich abgesprochen werden, auch wenn im Verfahren ein untergeordneter technischer Schritt eingesetzt wird. Nach diesem Verständnis kann somit nicht jede menschliche Mitwirkung ein Verfahren zu einem Technischen machen, insbesondere wenn die Mitwirkung sich in einem unwesentlichen Beitrag erschöpft. Die menschliche Mitwirkung bedeutet lediglich, dass es sich nicht um ein rein biologisches Verfahren handelt. Es wäre unverhältnismäßig, wenn ein im Verhältnis zum Gesamtprozess geringer und unbedeutender nicht-biologischer Teil die Möglichkeit zur Patentierung des Verfahrens eröffnen könnte.[646] Letztlich könnte der Begriff „im Wesentlichen" aber auch im Gegensatz dazu in einer absoluten Form verstanden werden. Jedes nicht-biologische Element des Verfahrens würde somit das Patentierungsverbot aufheben und den Patentschutz für das Verfahren ermöglichen.[647]

641 *Lange*, GRUR Int. 1985, S. 88 (92).
642 *Tilmann*, GRUR 2009, S. 361 (362).
643 *Ebda.*
644 *Tilmann*, GRUR 2009, S. 361 (363).
645 Vgl. *Tilmann*, GRUR 2009, S. 361(362).
646 *Tilmann*, GRUR 2009, S. 361 (362).
647 *Ebda.*

b) *Berücksichtigung der Normhistorie*

Die Ausschlussbestimmung des Art. 53 lit. b) EPÜ geht auf Art. 2 lit. b) des Straßburger Übereinkommens zurück, der es den Vertragsstaaten freistellt, im Wesentlichen biologische Verfahren zur Züchtung von Pflanzen oder Tieren vom Patentschutz auszunehmen.[648] Bei der Formulierung des Wortlauts der Norm dachte der historische Gesetzgeber an herkömmliche biologische Züchtungsverfahren wie Kreuzung und Selektion.[649] Damals hielt man es nicht für möglich, dass natürliche Züchtungsverfahren wiederholt werden konnten, was aber Voraussetzung für eine Patentierung gewesen wäre.[650] Der Gesetzgeber beabsichtigte mit der Bestimmung aber nicht, kategorisch alle Verfahren auszuschließen, die auf der Biologie basierten.[651] Vielmehr sollten nur die Verfahren der Natur ausgenommen werden, welche als unkontrollierbar galten, nicht nachgearbeitet werden konnten und daher nicht technisch im Sinne des damaligen patentrechtlichen Verständnisses waren.[652] Einer gesonderten Patentierungsausnahme hätte es hierfür aber nicht bedurft, da eine Patentierbarkeit nicht wiederholbarer Verfahren bereits an den allgemeinen Patentierungsvoraussetzungen gescheitert wäre.[653]

Dass vom Patentierungsverbot auch „im Wesentlichen" biologische Verfahren zur Züchtung von Pflanzen erfasst werden, beruht auf der Befürchtung des Gesetzgebers, potentielle Patentanmelder könnten im Verfahren technische Mittel einsetzen, die nur eine untergeordnete Rolle spielen und für das Ergebnis nicht relevant sind, um gezielt das Patentierungsverbot zu umgehen.[654] Beispielhaft nannte der damalige Sachverständigenausschuss die Benutzung eines besonderen Geräts in einem Veredelungsverfahren oder eines speziellen Gewächshauses beim Züchten einer Pflanze.[655] Solche technischen Mittel seien selbst sehr wohl

---

648 Siehe Übereinkommen zur Vereinheitlichung gewisser Begriffe des materiellen Rechts der Erfindungspatente vom 27.11.1963 (Straßburger Patentübereinkommen), abgedruckt in: BGBl. II 1976, S. 649 (658).

649 *Moufang*, S. 194.

650 *Schatz*, GRUR Int. 1997, S. 588 (591).

651 *Deutsche Vereinigung für gewerblichen Rechtsschutz und Urheberrecht*, GRUR 2008, S. 315 (325).

652 *Ebda.*

653 BGH, NJW 1969, S. 1713 – Rote Taube; ausführlich oben unter 3. Teil A. I. 1. b) bb).

654 Vgl. *Straus*, S. 75.

655 *Ebda.*

patentierbar, nicht jedoch biologische Verfahren, in deren Rahmen sie Verwendung finden.[656] Auch wenn keine generellen Bedenken mehr gegen die Patentierbarkeit biologischer Verfahren wegen der angeblich fehlenden Möglichkeit zur Wiederholung des Verfahrens bestanden, wurde der Wortlaut des Art. 2 lit. b) des Straßburger Übereinkommens eins zu eins in das EPÜ übernommen.[657] Der einzige Unterschied bestand darin, dass die Vorschrift im EPÜ als zwingende Ausschlussbestimmung ausgestaltet wurde, während den Verbandsstaaten im Straßburger Übereinkommen nur das Recht eingeräumt wurde, im Wesentlichen biologische Verfahren vom Patentschutz auszunehmen.[658] Eine Pflicht bestand nicht. Sinn und Zweck des Patentierungsverbots wurden bei der Einbindung in das EPÜ hingegen nicht hinterfragt, obwohl die Vorbehalte zur Patentfähigkeit biologischer Erfindungen, die vornehmlich auf dem früheren Verständnis von der Gegensätzlichkeit zwischen Technischem und Biologischem gründeten, bei Abschluss des EPÜ nicht mehr bestanden.[659] Auch die Intervention der britischen Delegation, die neben der unklaren Formulierung bemängelte, dass kein Grund dafür ersichtlich sei, biologische Verfahren schlechthin vom Patentschutz auszunehmen, konnte nicht verhindern, dass die Vorschrift in unveränderter Form Einzug in das EPÜ erhielt.[660]

Der rechtsgeschichtlichen Tradition folgend sind Ausnahmen von der Patentierbarkeit eng auszulegen („singularia non sunt extendenda“).[661] Obschon die heutige rechtliche Methodenlehre diesem Grundsatz nicht mehr konsequent folgt, hat der Grundsatz der engen Auslegung zumindest eine heuristische Funktion: Bei der Auslegung der Ausnahmen sollte ein der grundlegenden gesetzgeberischen Intention entgegenlaufender Ansatz vermieden werden.[662] Aus Art. 4 Abs. 3 EPÜ geht hervor, dass die Europäische Patentorganisation die Aufgabe

656 *Ebda.*

657 *Moufang*, S. 194; ausführlich zu dem Diskurs, ob Pflanzenzüchtungen wiederholbar sind, siehe: 3. Teil A. I. 1. b) bb).

658 Vgl. Wortlaut Art. 53 lit. b) EPÜ: „Europäische Patente werden nicht erteilt für […] im Wesentlichen biologische Verfahren zur Züchtung von Pflanzen […].

659 *Moufang*, IIC 1992, S. 328 (349).

660 *Straus*, S. 75.

661 BGH, B. v. 20.09.1983, Az.: X ZB 4 /83 – Hydropyridin, abegedruckt in: GRUR 1983, S. 729 (730); EPA, E. v. 15.02.1993 – Pat.-Nr. 242236, abgedruckt in: GRUR 1993, S. 865 (870 f.); Mes, § 2a Rdnr. 5 m.w.N.

662 *Moufang*, IIC 1992, S. 328 (345).

hat, europäische Patente zu erteilen und zwar gemäß Art. 52 Abs. 1 EPÜ „auf allen Gebieten der Technik", sofern die üblichen Patentierungsvoraussetzungen der Neuheit, erfinderischen Tätigkeit und gewerblichen Anwendbarkeit erfüllt sind. Während es der gesetzgeberischen Absicht entsprach, natürliche Verfahren in jedem Fall vom Patentschutz auszunehmen, sollten biologische Züchtungsverfahren, die technischer Natur sind, dem Patentschutz zugänglich bleiben.[663]

c) Analyse des systematischen Kontexts

Eine weitere Grundlage für die Auslegung des Patentierungsausschlusses im Wesentlichen biologischer Verfahren kann die Systematik der Norm bieten. Keine Rechtsvorschrift oder kein Rechtsbegriff stehen für sich alleine, sondern sind Teile einer einheitlichen Rechtsordnung.[664] Daher ist der Zusammenhang mit anderen Vorschriften zu beachten. Anhaltspunkt für die Auslegung könnte die Regel 26 Abs. 5 der Ausführungsordnung zum EPÜ in der Fassung vom 07. Dezember 2006 liefern.[665] Danach kann bei einem Verfahren zur Züchtung von Pflanzen nur dann von einem „im Wesentlichen biologischen Verfahren" gesprochen werden, wenn es „vollständig" auf natürlichen Phänomenen wie Kreuzung und Selektion beruht. Fraglich ist, ob dieses Verständnis für die Auslegung derselben Begrifflichkeit in Art. 53 lit. b) EPÜ bindend ist. Eine solche Bindung könnte dadurch bestehen, dass es sich bei der Regel 26 Abs. 5 der Ausführungsordnung um die wörtliche Übernahme des Art. 2 Abs. 2 BioPat-RL handelt. Adressat der Richtlinie sind allerdings nur die EU-Mitgliedstaaten und da es sich bei dem Europäischen Patentübereinkommen um einen internationalen Vertrag handelt, entfaltet die Richtlinie keine unmittelbaren Auswirkungen für die dortigen Vorschriften.[666] Gleichwohl haben die EPÜ-Mitgliedstaaten im Verwaltungsrat einstimmig beschlossen, dass die Vorschriften der Richtlinie ergänzend heranzuziehen sind (siehe Regel 26 Abs. 1 der Ausführungsordnung). Insbesondere haben sie die Regel 26 Abs. 5 der Ausführungsordnung einstimmig verabschiedet, sodass die Auslegung im Lichte von Art. 2 Abs. 2 der BioPat-RL zu

663 *Deutsche Vereinigung für gewerblichen Rechtsschutz und Urheberrecht*, GRUR 2008, S. 315 (320).

664 Vgl. Staudinger-*Coing/Honsell*, Einl. Rdnr. 56.

665 Siehe Ausführungsordnung zum Übereinkommen über die Erteilung europäischer Patente vom 07.12.2006, abgedruckt in: BGBl. 2007 II, S. 1191 ff.

666 *Tilmann*, GRUR 2009, S. 361 (363); ausführlich dazu oben unter 3. Teil III. 3. c).

erfolgen hat.[667] Während der Begriff „im Wesentlichen“ zusätzliche technische Schritte grundsätzlich toleriert, schließt der Begriff „vollständig“ diese komplett aus. Ein Verfahren läge bereits dann außerhalb der Patentierungsausnahme, wenn ein unwesentlicher Verfahrensschritt hinzugefügt würde.[668] Eine derartige Auslegung wäre jedoch mit dem Wortlaut von Art. 53 lit. b) EPÜ und der Entstehungsgeschichte schlichtweg nicht vereinbar.[669] In einem solchen Fall mangelnder Übereinstimmung ordnet Art. 164 Abs. 2 EPÜ an, dass die Vorschriften des Übereinkommens Vorrang vor den Vorschriften der Ausführungsordnung haben. Insofern kann – abweichend vom eindeutigen Wortlaut der Regel 26 Abs. 5 der Ausführungsordnung – ein biologisches Züchtungsverfahren nicht dadurch patentfähig werden, dass ein unwesentliches, technisches Merkmal hinzugefügt wird, auf das auch verzichtet werden könnte, ohne dass der angestrebte Erfolg entfiele.[670]

d) Einfluss teleologischer Erwägungen

Grundlegend ist, dass jede Rechtsnorm einen Zweck (Telos) verfolgt, der sich aus der zugrundeliegenden Interessenlage und der Bewertung durch den Gesetzgeber ergibt.[671] Der Zweck der Regelung in Art. 53 lit. b) EPÜ kann nur darin gesehen werden, solche nichttechnischen Züchtungsverfahren vom Patentschutz auszunehmen, denen ein unwesentliches, technisches Merkmal hinzugefügt wird, auf das auch verzichtet werden könnte, ohne dass der angestrebte Erfolg entfiele. Andernfalls wäre die Gefahr der Umgehung des Patentierungsverbots von Art. 53 lit. b) EPÜ zu groß. Ein im Wesentlichen biologisches Verfahren liegt deshalb vor, wenn alle technischen Schritte hinweggedacht werden können, ohne dass das Verfahrensergebnis verändert wird.[672] Insbesondere kann das Hinzufügen eines unwesentlichen technischen Schritts nicht dazu führen, dass das biologische Verfahren zu einem technischen wird und es dadurch nicht mehr unter das Patentierungsverbot des Art. 53 lit. b) EPÜ fällt.[673] Demgegenüber be-

---

667 *Ebda.*

668 *Deutsche Vereinigung für gewerblichen Rechtsschutz und Urheberrecht*, GRUR 2008, S. 315 (324).

669 *Ebda.*

670 Schulte-*Moufang*, § 2a Rdnr.45.

671 Staudinger-*Coing/Honsell*, Einl. Rdnr. 149.

672 *Deutsche Vereinigung für gewerblichen Rechtsschutz und Urheberrecht*, GRUR 2008, S. 315 (316).

673 *Ebda.*

zweckt die Ausschlussregelung nicht, biologische Verfahren, bei denen maßgebliche technische Entwicklung stattfindet, vom Patentschutz auszunehmen; lediglich die „natürlichen Züchtungsverfahren" sollen dem Patentschutz unzugänglich sein.

e) Zusammenfassung

Untersucht man Art. 53 lit. b) EPÜ mit Hilfe der klassischen Auslegungsmethoden, zeigt sich, dass auch die Patentierung von Pflanzenzuchtverfahren durch die Regelung nicht gänzlich ausgeschlossen wird. Ausgehend von rein biologischen Verfahren, die jedenfalls von der Ausschlussregelung umfasst sind, müssen Verfahren, die sowohl auf technischen als auch auf biologischen Komponenten beruhen, unter normativen Gesichtspunkten betrachtet werden: Zu untersuchen ist, ob den technischen Komponenten eine solch eigenständige Bedeutung zukommt, dass der Sinn und Zweck von Art. 53 lit. b) EPÜ nicht unterlaufen zu werden droht, wenn ein Patent auf das Verfahren erteilt wird.

2. Bestätigung des Auslegungsergebnisses durch die Praxis

Das im Rahmen der Auslegung ermittelte Ergebnis deckt sich in den wesentlichen Punkten mit den Richtlinien des EPA und den Auslegungsgrundsätzen der Entscheidungskammern. Die Vielzahl an Entscheidungen hierzu zeigt allerdings zugleich, dass die Handhabung von Art. 53 lit. b) in Bezug auf Pflanzenzuchtverfahren in den Details noch erhebliche Schwierigkeiten bereitet.

a) Richtlinien des EPA

Anhaltspunkte, in welchen Fällen es sich um „im Wesentlichen biologische Züchtungsverfahren" handelt, die vom Patentschutz ausgenommen sind, und solchen Verfahren, die zwar biologisch sind, bei denen aber der technische Charakter im Vordergrund steht, liefern zunächst die Richtlinien für die Prüfung von Patentanträgen im Europäischen Patentamt.[674]

Danach unterfallen die traditionellen Züchtungsmethoden, die auf Kreuzung und Selektion beruhen, dem Begriff eines im Wesentlichen biologischen Züchtungsverfahrens. Unschädlich ist, wenn vor oder nach den Schritten der Kreuzung und Selektion technische Schritte zur Herstellung der Pflanzen oder zu ihrer weiteren

---

674 EPA-Richtlinien, Teil G, Kapitel II, 5.4.2, abrufbar unter: http://documents.epo.org/projects/babylon/eponet.nsf/0/6c9c0ec38c2d48dfc1257a21004930f4/$FILE/guidelines_for_examination_2012_part_g_de.pdf (zuletzt abgerufen am 20.08. 2012).

Behandlung vorgesehen sind. Mit dieser Ergänzung, die zuvor in den Richtlinien noch nicht zu finden war, wurde die aktuelle Rechtsprechung des Europäischen Patentamts, die es nachfolgend noch vorzustellen gilt, berücksichtigt. Trotz der Verwendung molekularer genetischer Marker zur Selektion von Eltern oder Nachkommen, die eindeutig technischer Natur sind, bleibt das Verfahren ein im Wesentlichen biologisches und mithin nicht patentierbar. Landwirtschaftliche Kulturverfahren, die mit chemischen oder physikalischen Mitteln die Eigenschaften einer Pflanze verbessern, sind dagegen eindeutig patentfähig.[675] In diese Kategorie fallen beispielsweise die Beschneidung von Bäumen, die Behandlung von Pflanzen mittels wachstumsfördernder Stoffe oder wachstumsfördernder Bestrahlung sowie die Behandlung des Bodens mit Herbiziden.[676] Auch Züchtungsmethoden, in deren Verlauf ein Gen oder ein Merkmal auf gentechnischem Weg in eine Pflanze eingeführt wird, beruhen nicht auf der Rekombination ganzer Genome und der natürlichen Mischung von Pflanzengenen und sind demnach patentierbar. Allerdings dürfen die Ansprüche auf derartige Verfahren keine Kreuzungs- oder Selektionsschritte enthalten.[677] Der frühere in den Richtlinien angelegte Maßstab für ein im Wesentlichen biologisches Verfahren – der Umfang menschlicher Einwirkung[678] – wurde mit der Fortentwicklung der Rechtsprechungspraxis des Europäischen Patentamts aufgegeben. Nachfolgend gilt es daher diese Entwicklung näher zu beleuchten, die dazu geführt hat, dass der Begriff von „im Wesentlichen biologischen Verfahren“ in der Praxis nicht zu eng ausgelegt wird.

b) *Auslegungsansätze durch die Praxis der Entscheidungskammern*

Die Frage, unter welchen Voraussetzungen ein im Wesentlichen biologisches Verfahren vorliegt, war lange Zeit nicht abschließend geklärt.[679] Die Definition durch den Richtliniengesetzgeber in der Biopatentrichtlinie konnte zu keiner Beseitigung der Rechtsunsicherheit beitragen, da der Standpunkt, ein Verfahren müsse vollständig auf natürlichen Phänomen beruhen, um im Wesentlichen bio-

---

675 Vgl. *Neumeier*, S. 196.

676 Vgl. EPA-Richtlinien, Teil G, Kapitel II, 5.4.2, abrufbar unter: http://documents.epo.org/projects/babylon/eponet.nsf/0/6c9c0ec38c2d48dfc1257a21004930f4/$FILE/guidelines_for_examination_2012_part_g_de.pdf (zuletzt abgerufen am 20.08.2012).

677 Ebda.

678 Vgl. *Moufang*, S. 184.

679 *Kraßer*, S. 218.

logisch zu sein, im Widerspruch zum Wortlaut des EPÜ steht. Nicht zuletzt deswegen ist die Entwicklung der praktischen Handhabung durch die Entscheidungskammern von entscheidender Bedeutung für die Auslegung des Begriffes „im Wesentlichen biologisch“.

aa) „Hybridpflanzen/LUBRIZOL“

Die Technische Beschwerdekammer befasste sich in dieser Entscheidung nicht nur zum ersten Mal überhaupt mit der Patentierbarkeit einer pflanzengenetischen Erfindung, sondern stellte zugleich Maßstäbe auf, wie der Begriff „im Wesentlichen biologisch“ ausgelegt werden müsse.[680]

Zunächst griff die Kammer den rechtsgeschichtlichen Grundsatz auf, dass Ausnahmen von allgemeinen Regeln generell eng ausgelegt werden müssen („singularia non sunt extendenda“).[681] Unterstrichen werde diese Annahme dadurch, dass mikrobiologische Verfahren und deren Erzeugnisse wieder vom Patentausschluss ausgenommen wurden.[682] Entscheidend für die Frage, ob ein im Wesentlichen biologisches Verfahren vorliege, sei – ausgehend vom Wesen der Erfindung – der Gesamtanteil der menschlichen Mitwirkung und deren Auswirkung auf das erzielte Ergebnis.[683] Dass das Verfahren einer menschlichen Mitwirkung bedürfe, bedeute nicht zwangsläufig, dass es sich nicht um ein im Wesentlichen biologisches Verfahren handele, sondern nur, dass das Verfahren kein „rein biologisches“ sei.[684] Vielmehr müsse das Eingreifen des Menschen über ein unbedeutendes Maß hinausgehen, es müsse geradezu von ausschlaggebender Bedeutung für die Erfindung gewesen sein, damit nicht mehr von einem im Wesentlichen biologischen Verfahren gesprochen werden kann.[685] Völlig unerheblich sei dagegen, ob die Mitwirkung quantitativer oder qualitativer Natur ist.[686]

Dem Patentschutz zugänglich sei demnach ein Verfahren, das sich in seiner Ausführung von den klassischen Züchtungsverfahren unterscheidet und das es in dieser Form nicht in der Natur gibt.[687] Das streitgegenständliche Verfahren zur

680 ABl. EPA 1990, S. 71 ff.
681 Siehe 4. Teil A. II. 1. b).
682 ABl. EPA 1990, S. 71 (76).
683 Ebda.
684 Ebda.
685 ABl. EPA 1990, S. 71 (77).
686 Ebda.
687 Benkard-*Mellulis*, § 2a PatG Rdnr. 18.

Erzeugung von Hybridpflanzen brachte eine wesentliche Änderung der bekannten klassischen biologischen Züchtungsverfahren mit sich und erzielte im Vergleich zu diesen einen höheren Wirkungsgrad und einen höheren Ertrag.[688] Weder durch die Vorgänge der Natur noch durch klassische Züchtungsverfahren hätte jedenfalls ein solches Ergebnis erreicht werden können. Aufgrund dieses bedeutenden technologischen Charakters des Verfahrens sah sich die Kammer nicht gehindert, Patentschutz zu erteilen.

bb) „Pflanzenzellen/PLANT GENETIC SYSTEMS“

In der Entscheidung „Pflanzenzellen/PLANT GENETIC SYSTEMS“[689] hatte die Technische Beschwerdekammer darüber zu befinden, ob die Transformation von Pflanzenzellen oder Pflanzengewebe mittels gentechnischer Methoden, die zu einer neuen Zusammensetzung der DNA führt (rekombinante DNA), einen wesentlichen technischen Schritt darstelle, der die Möglichkeit zur Patentierung eröffne. Bezug nehmend auf die Aussagen in der vorangegangenen Entscheidung (Hybridpflanzen/LUBRIZOL) sei das Merkmal des „im Wesentlichen biologischen Verfahrens“ nicht mehr gegeben, wenn mindestens ein wesentlicher technischer Verfahrensschritt enthalten sei, der nicht ohne menschliche Mitwirkung durchgeführt werden könne und entscheidenden Einfluss auf das Endergebnis habe.[690] Bei der Transformation von Pflanzenzellen oder Pflanzengewebe mit einer rekombinanten DNA sei ein solcher wesentlicher technischer Schritt gegeben; insbesondere könne das Verfahren nicht insgesamt biologischen Charakter bekommen, nur weil sich Schritte der Regeneration und Vervielfältigung der Pflanzen und Samen anschließen.[691] Insofern greife die Patentierungsausnahme des Art. 53 lit. b) EPÜ hier nicht.

cc) „Transgene Pflanze/NOVARTIS“

Die Technische Beschwerdekammer ist in der Vorlageentscheidung „Transgene Pflanze/NOVARTIS“ unter anderem auch der Frage nachgegangen, wodurch sich im Wesentlichen biologische Verfahren auszeichnen.[692] Ob ein Verfahren im Wesentlichen biologisch sei, müsse anhand eines Werturteils, ab welchem

688 ABl. EPA 1990, S. 71 (78).
689 ABl. EPA 1995, S. 545 ff.
690 ABl. EPA 1995, S. 545 (573).
691 ABl. EPA 1995, S. 545 (578).
692 ABl. EPA 1998, S. 511 ff.

nichtbiologischen Anteil ein Verfahren seine Einstufung als „im Wesentlichen biologisches Verfahren“ verliert, getroffen werden.[693] Zu diesem Werturteil könne man auf verschiedenen Wegen gelangen, wobei sich letztlich drei Konzepte herauskristallisiert haben:

- Nach dem ersten Konzept, welches in Anlehnung an die Rechtsprechung zu chirurgischen und therapeutischen Behandlungsverfahren im Sinne des Art. 52 Abs. 4 EPÜ a.F. (jetzt: Art. 53 lit. c) EPÜ) entwickelt wurde, ist ein Verfahren nur dann kein im Wesentlichen biologisches Verfahren, wenn es ausschließlich nichtbiologische Verfahrensschritte umfasst.[694]
- Das zweite Konzept orientiert sich an den bisher zu Art. 53 lit. b) EPÜ ergangenen Entscheidungen des Europäischen Patentamts und stellt auf das Wesen der Erfindung unter Berücksichtigung der menschlichen Mitwirkung und deren Auswirkung auf das erzielte Ergebnis ab.[695]
- Das letzte und dritte Konzept sieht mit Blick auf Art. 2 Abs. 2 des Entwurfs der Biopatentrichtlinie einen genau angegebenen nichtbiologischen Verfahrensschritt für ausreichend, um dem in Art. 53 lit. b) EPÜ verankerten Patentierungsverbot zu entgehen.[696] Denn nach dieser Definition müsse ein im Wesentlichen biologisches Verfahren vollständig auf natürlichen Phänomenen wie Kreuzung und Selektion beruhen.[697]

Die Frage, welchem Konzept bei der Auslegung des Begriffs gefolgt werden müsse, blieb letztlich offen.[698] Trotz der konkreten Vorlagefrage durch die Technische Beschwerdekammer äußerte sich die Große Beschwerdekammer nicht dazu, wann ein Verfahren als im Wesentlichen biologisch gelte, sodass auch diese Entscheidung keine richtungsweisende Antwort mit sich brachte.

dd) „Broccoli/PLANT BIOSCIENCE“

(a) Zwischenentscheidung der Technischen Beschwerdekammer

Im Jahr 2007 wurden der Großen Beschwerdekammer erneut die Fragen zum Begriff des im Wesentlichen biologischen Verfahrens, seiner Auslegung und

693 ABl. EPA 1998, S. 511(527).
694 Ebda.
695 ABl. EPA 1998, S. 511(528).
696 Ebda.
697 Ebda.
698 Vgl. *Kraßer*, S. 219.

seinem Verhältnis zur Regel 26 Abs. 5 der Ausführungsordnung sowie zu deren Vereinbarkeit mit Art. 53 lit. b) EPÜ vorgelegt.[699] Hierdurch sollte eine abschließende Klärung, wie der Begriff des im Wesentlichen biologischen Verfahrens zu verstehen sei, herbeigeführt werden.

Das der Vorlage zugrunde liegende, strittige Patent betraf ein Züchtungsverfahren zur Herstellung von Brokkoli mit einem erhöhten Gehalt an bestimmten Glucosinolaten, dem krebsmindernde Wirkung zugeschrieben wird.[700] Das Verfahren beruhte dabei auf mehreren Kreuzungs- und Selektionsschritten.[701] Unbestritten war, dass sämtliche Kreuzungsschritte natürlich und damit nicht patentierbar sind. Dagegen war bei dem Selektionsschritt unklar, ob durch den Einsatz molekularer Marker, die die Auswahl der Pflanzen mit dem gewünschten, erhöhten Glucosinolatgehalt ermöglichten, das Verfahren insgesamt als technisch eingeordnet werden könnte.

Die Patentinhaberin wies auf die Regel 26 Abs. 5 der Ausführungsordnung hin, nach der ein Verfahren zur Züchtung von Pflanzen im Wesentlichen biologisch sei, wenn es vollständig auf natürlichen Phänomenen beruhe.[702] Nach Auffassung der Patentinhaberin sei die Aufnahme eines nicht-natürlichen Schritts ausreichend, um dem Patentierungsverbot des Art. 53 lit. b) EPÜ zu entgehen.[703] Der angegriffene Patentanspruch bedürfe zudem der menschlichen Intervention an mehreren Stellen, sodass das Verfahren nicht mehr als im Wesentlichen biologisch gelten könne.[704]

Dagegen führte die Beschwerdeführerin an, dass die Regel nur klarstellen würde, dass genannte Verfahren auf alle Fälle ausgeschlossen seien. Nicht ausreichend sei es, wenn im Rahmen des Verfahrens ein unwesentlicher technischer Schritt zur Anwendung komme, durch dessen Aufnahme man Art. 53 lit. b) EPÜ bewusst umgehen wolle.[705] Der technische Schritt müsse vielmehr entscheidenden Einfluss auf die Erfindung haben. Der Einsatz molekularer Marker spiele

---

699 Technische Beschwerdekammer des EPA, Zwischenentscheidung v. 22.05.2007, Az.: T 83/05, abgedruckt in: ABl. EPA 2007, S. 644 ff.

700 Vgl. ABl. EPA 2007, S. 644 (665).

701 ABl. EPA 2007, S. 644 (666).

702 ABl. EPA 2007, S. 644 (650).

703 Ebda.

704 ABl. EPA 2007, S. 644 (650).

705 ABl. EPA 2007, S. 644 (649).

aber gerade für das Züchtungsergebnis – wie auch durch die Patentinhaberin nicht bestritten – keine Rolle. Im Übrigen sei die Verwendung molekularer Marker Teil des Selektionsschritts, der laut Definition in der Regel 26 Abs. 5 der Ausführungsordnung ausdrücklich als natürliches Phänomen betrachtet werde.[706]

In der Vorlageentscheidung hat die Technische Beschwerdekammer ausgehend von der Entstehungsgeschichte der Norm einige Überlegungen zu der Frage angestellt, wann Verfahren als im Wesentlichen biologisch eingestuft werden können. Nach Auffassung der Kammer habe der damalige Gesetzgeber klassische Züchtungsverfahren der Selektion und Kreuzung generell vom Patentschutz ausschließen wollen, auch wenn dabei technische Hilfsmittel zum Einsatz kämen.[707] Nur so lasse sich die Änderung des Wortlauts im Vorfeld der Umsetzung des EPÜ, im Rahmen dessen die Worte „rein biologische, gartenbauliche und landwirtschaftliche Verfahren" durch den jetzigen Ausdruck „im Wesentlichen biologische Verfahren" ersetzt wurden, erklären.[708] Auch die zu Art. 53 lit. b) EPÜ ergangene Rechtsprechung unterstütze diese Sichtweise, da sie die bloße Notwendigkeit menschlicher Mitwirkung noch nicht als hinreichendes Kriterium für ein nicht-biologisches Verfahren ansehe.[709]

Im Widerspruch dazu stehe aber die Regel 26 Abs. 5 der Verfahrensordnung, die den Begriff „im Wesentlichen biologisch" deutlich enger fasse, indem sie zu den nichtpatentfähigen Verfahren nur solche zähle, die vollständig auf natürlichen Phänomenen wie Kreuzung und Selektion beruhten.[710] Neben der inhaltlichen Ungereimtheit, dass Kreuzung und Selektion als Beispiele für natürliche Phänomene angeführt werden, obwohl ihr systematischer Einsatz innerhalb traditioneller Pflanzenzüchtung in der Natur gerade nicht ohne den Eingriff des Menschen vorkommen könnte, erhob die Kammer vor allem Zweifel im Hinblick auf die Anwendbarkeit der Regel.[711] Bedenken bestünden nicht nur hinsichtlich eines potentiellen Vertrauensschutzes, der mit dem Einreichen der Patentschrift vor Inkrafttreten der Regel entstanden sei, sondern auch wegen Art. 164 Abs. 2

706 Ebda.
707 ABl. EPA 2007, S. 644 (655).
708 Vgl. zur Historie der Norm die Ausführungen in ABl. EPA 2007, S. 644 (654).
709 ABl. EPA 2007, S. 644 (656).
710 ABl. EPA 2007, S. 644 (659).
711 ABl. EPA 2007, S. 644 (660).

EPÜ, der bestimme, dass im Zweifelsfall das Übereinkommen der Ausführungsordnung vorgehe.[712] Nach Auffassung der Kammer stehe der in der Regel 26 Abs. 5 der Ausführungsordnung aufgestellte Ansatz im Widerspruch zur wahren Bedeutung des Art. 53 lit. b) EPÜ und könne angesichts des Art. 164 Abs. 2 EPÜ nicht befolgt werden, sofern Art. 53 lit. b) EPÜ in der bisherigen Rechtsprechung nicht falsch ausgelegt worden sei.[713]

Bedenken habe die Technische Beschwerdekammer hinsichtlich des strittigen Patents dahingehend, dass die Verwendung molekularer Marker keinen wesentlichen Beitrag zu der hier beanspruchten Erfindung habe, der über etwas Unwesentliches hinausgehe.[714] Insofern müsse endgültig entschieden werden, ob der bisherigen Rechtsprechung, die einen wesentlichen technischen Verfahrensschritt mit entscheidendem Einfluss auf das Ergebnis für erforderlich halte, gefolgt werde, oder dem engen Wortlaut der Regel 26 Abs. 5 der Verfahrensordnung gefolgt werde, wonach ein Verfahren außerhalb der Ausschlussbestimmung läge, wenn es neben natürlichen Phänomenen ein zusätzliches, auch unbedeutendes Merkmal technischer Natur enthielte.[715]

Die Technische Beschwerdekammer selbst hat diesbezüglich keine abschließende Entscheidung getroffen, sondern der Großen Beschwerdekammer erneut zwei Rechtsfragen in Bezug auf die Auslegung des im Wesentlichen biologischen Verfahrens vorgelegt:[716]

1. „Entgeht ein nicht mikrobiologisches Verfahren zur Züchtung von Pflanzen, das die Schritte der Kreuzung und Selektion von Pflanzen umfasst, dem Patentierungsverbot des Art. 53 lit. b) EPÜ allein schon deswegen, weil es als weiteren Schritt oder als Teil eines der Schritte der Kreuzung und Selektion ein zusätzliches Merkmal technischer Natur umfasst?
2. Falls die Frage 1 verneint wird, welches sind die maßgeblichen Unterscheidungskriterien dafür, ob ein nicht mikrobiologisches Verfahren zur Züchtung von Pflanzen nach Art. 53 lit. b) EPÜ vom Patentschutz ausgeschlossen ist oder nicht? Ist insbesondere maßgebend, worin das Wesen der beanspruchten

712 ABl. EPA 2007, S. 644 (662).
713 Ebda.
714 ABl. EPA 2007, S. 644 (667).
715 ABl. EPA 2007, S. 644 (668).
716 ABl. EPA 2007, S. 644 (669).

Erfindung liegt und/oder ob der Beitrag des zusätzlichen technischen Merkmals zur beanspruchten Erfindung über etwas Unwesentliches hinausgeht?“

(b) Entscheidung der Technischen Beschwerdekammer – „Tomaten/STAAT ISRAEL“

Im Mittelpunkt dieser Entscheidung der Technischen Beschwerdekammer vom 04. April 2008 stand ebenfalls die Auslegung der in Art. 53 lit. b) EPÜ verankerten Ausschlussbestimmung für im Wesentlichen biologische Verfahren.[717] Gegenstand des strittigen Patents war ein Verfahren zur Züchtung von Tomatenpflanzen, aus dem Tomaten mit verringertem Wassergehalt hervorgingen.

Mit Blick auf die bei der Großen Beschwerdekammer anhängige Vorlage im Fall Broccoli/PLANT BIOSCIENCE, bei der es ebenfalls um die Auslegung des Ausschlusses von im Wesentlichen biologischen Verfahren ging, hielt die Kammer es nicht für zweckmäßig, eine eigene Entscheidung über den Umfang der Ausschlussbestimmung zu treffen.[718] Die Kammer legte der Großen Beschwerdekammer daraufhin erneut Rechtsfragen im Hinblick auf den Umfang der Ausschlussbestimmung vor, weil sie der Auffassung war, dass der zugrunde liegende Fall weitere, über den bereits anhängigen „Brokkoli-Fall“ hinausgehende, relevante Aspekte für die Auslegung der Ausschlussbestimmung enthielte.[719] Zwei der drei Rechtsfragen deckten sich mit denen, die bereits im „Brokkoli-Fall“ formuliert wurden. Zusätzlich stellte die Kammer die Frage, ob ein mikrobiologisches Verfahren zur Züchtung von Pflanzen, das aus Schritten der Kreuzung und Selektion von Pflanzen bestehe, nur dann unter das Patentierungsverbot des Art. 53 lit. b) EPÜ falle, wenn diese Schritte widerspiegelten oder Phänomenen entsprächen, die in der Natur ohne menschliches Zutun auftreten könnten.[720] Diese Frage ist darauf zurückzuführen, dass in dem vorliegenden Verfahren zur Züchtung der Tomatenpflanzen ein technischer Schritt darin gesehen wurde, dass die Frucht über den Punkt der normalen Reife hinaus auf der Staude belassen wurde und sich insofern von normalen Züchtungsverfahren unterschied.[721]

---

717 Technische Beschwerdekammer, Entscheidung v. 04.04.2008, Az.: T 1242/06, abgedruckt in: ABl. EPA 2008, S. 523 ff. = GRUR Int. 2009, S. 238 ff.

718 EPA, GRUR Int. 2009, S. 238 (239).

719 Ebda.

720 EPA, GRUR Int. 2009, S. 238.

721 EPA, GRUR Int. 2009, S. 238 (240).

(c) Entscheidung der Großen Beschwerdekammer

Die Große Beschwerdekammer entschied am 9. Dezember 2010 in einem Grundsatzurteil über die beiden anhängigen Präzedenzfälle, sodass nunmehr eine abschließende Stellungnahme zu dem Begriff des im Wesentlichen biologischen Verfahrens vorliegt, die Allgemeingültigkeit für sich beansprucht.[722]

Die Große Beschwerdekammer hat sich durch den eindeutigen Wortlaut der Regel 26 Abs. 5 der Ausführungsordnung, wonach ein Verfahren im Wesentlichen biologisch ist, wenn es vollständig auf natürlichen Phänomenen wie Kreuzung und Selektion beruht, nicht gehindert gesehen, den Begriff eigenständig auszulegen.[723] Zwar sei der Gesetzgeber durchaus befugt, in der Ausführungsordnung Bestimmungen zu materiell-rechtlichen Fragen zu erlassen; gleichwohl könne die Regel zur Auslegung des Art. 53 lit. b) EPÜ nur dann herangezogen werden, wenn erkennbar sei, wie der Gesetzgeber den Artikel im Lichte dieser Regel ausgelegt sehen wollte.[724] Obschon der Wortlaut der Regel mit dem von Art. 2 Abs. 2 BioPat-RL übereinstimme, liefere auch dessen Entstehungsgeschichte keine verwertbaren Anhaltspunkte dafür, wie der Begriff der im Wesentlichen biologischen Verfahren zu verstehen sei.[725] Denn der Wortlaut der Vorschrift sei in den zahlreichen Entwurfsfassungen zur Biopatentrichtlinie ständig und ohne nähere Begründung wechselseitig durch Kommission und Parlament geändert worden.[726] In der letztlich erlassenen Fassung sei der Rat sogar nochmals ohne Begründung von der von Parlament und Kommission ausgehandelten Formulierung abgewichen, sodass jegliche gesetzgeberische Absicht nicht mehr erkennbar sei.[727]

Im Rahmen seiner eigenen Auslegung stellte die Große Beschwerdekammer zunächst fest, dass es sich bei der Bestimmung des Art. 53 lit. b) EPÜ nicht um eine reine Abgrenzungsnorm zum Sortenschutzrecht handele, und widersprach damit seiner anfänglichen Rechtsprechungspraxis. Da sich der Wortlaut von Art.

---

722 Große Beschwerdekammer des EPA, Entscheidung v. 09.12. 2010, Az.: G 2/07, abgedruckt in: ABl. EPA 2012, S. 130 ff. = GRUR Int. 2011, S. 266 ff.

723 ABl. EPA 2012, S. 130 (184).

724 ABl. EPA 2012, S. 130 (183).

725 ABl. EPA 2012, S. 130 (184).

726 Siehe die Ausführungen der Großen Beschwerdekammer zur Entstehungsgeschichte des Artikels 2 Abs. 2 BioPat-RL, ABl. EPA 2012, S. 130 (173 ff.).

727 ABl. EPA 2012, S. 130 (182).

53 lit. b) EPÜ ausdrücklich auf Verfahren zur Züchtung von Pflanzen beziehe, könne der Ausschluss nicht in der Weise verstanden werden, dass er nur dann gelte, wenn Ergebnis eines solchen Verfahrens eine Pflanzensorte sei.[728] Zu der Frage, wie der Begriff „im Wesentliches biologisch" zu verstehen sei, stellte die Große Beschwerdekammer zunächst fest, dass anhand einer rein wörtlichen Begriffsbestimmung keine zuverlässige Aussage über dessen Auslegung getroffen werden könnte.[729] Für die Auslegung sei vielmehr auf die im Laufe der Zeit durch die Rechtsprechung entwickelten Kriterien zurückzugreifen, nach denen Verfahren bislang als im Wesentlichen biologisch eingeordnet wurden.[730] Dabei könne dem Konzept, das in Anlehnung an die Rechtsprechung zu Art. 52 Abs. 4 EPÜ a.F. (jetzt: Art. 53 lit. c) EPÜ) ein Verfahren nur dann als nicht im Wesentlichen biologisch einstufe, wenn es ausschließlich nichtbiologische Verfahrensschritte umfasse, nicht gefolgt werden. Denn aus der Formulierung der Ausschlussbestimmung folge bereits, dass das Verfahren als Ganzes ein biologisches „Wesen" haben müsse.[731] Dasselbe gelte für den gegenteiligen Ansatz, nach dem bereits ein genau angegebener, nichtbiologischer Verfahrensschritt ausreiche, um dem Patentierbarkeitsverbot zu entgehen.[732] Auch ein solcher Ansatz stünde offensichtlich im Widerspruch zu dem Begriff „wesentlich", wonach gerade nicht ein beliebiges technisches Merkmal unabhängig von seiner Bedeutung für ein ansonsten biologisches Verfahren zur Züchtung von Pflanzen ausreichen solle.[733] Ebenso könne die Beurteilung, ob eine Erfindung im Wesentlichen biologisch sei, nicht darauf gestützt werden, was im Stand der Technik bekannt sei oder dort verwendet werde.[734] Andernfalls würde ein Verfahren, das ursprünglich in einem Rechtsstreit für nicht im Wesentlichen biologisch befunden wurde, durch seine bloße Offenbarung zu einem im Wesentlichen biologischen Vorgang, was zu erheblicher Rechtsunsicherheit führen würde.[735] Für die Auslegung brauchbar sei daher nur der Ansatz, der auf das Wesen der Erfindung unter Berücksichtigung der menschlichen Mitwirkung und deren Auswirkung

728 ABl. EPA 2012, S. 130 (186).
729 Ebda.
730 ABl. EPA 2012, S. 130 (187).
731 Ebda.
732 Ebda.
733 ABl. EPA 2012, S. 130 (188).
734 ABl. EPA 2012, S. 130 (189).
735 ABl. EPA 2012, S. 130 (190).

auf das erzielte Ergebnis abstelle, wobei insbesondere der Zweck des Ausschlusses betrachtet werden müsse. Nur so könne man unter den Verfahren, die stets menschliches Zutun erfordern, diejenigen, die vom Patentschutz ausgeschlossen sind, von denen abgrenzen, die patentierbar sind.[736]

Vor diesem Hintergrund stufte die Große Beschwerdekammer ein Verfahren zur Züchtung von Pflanzen als im Wesentlichen biologisch ein, wenn es auf der geschlechtlichen Kreuzung ganzer Genome beruhe und sich die menschliche Mitwirkung allein in der sich anschließenden Selektion der daraus resultierenden Pflanzen erschöpfe.[737] Die bloße Verwendung technischer Verfahrensschritte zur Durchführung bzw. Unterstützung des auf Kreuzung und Selektion beruhenden Verfahrens hebe den Ausschluss von der Patentierbarkeit nicht auf.[738] Technische Hilfsmittel wie genetische Marker könnten daher zwar an sich nach dem EPÜ patentfähige Erfindungen darstellen, ihre Verwendung in einem biologischen Züchtungsverfahren mache dieses aber nicht patentierbar.[739] Eine solche Sichtweise entspreche auch der Intention des damaligen Gesetzgebers bei Einführung von Art. 53 lit. b) EPÜ, der bewusst den Begriff „rein biologisch“ durch „im Wesentlichen biologisch“ ersetzt habe und damit klar gemacht habe, dass ein einzelner technischer Schritt nicht zwangsläufig dazu führe, dass das Verfahren insgesamt technischen Charakter erlange und nicht mehr dem Patentierungsverbot unterfalle.[740] Hingegen könnten solche Verfahren patentiert werden, die die Veränderung von Pflanzen mittels Einfügung von Merkmalen in ein Genom bzw. dessen Veränderung durch gentechnische Verfahrensschritte zum Gegenstand haben, da sie nicht mehr nur auf sexueller Kreuzung ganzer Genomen beruhen.[741]

Indem die Große Beschwerdekammer zu den verschiedenen Ansätzen, die in der Vergangenheit von der Technischen Beschwerdekammer als Grundlage für die Einordnung von im Wesentlichen biologischen Verfahren dienten, Stellung bezogen hat, wurde Rechtssicherheit geschaffen. Zukünftig wird es daher für die Prüfung eines im Wesentlichen biologischen Verfahrens irrelevant sein, ob der

---

736 ABl. EPA 2012, S. 130 (195).
737 ABl. EPA 2012, S. 130 (203).
738 Ebda.
739 ABl. EPA 2012, S. 130 (197).
740 Ebda.
741 ABl. EPA 2012, S. 130 (203).

in dem Verfahren verwandte technische Schritt neu ist, ob das Verfahren eine wesentliche Änderung bekannter Züchtungsverfahren darstellt, ob es in der Natur vorkommt oder vorkommen könnte oder ob darin das Wesen der Erfindung liegt.[742]

3. Zusammenfassung

Das Konfliktverhältnis von Sortenschutz und Patentrecht tritt bei der Frage, ob technische Bestandteile eines Züchtungsverfahrens patentierbar sind, besonders deutlich hervor. Grund hierfür ist, dass das Züchtungsverfahren der Entstehung einer vom Sortenschutz erfassten Sorte ein entsprechendes Verfahren zwingend voraussetzt. Unterfällt ein Schritt des Verfahrens dem Patentschutz wirkt sich dies daher auch zwingend auf den nachgelagerten Sortenschutz aus. Vor diesem Hintergrund und mit Blick auf die vage Bestimmung in Art. 53 lit. b) EPÜ verwundert es daher nicht, dass Fragen der Patentierbarkeit in diesem Bereich besonders konfliktträchtig sind. Zwar lassen sich mit Hilfe der allgemeinen Auslegungsmethoden Kriterien ermitteln, die das Tatbestandsmerkmal des „im Wesentlichen biologischen Verfahrens“ praktisch handhabbar machen und die sich auch mit der gegenwärtigen Entscheidungspraxis der Beschwerdekammern decken. Ob damit allerdings alle Auslegungsfragen ausgeräumt sind bleibt abzuwarten. In Anbetracht der fortschreitenden technischen Entwicklungen in diesem Bereich muss dies aber zumindest bezweifelt werden.

III. Abgeleiteter Sachschutz der Verfahrenserzeugnisse

Im Allgemeinen erstreckt sich der Verfahrensschutz auch auf die durch das Verfahren unmittelbar hergestellten Erzeugnisse.[743] Im Rahmen des dritten Konfliktfeldes lässt sich vor diesem Hintergrund die Frage aufwerfen, ob auch Pflanzensorten, die durch patentierte technische Verfahren erzeugt werden, einen solchen Schutz genießen können, obwohl die Patentierbarkeit von Pflanzensorten an sich ausgeschlossen ist.[744] Zumindest wenn es sich um ein im Wesentlichen biologisches Verfahren handelt, ist ein abgeleiteter Schutz für das daraus gewonnene Erzeugnis nicht möglich, da es sich zwingend um ein patentiertes Verfahren handeln muss und ein im Wesentlichen biologisches Verfahren –

742 ABl. EPA 2012, S. 130 (205).

743 Vgl. Art. 64 Abs. 2 EPÜ und § 9 S. 2 Nr. 3 PatG.

744 *Kraßer*, S. 219.

wie soeben dargelegt worden ist – nicht patentiert werden kann. Damit bleiben aber Fälle, in denen das Verfahren aufgrund einer überwiegenden technischen Komponente patentierbar ist, das unmittelbar hergestellte Erzeugnis aber gleichwohl eine Sorte im Sinne des Sortenschutzrechts darstellt.

Um die Erstreckung des Patentschutzes auf solche Erzeugnisse zu begründen, wird insbesondere auf die Rechtslage bei Erzeugnispatenten verwiesen: Erzeugnisansprüche, in denen Pflanzensorten nicht individuell beansprucht werden, sind nicht vom Patentschutz ausgenommen, auch wenn sie möglicherweise Pflanzensorten umfassen.[745] Argument hierfür ist der Zweck von Art. 53 lit. b) EPÜ, der die Grenze zwischen Patentschutz und Sortenschutz markiere.[746] Entscheidend für den Umfang des Ausschlusses von der Patentierung sei demnach die Verfügbarkeit von Sortenschutz.[747] Da aber Sortenschutzrechte nur für konkrete Pflanzensorten erteilt werden können, nicht jedoch für technische Lehren, die in einer unbestimmten Vielzahl von Pflanzensorten verwirklicht werden können, spräche nichts dagegen solche Erzeugnisansprüche zuzulassen, die unter Umständen auch Pflanzensorten umfassen können.[748] Wenn aber schon ein Erzeugnisanspruch eine Pflanzensorte umfassen könne, müsse gleichfalls der aus einem Verfahrensanspruch abgeleitete Schutz möglich sein, selbst wenn dieser eine Pflanzensorte umfasse.[749] Der Schutz eines Verfahrenspatents erstrecke sich also auch auf die unmittelbaren Verfahrenserzeugnisse, auch wenn diese per se nicht patentierbar sind.[750] Gerade wenn kein Erzeugnisschutz erlangt werden könne, sei der Schutz des durch ein patentierbares Verfahren hergestellten Erzeugnisses von besonderer Bedeutung.[751]

Auch der Wortlaut des Art. 4 Abs. 3 BioPat-RL, der sonstige technische Verfahren und deren Erzeugnisse für patentierbar erklärt, lässt eine Auslegung in dem Sinne zu, dass sich der Schutz auch auf Pflanzensorten als unmittelbare Verfahrenserzeugnisse beziehen kann. In diesem Fall würde Art. 8 Abs. 2 BioPat-RL trotz des Verbots der Patentierung von Pflanzensorten zur Anwendung gelangen

745 Siehe oben unter 4. Teil A. I. 3.
746 ABl. EPA 2000, S. 111 (136).
747 Ebda.
748 Ebda.
749 ABl. EPA 2000, 111 (137).
750 *Kraßer*, S. 220.
751 Hahn, S. 196 ff.

und alle mit denselben Eigenschaften ausgestatteten Vermehrungsprodukte solcher Pflanzensorten in den Schutz einbeziehen.[752] Letztendlich würde sich der Schutz auf Pflanzensorten erstrecken, ohne dass diese selbst patentierbar wären. Dagegen hat der deutsche Gesetzgeber im Rahmen der Umsetzung der Richtlinie die dem Art. 4 Abs. 3 BioPat-RL entsprechende Vorschrift des § 2a PatG um den Zusatz ergänzt, dass ein unmittelbares Erzeugnis eines patentierten Verfahrens nur geschützt werden kann, sofern es sich dabei nicht um eine Pflanzensorte handelt (§ 2a Abs. 2 Nr. 2 PatG).[753] Anderenfalls wäre es ein leichtes, den Patentierungsausschluss für Pflanzensorten zu umgehen.[754]

Während der Rechtsrahmen in Deutschland somit eine Erstreckung des Patentschutzes auf unmittelbare Verfahrenserzeugnisse ausschließt, wenn es sich bei diesen um eine Sorte handelt, ist dieser Konfliktfall im Rahmen des EPÜ ungelöst. Damit besteht zumindest auf europäischer Ebene ein weiteres Konfliktfeld zwischen Biopatentierung und Sortenschutz, das weitgehend ungelöst ist.

IV. „product-by-process"-Ansprüche

Ein viertes Konfliktfeld zwischen Sortenschutzrecht und Patentrecht betrifft die Reichweite von Erzeugnispatenten aufgrund von „product-by-process"-Ansprüchen. So wurde zwar mit der im Dezember 2010 ergangenen Entscheidung der Großen Beschwerdekammer des Europäischen Patentamts klargestellt, dass im Wesentlichen biologische Züchtungsverfahren, die ausschließlich auf Selektion und Kreuzung beruhen, von der Patentierbarkeit nach Art. 53 lit. b) EPÜ ausgeschlossen sind.[755] Die Entscheidung, ob die Patente auf die Brokkoli- und Tomatenpflanzen ebenfalls aufgehoben werden müssen, steht aber noch aus. Im Ergebnis werden die Patente auf die Verfahren zur Züchtung der Pflanzen keinen Bestand mehr haben, da beide Verfahren als im Wesentlichen biologisch eingestuft worden sind. Ein ausdrückliches Verbot von Patenten auf Produkte, die mithilfe dieser Verfahren hergestellt werden, wurde hingegen nicht ausgesprochen. Nachdem eine mündliche Verhandlung hinsichtlich des Brokkoli-

752 Vgl. *Kraßer*, S. 220.
753 Vgl. *Kraßer*, S. 221.
754 Ebda.
755 Ausführlich hierzu oben unter 4. Teil A II. 2. b) dd).

Patents abgesagt wurde[756], hat die Technische Beschwerdekammer in der mündlichen Verhandlung über das Tomaten-Patent vom 08. November 2011 entschieden, dass die Frage, ob Pflanzen aus traditioneller Züchtung patentierbar sind, erneut der Großen Beschwerdekammer vorgelegt werden müsse.[757] Klärungsbedürftig ist vor diesem Hintergrund insbesondere, ob „product-by-process"-Ansprüche überhaupt anzuerkennen sind und ggf. welche Reichweite solchen Ansprüchen im Bereich von Biopatenten zuerkannt werden kann.

1. Verhältnis von „product-by-process"-Ansprüchen zu Art. 53 lit. b) EPÜ

Im Fall des Brokkolipatents der Firma PLANT BIOSCIENCE wurden neben den unmittelbaren Erzeugnisansprüchen auf Brokkolipflanzen, den Blütenstand und die Zellen von Brokkoli mit bestimmten Eigenschaften, auch „product-by-process"-Ansprüche auf die essbare Brokkolipflanze, auf Pflanzenteile sowie die Samen von Brokkoli, die mit dem in dem Patent angegebenen Verfahren hergestellt wurden, angemeldet.[758] In Bezug auf diese „product-by-process"-Ansprüche stellt sich vor allem die Frage, inwieweit Patentschutz für ein Erzeugnis bestehen kann, das auf einem im Wesentlichen biologischen Verfahren beruht.[759] Würde man dies bejahen, bestünde die Gefahr, dass das Patentierungsverbot für im Wesentlichen biologische Züchtungsverfahren leicht umgangen werden könnte. Des Weiteren könnte die Wirkung derartiger Ansprüche unter der Prämisse, dass der Patentschutz sich auch auf stofflich identische Erzeugnisse aus einem anderen Verfahren erstreckt, sehr weit reichen.[760]

---

756 Pressemitteilung des Europäischen Patentamts zur Absage der mündlichen Verhandlung zum Brokkoli-Patent vom 25.10.2011, abrufbar unter: http://www.epo.org/news-issues/press/releases/archive/2011/20111025a_de.html (zuletzt abgerufen am 18.08.2012).

757 Vgl. Pressemitteilung der Organisation „no patents on seeds" zur anstehenden Entscheidung der Großen Beschwerdekammer zum Patent auf Tomaten (EP 1211926) vom 08.11.2011, abrufbar unter: http://www.no-patents-on-seeds.org/de/information/aktuelles/patent-tomaten-wird-zur-grundsatzentscheidung (zuletzt abgerufen am 18.08.2012).

758 Die Ansprüche 1-8 beschreiben das Verfahren und die Ansprüche 9-11 enthalten product-by-process-Ansprüche, die sich auf das beschriebene Verfahren beziehen.

759 *Wissenschaftlicher Beirat BMELV*, Product-By-Process, S. 5.

760 Vgl. *Wissenschaftlicher Beirat BMELV*, Product-By-Process, S. 6.

Zwar wird der „product-by-process"-Anspruch als legitim anerkannt, gleichwohl gilt er nur subsidiär und damit als Notlösung, falls das Erzeugnis nicht über seine strukturellen Merkmale oder durch sonstige nachprüfbare Parameter hinreichend gekennzeichnet werden kann.[761] Dadurch wird in gewissem Maße abgesichert, dass ein solcher Anspruch nicht gezielt zur Umgehung von Patentierungsverboten eingesetzt wird. Da es sich bei dem „product-by-process"-Anspruch um einen Erzeugnisanspruch handelt, müssen die allgemeinen Patentierungsvoraussetzungen (Neuheit, erfinderische Tätigkeit, gewerbliche Anwendbarkeit) erfüllt sein; auf die Patentierbarkeit des zur Charakterisierung eingesetzten Verfahrens kommt es dagegen nicht an.[762] Die Bezugnahme auf das Herstellungsverfahren dient nämlich nur der Kennzeichnung. Dementsprechend kann ein „product-by-process"-Anspruch auch für ein Erzeugnis erteilt werden, das auf einem im Wesentlichen biologischen Züchtungsverfahren beruht. Die von der Großen Beschwerdekammer getroffene Entscheidung, dass Marker gestützte Züchtungsverfahren als im Wesentlichen biologisch gelten und damit nicht patentierbar sind, verliert so an praktischer Bedeutung: Der Erzeugnisschutz, der aufgrund des Patentierungsverbots des Züchtungsverfahrens durch ein Verfahrenspatent nicht erreicht werden kann, kann durch einen solchen „product-by-process"-Anspruch erzielt werden.[763] Das Patentierungsverbot des Art. 53 lit. b) EPÜ würde dadurch erheblich an Wirkung verlieren.

Einem solchen „product-by-process"-Anspruch ist zudem entgegenzuhalten, dass es abgeleiteten Sachschutz nur dann gibt, wenn das patentierte Verfahren ein Herstellungsverfahren und nicht ein bloßes Arbeitsverfahren ist. Wenn für Arbeitsverfahren nicht einmal abgeleiteter Schutz bestehe, könne es erst recht keinen originären Schutz geben.[764] Entscheidend für den „product-by-process"-Anspruch ist also die Einordnung des Verfahrens als Arbeitsverfahren. Während Herstellungsverfahren etwas Neues erzeugen oder etwas Bestehendes wesentlich verändern, wirken Arbeitsverfahren nur auf ein Objekt ein, ohne es zu verän-

---

761 Vgl. BGH, GRUR 1993, S. 651 (655) – Tetraploide Kamille; *Meyer-Dulheuer*, GRUR Int. 1985, S. 435 (439).

762 Dies entspricht der höchstrichterlichen Rechtsprechung in Deutschland: BGH, GRUR 1993, S. 651 – Tetraploide Kamille, sowie der Entscheidungspraxis des EPA: ABl. EPA 1984, 309; ABl. EPA 1986, S. 261 (265).

763 *Wissenschaftlicher Beirat BMELV*, Product-by-Process, S. 9.

764 *Walter*, GRUR Prax. 2010, S. 329.

dern.[765] Bei Marker gestützten Züchtungsverfahren werden mittels DNA-Markern die Pflanzen selektiert („Screening“), die dann anschließend miteinander gekreuzt werden. Während das reine Selektieren der Pflanzen nicht als Herstellungsverfahren qualifiziert werden kann, da nichts erzeugt, sondern nur ausgewählt wird, ist fraglich, ob durch das Kreuzen der selektierten Pflanzen das Verfahren nicht insgesamt zu einem Herstellungsverfahren wird. In den Patentansprüchen heißt es regelmäßig „Verfahren zum Herstellen von…“, sodass die Schlussfolgerung, es könne sich um Herstellungsverfahren handeln, naheliegend ist.[766] Das Verfahren kann aber nur dann als Herstellungsverfahren angesehen werden, wenn eine funktionelle Wechselwirkung zwischen dem nichttechnischen Element der Kreuzung, das für sich betrachtet mangels Technizität und Wiederholbarkeit nicht den Patentierungserfordernissen genügt, und dem technischen Element des Screenings besteht.[767]

Darüber hinaus sind die Erzeugnisse, die auf ein im Wesentlichen biologisches Herstellungsverfahren zurückgehen, gegenüber den in der Natur vorkommenden oder durch sonstige biologische Selektion erreichbaren stofflichen Zusammensetzungen nicht neu.[768] Der Einsatz von DNA-Markern ermöglicht nur die verlässlichere Auswahl der Pflanzen mit den gewünschten Eigenschaften, sodass das Züchtungsergebnis – etwa die Anreicherung mit krebsmindernden Wirkstoffen im Brokkoli – schneller erreicht wird.[769] Das was in der Natur bereits angelegt ist, wird also in der Züchtung zum Typus.[770] Auch dieser Mangel an Erfindungshöhe spricht gegen die Patentierung einer aus einem im Wesentlichen biologischen Verfahren folgenden Pflanze.

2. Absoluter Stoffschutz bei biotechnologischen Erfindungen?

Wenn die Große Beschwerdekammer trotz dieser Erwägungen zu dem Schluss kommt, dass die Pflanze auf Basis eines „product-by-process“-Anspruchs patentiert werden kann, würde daraus das nächste Problem im Hinblick auf die Reichweite eines solchen Anspruchs folgen.[771] Sowohl im europäischen Raum

765 *Ebda.*
766 *Ebda.*
767 *Ebda.*
768 *Wissenschaftlicher Beirat BMELV*, Product-by-Process, S. 10.
769 *Ebda.*
770 *Ebda.*
771 *Wissenschaftlicher Beirat BMELV*, Product-by-Process, S. 10.

als auch in Deutschland werden „product-by-process"-Ansprüche Erzeugnisansprüchen gleichgestellt. Damit gilt umfassender Stoffschutz: Unabhängig von der Art der Herstellung erstreckt sich der Schutz auf alle identischen Erzeugnisse.[772] Die Angabe eines Verfahrens zur Herstellung von Pflanzen bewirkt damit einen umfassenden Anspruch auf die angegebenen Pflanzen, auch wenn diese mit einem anderen Verfahren hergestellt wurden.[773] Folge eines solch weitreichenden Schutzes sind somit enorme patentrechtliche Abhängigkeiten.

a) Risiken einer Überbelohnung bei Genpatenten

Es stellt sich daher die grundsätzliche Frage, ob auch bei „Genpatenten" an dem Konzept des absoluten Stoffschutzes festzuhalten ist. Fragwürdig ist dies insbesondere vor dem Hintergrund, dass Gene oftmals nicht ein einzelnes Protein codieren, sondern für die Ausprägung verschiedener Proteine mit unterschiedlichsten Funktionen verantwortlich sind.[774] Durch geschickte Formulierung der Patentansprüche könnte somit jedwedes von dem Gen codierte Protein vom Schutz des Patents erfasst werden.[775] Befürchtet wird daher, dass es zu einer „Überbelohnung" des Patentinhabers kommt, die in keinem angemessenen Verhältnis zu seiner erfinderischen Leistung steht.[776] Hinzu tritt, dass zu weite Patentansprüche sich negativ auf Investitionsbereitschaft und Innovationsbereitschaft auswirken können, da die Zahlung von Lizenzgebühren viele Unternehmen abschrecken könnte, eigene Forschung zu betreiben.[777] Gerade dies ist aber Legitimationsbasis des Patentrechts mit dem übergeordneten Ziel, den technischen Fortschritt der Allgemeinheit voranzutreiben.[778]

Ob der Gesetzgeber auch bei biotechnologischen Erfindungen am Konzept des absoluten Stoffschutzes festhalten wollte, ist auch nach der Umsetzung der Biopatentrichtlinie unklar. Auf einen funktionsgebundenen Stoffschutz deutet die Regelung des Art. 5 Abs. 3 BioPat-RL hin. Hiernach muss die gewerbliche Anwendbarkeit einer Sequenz oder Teilsequenz eines Gens in der Patentanmeldung

---

772 Vgl. *Mes*, § 14 Rdnr. 108.

773 *Wissenschaftlicher Beirat BMELV*, Product-by-Process, S. 11.

774 *Schrell*, GRUR 2001, S. 782 (784).

775 *Ebda.*

776 *van Raden/v. Renesse*, GRUR 2002, S. 393.

777 Vgl. *Kunczik*, GRUR 2003, S. 845 (849).

778 BGH, U. v. 11.07.1995, Az.: X ZR 99/92 – Klinische Versuche, abgedruckt in: NJW 1996, S. 782 (786) = GRUR 1996, S. 109 (114); *Kunczik*, GRUR 2003, S. 845 (846).

konkret beschrieben werden.[779] In den Erwägungsgründen der Biopatentrichtlinie heißt es dazu, ein DNA-Abschnitt ohne Angabe einer Funktion könne keine Lehre zum technischen Handeln und deshalb keine patentierbare Erfindung darstellen.[780] Ebenso wenig könne die Verwendung einer Gensequenz zur Herstellung eines Proteins geschützt werden, wenn die Funktion des Proteins nicht benannt werden kann.[781] Die Angabe der Funktion ist somit notwendige Voraussetzung für die Patentierbarkeit. Allerdings bezieht sich diese Vorschrift ausschließlich auf Gensequenzen des menschlichen Körpers. Es stellt sich daher die Frage, ob diese Vorschrift den allgemeinen Willen des Gesetzgebers erkennen lässt, den Stoffschutz biotechnologischer Erfindungen insgesamt einzuschränken oder nur im Hinblick auf die Besonderheiten menschlicher Materie.

b) Entscheidung des EuGH in der Rechtssache C-428/08

Erstmals hat sich nun auch der EuGH in einem von Monsanto angestrebten Verletzungsprozess mit der Frage beschäftigt, welche Schutzwirkungen ein pflanzliches Genpatent hat und ob es absoluten Stoffschutz genießt.[782] Ausgangspunkt des gegen die Importeure von Sojamehl geführten Patentstreits war eine durch ein europäisches Patent geschützte DNA-Sequenz, die im vermarkteten Sojamehl noch enthalten war.[783] Unstreitig erfüllte die DNA im Mehl als solches keine Funktion, sondern war bei der Saat und der Aufzucht des Sojamehls zum Einsatz gekommen.[784] Während sich Monsanto in seiner Argumentation allein auf die DNA als chemische Substanz stützte, die absoluten Stoffschutz genieße, forderte Generalanwalt Mengozzi einen funktionsgebundenen Stoffschutz.[785] Der europäische Gesetzgeber habe mit der Biopatentrichtlinie bewusst zwischen den ursprünglichen Stofferfindungen auf dem Gebiet der Chemie und solchen im Bereich der Biotechnologie unterscheiden wollen, indem eine Gensequenz

---

779 Siehe ABl. EG Nr. L 213, S. 13 (18).

780 ABl. EG Nr. L 213, S. 13 (14), Erwägungsgrund Nr. 23.

781 ABl. EG Nr. L 213, S. 13 (14), Erwägungsgrund Nr. 24.

782 EuGH, U. v. 06.07.2010, Az.: C-428/08, GRUR 2010, S. 989 ff. = EuZW 2010, S. 627 ff.

783 Vgl. *Krauß*, Mitt. 2011, S. 54.

784 *Hüttermann/Storz*, Mitt 2011, S. 1.

785 Schlussanträge des Generalanwalts Mengozzi vom 09.03.2010 in der Rs. C-428/08, , abrufbar unter: http://eur-lex.europa.eu/LexUriServ/LexUriServ.do?uri=CELEX:62008CC0428:DE:HTML; Kurzbesprechung der Schlussanträge siehe: *Seitz*, EuZW 2010, S. 366 (367).

nur geschützt werden könne, wenn sie die Funktion erfülle, für die das Patent erteilt wurde.[786] Denn anderenfalls würde die Anmeldung eines Patents für eine einzelne Funktion einer Gensequenz genügen, um Schutz für alle anderen möglichen Funktionen dieser Sequenz zu erlangen, was im Widerspruch zu den Grundprinzipien des Patentrechts stehe und praktisch zu einer Patentierbarkeit einer bloßen Entdeckung führe.[787] Auch Art. 9 BioPat-RL, der hinsichtlich des Umfangs festlege, dass der Stoffanspruch sich auf jedes Material erstreckt, in das die DNA-Sequenz Eingang findet und ihre Funktion erfüllt, deute darauf hin, dass der Stoffschutz für biotechnologische Stoffe keine absolute Wirkung entfalten solle.[788] Denn würde die Sequenz als solche Schutz genießen, auch wenn sie ihre Funktion nicht erfüllt, so wäre schwer zu erkennen, weshalb Art. 9 BioPat-RL den erweiterten Schutz davon abhängig machen sollte, dass die Sequenz ihre Funktion erfüllt.[789] Unabhängig von dieser Voraussetzung wäre nämlich der Schutz ohnehin allein durch das Vorhandensein der Sequenz gewährleistet.[790] Diesen Erwägungen hat sich der EuGH im Ergebnis angeschlossen und den absoluten Stoffschutz für DNA-Sequenzen ausgeschlossen.[791] Darüber hinaus hat er mit Blick auf die Vorgaben der Biopatentrichtlinie den einzelnen Mitgliedstaaten verboten, in ihren nationalen Rechten absoluten Stoffschutz unabhängig von der Funktion vorzusehen.[792] Diese Entscheidung des EuGH ist in der Literatur auf Kritik gestoßen.[793] So habe der EuGH nicht hinreichend die Doppelnatur der DNA als Stoff und Informationsträger berücksichtigt.[794] Vielmehr seien ausschließlich Bedenken im Hinblick auf eine mögliche Überbelohnung des Patentinhabers genannt worden, die schon bei Einführung des absoluten Stoffschutzes für chemische Verbindungen Ende der sechziger Jahre als Gegenargumente genannt worden seien.[795] Im Gegensatz zu chemischen Verbin-

786 Vgl. *van Raden/von Renesse*, GRUR 2002, S. 393 (395).

787 Schlussanträge des Generalanwalts Mengozzi vom 09.03.2010, Rdnr. 31; *Seitz*, EuZW 2010, S. 366 (367).

788 Ebda.

789 Schlussanträge des Generalanwalts Mengozzi vom 09.03.2010, Rdnr. 31; *Seitz*, EuZW 2010, S. 366 (367).

790 Ebda.

791 EuGH, GRUR 2010, S. 989 (990), Rdnr. 45.

792 EuGH, GRUR 2010, S. 989 (990), Rdnr. 62.

793 *Hüttermann/Storz*, Mitt. 2011, S. 1; *Krauß*, Mitt 2011, S. 54.

794 *Hüttermann/Storz*, Mitt 2011, S. 1 (2).

795 *Hüttermann/Storz*, Mitt 2011, S. 1 (2).

dungen, bei denen das Argument der Überbelohnung eher theoretischer Natur ist, weil die chemische Substanz, um deren Schutz sich ein Anmelder bemüht und bezüglich derer er finanzielle Ausgaben eingeht, stets zu etwas ganz Bestimmtem eingesetzt werden soll und damit zweckgebunden ist, kann es beim Schutz von DNA-Sequenzen durchaus zu einer massiven Überbelohnung kommen. So werden zahlreiche Patente auf DNA-Sequenzen angemeldet, ohne über ausreichende Daten hinsichtlich der Funktionsweise der DNA-Sequenzen zu verfügen.[796] Insofern ist es begrüßenswert, dass es einen absoluten Schutz der patentierten DNA-Sequenz nicht mehr geben soll. Konsequenz dessen ist, dass über das Kriterium der gewerblichen Anwendbarkeit generell die „erfinderisch genutzte Information" der DNA-Sequenz in den Anspruch aufgenommen werden muss.[797] Insofern weitet der EuGH die Vorgaben der Biopatentrichtlinie für menschliche Gensequenzen auf alle DNA-Sequenzen aus. Für „product-by-process"-Ansprüche würde dies – wie für andere Erzeugnisansprüche auch – zu einer erheblichen Begrenzung ihrer Reichweite führen.

c) Vergleich zur Rechtslage in den USA

Hinsichtlich des Schutzumfangs von „product-by-process"-Ansprüchen kann zudem auf die derzeitige Entwicklung in den USA Bezug genommen werden, wo sich nach einigen widersprüchlichen Entscheidungen eine gemeinsame Linie bezüglich der Frage, ob die Verletzung des Stoffschutzes von der Verwirklichung der anspruchsgemäßen Verfahrensmerkmale abhängt, abzeichnet.[798]

Während in Europa der Schutzbereich sehr weit ist und der Anspruch unabhängig von der Art der Herstellung alle identischen Erzeugnisse miteinbezieht, ist in den USA nunmehr eine Entscheidung ergangen, die einer restriktiveren Sichtweise folgt.[799] Danach dienen die Verfahrensmerkmale in „product-by-process"-Ansprüchen der Begrenzung des Patentschutzes. Wird ein Erzeugnis auf eine andere Weise als die bezeichnete hergestellt, wird das Patent nicht verletzt.[800] Der Umfang eines product-by-process-Anspruchs wäre stets auf diejenigen Pflanzen begrenzt, die mit dem im Patent angegebenen Verfahren erzeugt wer-

796 *Hüttermann/Storz*, Mitt. 2011, S. 1 (3).
797 *Krauß*, Mitt. 2011, S. 54 (58).
798 *Fabry*, GRUR Int. 2009, S. 803 (805).
799 Abbot Labs v.Sandoz Inc., 486 F. Supp. 2d 767 (N.D. III 2007).
800 *Fabry*, GRUR Int. 2009, S. 803 (807).

den.[801] Ob künftig auch in Deutschland und beim Europäischen Patentamt einer restriktiveren Auslegung des Schutzbereichs von „product-by-process"-Ansprüchen gefolgt wird, bleibt abzuwarten. Wegweisend wird hier die Entscheidung der Großen Beschwerdekammer im Brokkoli- und Tomaten-Fall sein, sodass diese mit Spannung erwartet werden darf.

V. Zusammenfassung

Für Züchter und Landwirte führt die derzeitige Situation nach wie vor zu Rechtsunsicherheit, weil der Patentierung im Bereich klassischer Pflanzenzüchtung bislang noch keine klaren Grenzen gesetzt wurden. Bis die Entscheidung der Großen Beschwerdekammer ergeht, ist weiterhin mit Patentanmeldungen auf pflanzlichen Gensequenzen mit sehr breit formulierten Ansprüchen zu rechnen. An diesem Umstand ändert zunächst einmal auch die Entschließung des Europäischen Parlaments zum Thema „Patentierung von Züchtungsverfahren" vom 10.05.2012 nichts, in der im Interesse kleiner und mittlerer Unternehmen in der Pflanzenzucht eine Aufrechterhaltung von „product-by-process"-Ansprüchen, über die die Große Beschwerdekammer zu befinden hat, abgelehnt wird.[802] Gleichwohl spiegelt sich der derzeitige Meinungstrend in Europa wider, wonach die Patentierung von Züchtungsverfahren nicht nur in der Öffentlichkeit zunehmend kritisch gesehen wird. Dies drückt sich auch darin aus, dass das Europäische Parlament in Erwägung zieht, die Biopatentrichtlinie zu ändern, falls die Große Beschwerdekammer das Tomaten-Patent und das Brokkoli-Patent in beschränktem Umfang aufrechterhalten sollte.[803]

A. Praktische Auswirkungen des Patentschutzes auf Pflanzen und Pflanzenzüchtungen

Neben Fragen zum rechtssystematischen Verhältnis von Sortenschutzrecht und Patentrecht ergeben sich aus der Möglichkeit, einzelne Bestandteile von Pflanzen patentieren lassen zu können, auch Konsequenzen für das Verhältnis zwischen den dem Sortenschutz unterfallenden Züchter und den Patentinhabern. Dabei birgt die Patentierung von pflanzlichen Bestandteilen nicht nur die Gefahr einer wirtschaftlichen Benachteiligung kleiner und mittlerer Züchtungsunter-

801 *Wissenschaftlicher Beirat BMELV*, Product-by-Process, S. 13.

802 Vgl. *Natz/Heck*, LMuR 2012, S. 93 (94).

803 *Ebda.*

nehmen, deren Geschäftsmodell voll und ganz auf Sortenschutzrechten gründet. Auch ethische, umwelt- und entwicklungspolitische Gesichtspunkte werden angeführt, um die Patentierbarkeit pflanzlicher Bestandteile in Frage zu stellen. Zwar sind die Wechselwirkungen hier häufig besonders komplex und Bewertungen normativ aufgeladen, sodass es schwer fällt in diesen Bereichen wertneutrale Aussagen zu treffen. Gleichwohl kommen Zweifel daran auf, ob eine zunehmende Vergabe von Patenten im Bereich der Pflanzenzüchtung mit Blick auf Gemeinwohlinteressen tatsächlich begrüßenswert ist. Im Folgenden gilt es daher darzustellen, welche Auswirkungen die Patentierbarkeit pflanzlicher Bestandteile auf diese Bereiche hat.

I. Wirtschaftliche Dimension

Welchen Effekt die Patentierbarkeit von Pflanzen und Pflanzenzüchtungen in wirtschaftlicher Dimension hat, lässt sich an dem Investitionsverhalten des einzelnen Unternehmens in Bezug auf biotechnologische Forschung festmachen. Auffallend ist, dass viele multinational agierende Unternehmen der Pharma- und Chemiebranche in Pflanzenbiotechnologie investieren und Patentschutz für ihre entwickelten Produkte beantragen.[804] Neben der Entwicklung von gentechnisch verändertem Saatgut, dessen Anbau hierzulande immer noch kritisch gesehen wird, liegt ein Schwerpunkt der biotechnologischen Forschung auf der pflanzlichen Genomforschung. Mittels dieser können vorteilhafte Eigenschaften von Pflanzen bereits auf genetischer Ebene ermittelt werden, sodass der Züchter sich bei der Auswahl der für die weitere Züchtung geeigneten Pflanzen nicht mehr nur allein auf die Beobachtung und Analyse phänotypischer Merkmale sowie auf seinen Erfahrungsschatz beschränken muss.[805] Die dadurch erzielte Effizienzsteigerung für den Züchtungsprozess ist offensichtlich: Pflanzen mit gewünschten Merkmalen können bereits in einem sehr frühen Stadium aussortiert werden, was zur Folge hat, dass die Entwicklungszeiten neuer Pflanzensorten erheblich verkürzt werden, da lange Anbauprüfungen obsolet werden.[806] Da dies viel Zeit und Geld spart, kann kaum ein Pflanzenzüchter darauf verzichten. Dennoch ist die Investitionsbereitschaft in biotechnologische Forschung durch kleine und mittelständische Züchtungsunternehmen global nicht sonderlich ge-

---

804 Vgl. *Howard*, Sustainability, Vol. 1 (2009), S. 1266, (1273 f).

805 *BMBF*, S. 8.

806 *Ebda.*

stiegen. Der Grund hierfür liegt darin, dass der Forschungsaufwand im Bereich der biotechnologischen Forschung immens ist und kleinere sowie mittlere Saatgutunternehmen nicht über ausreichende finanzielle Mittel verfügen, um überhaupt Forschung betreiben zu können. Zwar gibt es in Deutschland im Gegensatz zur weltweiten Entwicklung noch eine verhältnismäßig stark aufgestellte Gruppe kleiner und mittlerer Unternehmen, die in der Pflanzenzüchtung aktiv sind.[807] Allerdings betreiben auch davon nur wenige eigene, biotechnologische Forschung.[808] Gleichwohl sind auch diese Unternehmen auf die neuesten Erkenntnisse im Bereich der Pflanzenzucht angewiesen, um konkurrenzfähige Produkte auf den Saatgutmarkt bringen zu können. Den Unternehmen verbleiben nur zwei Möglichkeiten: Entweder sie gehen Kooperationen mit größeren, finanzstarken Unternehmen oder öffentlichen Einrichtungen ein. Oder sie lassen sich gegen Gebühr Lizenzen für die neuesten Forschungsergebnisse im Bereich der Pflanzenzucht einräumen. Beide Alternativen führen zu wirtschaftlichen Abhängigkeiten.

1. Patente als Wirtschaftsfaktor

Allgemein gelten Patente als wichtiges Mittel der indirekten staatlichen Innovationsförderung.[809] Das in Aussicht stellen eines Patents soll Anreiz schaffen, in die Entwicklung neuer Erfindungen zu investieren, womit zugleich dem Interesse der Allgemeinheit, technischen Fortschritt voranzutreiben, Rechnung getragen wird.[810] Denn für die Investitionsentscheidung eines Unternehmens ist die Frage nach der Amortisation der Kosten von zentraler Bedeutung. Mit einem Patent ist der Erfinder über einen gewissen Zeitraum vor unberechtigten Nachahmungen und damit auch vor Wettbewerb geschützt. Wird die Kostenamortisation mittels Einräumung eines Ausschließlichkeitsrechts sichergestellt, das zur alleinigen wirtschaftlichen Ausnutzung der Erfindung berechtigt, wird dadurch der Anreiz erhöht, überhaupt Zeit und Geld in zukunftsorientierte Projekte zu investieren, deren Erfolgsaussichten oftmals unsicher sind.[811] Zusätzliche Einnahmen können zudem über die Erteilung von Lizenzen an andere Unternehmen

---

807 *BMBF*, S. 31.

808 Vgl. *Ernst & Young*, S. 50; *BMBF*, S. 31, die den Anteil pflanzenbiotechnologischer Aktivitäten in der gesamten Biotech-Branche nur mit 6 Prozent beziffern.

809 *Herrlinger*, S. 85.

810 *Machlup*, GRUR Ausl. 1961, S. 373 (377); *Säger*, GRUR 1991, S. 267 (269).

811 Benkard-*Rogge*, Einleitung PatG Rdnr. 1.

erzielt werden.[812] Patente sind somit ein entscheidender Faktor für das Kosten-Nutzen-Kalkül eines Unternehmens und beeinflussen damit letztlich die Entscheidung, ob ein Forschungsvorhaben für das betroffene Unternehmen wirtschaftlich zweckmäßig und langfristig finanzierbar ist.[813]

Für die Wichtigkeit von Patentschutz auf pflanzliche Gensequenzen, deren Funktionen im Zuge biotechnologischer Forschung aufgeschlüsselt werden, spricht zudem, dass jene Unternehmen völlig schutzlos gestellt wären, die nicht zugleich auch in der Saatgutbranche tätig sind und daher mit ihren Erkenntnissen keine nach dem Sortenschutzrecht schützbare neue Pflanzensorte entwickeln. Sie hätten keine Möglichkeit, ihren Erkenntnisfortschritt im Bereich der pflanzlichen Genomforschung zu vermarkten und die getätigten Forschungs- und Entwicklungsausgaben wieder einzuspielen. Auch für Unternehmen, die in beiden Sparten tätig sind, hätte ein fehlender Patentschutz zur Folge, dass sie zunächst in finanzielle „Vorleistung“ treten müssten und es erst bei erfolgreicher Vermarktung des kommerziellen Endprodukts – der Sorte – zu einer Kostenamortisation kommen würde. Ein solches Vorgehen könnten sich allenfalls kapitalmarktstarke Unternehmen leisten; kleinere und mittelständische Unternehmen würden ein solches Risiko dagegen nicht eingehen.

Inwieweit aber die Einführung des Patentschutzes für pflanzliche Bestandteile tatsächlich das Investitionsverhalten der Unternehmen positiv beeinflusst hat, ist zweifelhaft. Dies gilt vor allem weil, die Genomanalyse als Teil der Grundlagenforschung in einer solch frühen Phase stattfindet, dass für das Unternehmen noch gar nicht absehbar ist, ob patentfähige Ergebnisse erzielt werden können.[814] Wegen der Ungewissheit, ob rechtlicher Schutz die hohen Investitionsausgaben absichert, ist eine solche Forschung für jedes Unternehmen höchst risikoreich.[815] Wenn aber die Aussicht auf Patentschutz derart ungewiss ist, drängt sich die Frage auf, ob im Bereich der Pflanzenbiotechnologie der Patentschutz überhaupt das maßgebliche Kriterium für die Investitionsbereitschaft der Unternehmen ist. Für größere Chemiekonzerne wird ein Motiv für die Etablierung der biotechnologischen Forschung als zusätzlichen Industriezweig die Vergrößerung ihrer wirtschaftlichen Stärke gewesen sein. Nutzpflanzen sind der Schlüssel zu

812 Depenheuer/Peifer-*Preßler*, S. 42.
813 *Steenwarber*, S. 163.
814 *Steenwarber*, S. 164.
815 *Steenwarber*, S. 165.

einem der wichtigsten Industriezweige der Welt, der Nahrungsmittelbranche.[816] Hieran in größtmöglichem Umfang zu partizipieren, verspricht daher erheblichen Profit. Welches Potential allein der Saatgutmarkt in sich birgt, lässt sich anhand der hohen Wachstumszahlen ablesen.[817] Zudem wird ein Marktvolumen von bis zu 500 Milliarden US-Dollar durch innovative Produkte der Pflanzenbiotechnologie prognostiziert.[818] Dass die Unternehmen dieses Potential erkannt haben, wird dadurch deutlich, dass sie Produkte für die gesamte Wertschöpfungskette vom Pflanzenanbau bis zum Vertrieb des Endprodukts anbieten. Sie machen Landwirte zu Kunden abgestimmter Paketlösungen aus Saatgut, Dünger und Pestiziden und binden sie dadurch an ihr Unternehmen.[819]

2. Probleme für den einzelnen Züchter

Die kleineren und mittelständischen Züchtungsunternehmen sind, wie oben dargestellt, häufig nicht in der Lage, eigene pflanzenbiotechnologische Forschung zu betreiben und Patentschutz für entsprechende Forschungsergebnisse anzumelden. Daher ist eine Vielzahl der auf konventionelle Züchtung erteilten Patente in der Hand von einigen wenigen Großkonzernen. Nachfolgend sollen vor diesem Hintergrund die Herausforderungen, die sich für die Züchter aus der Patentierbarkeit ergeben können, skizziert werden.

a) Abhängigkeit gegenüber den Patentinhabern

Pflanzenzüchter haben ein Interesse am ungehinderten freien Zugang zu pflanzenzüchterischem Material, um neue Sorten züchten zu können, die optimal an die Bedürfnisse der Saatgutkäufer angepasst sind. Durch eine extensive Erteilung von Patenten auf Pflanzen bzw. Pflanzenzüchtungen werden die Züchter in ihrer Tätigkeit beschränkt. Denn der Züchter muss jedes Mal, wenn eine Pflanze patentiertes Material enthält, selbst patentiert ist oder unmittelbares Produkt ei-

816 *Steenwarber*, S. 167.

817 Einer Studie der Firma Context Network aus 2010 zufolge, ist das Gesamtvolumen des weltweiten Saatgutmarktes von 2001 um 18 Milliarden USD auf 32 Milliarden USD in 2010 angewachsen, Context Releases 2010 Reports, S. 2, abrufbar unter www.context-net.com/seed.cfm.

818 Siehe Interview mit Dr. Hans Kast, Geschäftsführer der BASF Plant Science in: *Ernst &Young*, S. 52.

819 *Bauer*, S. 81; Derartige Paketlösungen werden beispielsweise von der Firma Monsanto durch den Verkauf von RoundupReady-Pflanzen angeboten, die gentechnisch verändert wurden, um sie resistent gegen das firmeneigene Herbizid Roundup zu machen.

nes patentierten Verfahrens ist, die Zustimmung des Patentinhabers einholen.[820] Anders als es § 10 Abs. 1 Nr. 3 SortSchG für das Sortenschutzrecht vorsieht, können Pflanzenzüchter daher nicht mehr ohne weiteres geschützte Sorten als Grundlage für ihre Neuzüchtung verwenden, ohne Lizenzgebühren zu zahlen und eine Erlaubnis des Patentinhabers einzuholen.[821] Zwar entsteht diese Abhängigkeit nicht gegenüber den ursprünglichen Sortenschutzrechtsinhabern, sondern gegenüber den Patentinhabern. Im Ergebnis ändert sich aber nichts: Der freie Zugang zu pflanzlichem Zuchtmaterial wird limitiert. Dadurch wird der im Sortenschutz normierte Züchtervorbehalt in gewisser Weise untergraben.

Völlig auf Zuchtmaterial zu verzichten, in welchem sich patentierte Gene befinden, stellt keine wirkliche Alternative dar. Zum einen ist es für kleinere Züchtungsunternehmen schwer abzuschätzen, ob in ihrem Zuchtmaterial patentierte Gene vorhanden sind, da sie oftmals nicht die entsprechende Sachkenntnis oder eine geeignete Laborausstattung besitzen.[822] Zum anderen ist es schwer, auf die Nutzung der patentierten Gene zu verzichten, da diese in ihrer Anzahl begrenzt sind und jedes einzelne Gen in Bezug auf seinen Informationswert einzigartig ist.[823] Werden in Zukunft weiterhin in großem Umfang Patente auf Pflanzen und Pflanzenzüchtungen erteilt, ist es nur eine Frage der Zeit bis ein großer Anteil des Zuchtmaterials, welches sich für die Entwicklung neuer Sorten eignet, patentierte Gensequenzen enthält.

Bedingt durch diese Entwicklung wird das Konfliktpotential bei der Lizenzerteilung tendenziell weiter steigen. Züchter sind auf entsprechende Lizenzen der Patentinhaber angewiesen, wenn sie patentierte Eigenschaften in ihrer Züchtung verwenden wollen beziehungsweise müssen, um konkurrenzfähige Hochleistungssorten züchten zu können. Befürchtet wird daher, dass größere Konzerne diese Abhängigkeit zu ihren Gunsten ausnutzen und den Preis für eine Lizenz nach freiem Ermessen festlegen werden, sodass die finanzielle Belastung der Landwirte und Züchter erheblich wachsen wird.[824]

---

820 *Meyer/Revermann/Sauer*, S. 74.

821 *Ebda.*

822 *Ebda.*

823 *Matthijs*, British Medical Journal, Vol. 329 (2004), S. 1358 (1359).

824 Vgl. *Graefe zu Baringdorf*, Stellungnahme des Ausschusses für Landwirtschaft und ländliche Entwicklung zum Vorschlag für eine Richtlinie des Europäischen Parlaments und des Rates über den rechtlichen Schutz biotechnologischer Erfindungen, Rdnr. 2.3.,

b) *Patentblockaden*

Neben der finanziellen Mehrbelastung aus Lizenzgebühren könnte es aber auch dazu kommen, dass den Züchtern überhaupt keine Lizenzen eingeräumt werden, die ihnen die Züchtung neuer Sorten mit dem patentierten Ausgangsmaterial erlauben. Wegen der begrenzten Anzahl von Genen, die sich als Funktionsträger für pflanzliches Zuchtmaterial eignen, wird den Patentinhabern quasi eine Monopolstellung eingeräumt.[825] Zudem kommt erschwerend hinzu, dass ein einzelnes Gen mehrere Funktionen haben kann, die zum Zeitpunkt der Patentanmeldung noch nicht bekannt sind.[826] Hier besteht die Gefahr, dass die Patentansprüche so breit formuliert werden, dass spätere Funktionen, die erst noch entdeckt werden, ebenfalls vom Patent mitumfasst werden.[827]

Es sind verschiedene Fallgestaltungen denkbar, bei denen es zu Patentblockaden kommen kann. Ausgangspunkt der Betrachtung ist die Unterscheidung zwischen vorgelagerten und nachgelagerten Märkten.[828] Auf der Ebene der Pflanzenzüchtungen ist der vorgelagerte Markt der Markt, auf dem die einzelnen Gensequenzen von Pflanzen erforscht und ihnen bestimmte Eigenschaften zugeordnet werden, die für die spätere Züchtung von Bedeutung sind. Der nachgelagerte Markt beschreibt dagegen den Markt für Pflanzenzüchter, die ihre neu gezüchteten Pflanzensorten vertreiben wollen.

Typischerweise kann eine Patentblockade im Bereich der Pflanzenzüchtung dadurch entstehen, dass ein Pflanzenzüchter auf dem nachgelagerten Markt für seine erfolgreiche pflanzenzüchterische Tätigkeit auf das patentierte Zuchtmaterial des Patentinhabers auf dem vorgelagerten Markt angewiesen ist. Ohne Zugang zu dem patentgeschützten Zuchtmaterial würde der Züchter keine Chance haben, auf dem Saatgutmarkt erfolgreich eine neue Sorte zu vermarkten. Denn in der Regel sind in dem patentierten Zuchtmaterial gerade die Eigenschaften vereinigt, die für die Züchtungserfolge in der Pflanzenzüchtung maßgeblich

---

abrufbar unter: http://www.europarl.europa.eu/sides/getDoc.do?pubRef=-//EP// TEXT +REPORT+A4-1997-0222+0+DOC+XML+V0//DE#_part7_def1 (zuletzt abgerufen am 18.08.2012).

825 Vgl. *Basheer*, University of Illinois Journal of Law, Technology and Policy, Vol. 1 (2005), S. 55 (59).

826 *Ebda.*

827 *Ebda.*

828 Ähnlich zur Biotechnologie im Allgemeinen *See*, The Journal of World Intellectual Property, Vol. 11 (2008), S. 139 (148).

sind. Der Absatz von Sorten, die die neuen biotechnologischen Errungenschaften im Hinblick auf angestrebte Zuchtziele nicht berücksichtigen, wird wesentlich geringer ausfallen, was wiederum zum Verlust der Konkurrenzfähigkeit gegenüber anderen Pflanzenzüchtern auf dem nachgelagerten Markt führt. Langfristig betrachtet wird der Pflanzenzüchter, wenn er keine Lizenz für das patentierte Ausgangsmaterial erhält, in jedem Fall vom nachgelagerten Markt verdrängt. Das Patent des Patentinhabers auf dem vorgelagerten Markt ist somit essentiell für den Pflanzenzüchter. Der Patentinhaber, der sich ohne jeglichen Grund weigert, eine Lizenz an den Pflanzenzüchter zu erteilen, entscheidet damit letztlich über den wirtschaftlichen Erfolg des Pflanzenzüchters. Hierdurch äußert sich – das bereits zuvor beschriebene – Abhängigkeitsverhältnis in seiner gravierendsten Form.

Die Gefahr einer Patentblockade wächst, wenn der Patentinhaber nicht nur in der biotechnologischen Forschung von pflanzlichen Genen tätig ist, sondern gleichzeitig selbst auch noch eigene Züchtung betreibt und neue Sorten auf dem nachgelagerten Markt vertreiben will.[829] Dies gilt vor allem vor dem Hintergrund, dass wirtschaftlich betrachtet die Verwendung der Gensequenzen zur Züchtung und der anschließende Vertrieb der neuen Hochleistungssorten in der Regel lukrativer ist als die bloße Identifikation neuer Gene in Pflanzen.[830] In diesem Fall hat der Patentinhaber noch weniger Anreiz, dem Pflanzenzüchter auf dem nachgelagerten Markt eine Lizenz für seine patentierte Gensequenz einzuräumen, da er in direkter Konkurrenz zu diesem steht. Wie praxisnah dieses Fallgestaltung ist, zeigt die momentane Entwicklung auf dem Saatgutmarkt: Hier haben zahlreiche große Konzerne, wie beispielsweise Monsanto oder Dupont kleinere Saatgutunternehmen aufgekauft und sie in ihre Konzerne eingegliedert.[831] Damit decken sie den kompletten Bereich der Pflanzenzüchtung –

829 *See*, The Journal of World Intellectual Property, Vol. 11 (2008), S. 139 (150).

830 Depenheuer/Peifer-*Haedicke*, S. 114.

831 So wurde das Unternehmen Pionier, welches bereits in den 1990ern eines der größten Agrarunternehmen für Saatgut war, im Jahr 1999 von dem Chemiekonzern DuPont übernommen. Auch der Chemiekonzern Monsanto kaufte mit dem Einstieg in die Agrarbranche in den 1990ern eine Vielzahl von Saatgutunternehmen auf, u.a. in 1997 Asgrow, in 1998 die Saatgutbereiche von DeKalb und Cargill, in 2005 Seminis und in 2006 das Unternehmen Delta & Pine Land, das einen erheblichen Anteil auf dem Saatgutmarkt für Baumwolle besaß. Der erste Übernahmeversuch in 1999, mit dem Monsanto einen Marktanteil von 70 Prozent auf dem Saatgutmarkt für Baumwolle an-

von der biotechnologischen Erforschung der pflanzlichen Gene bis hin zur Vermarktung des Saatguts – ab und stehen somit in Konkurrenz zu unabhängigen Saatgutunternehmen, die nur auf dem nachgelagerten Markt tätig sind.

Folge dieser Szenarien ist, dass einzelne Züchter in ihrer Tätigkeit blockiert zu werden drohen, was letztlich negative Auswirkungen auf den Innovationsprozess in der Pflanzenzüchtung hat. Infolgedessen werden kleinere, regional tätige Firmen vom Markt gedrängt, worunter die Züchtung lokaler Sorten leidet und mithin die biologische Diversität.[832] Im Übrigen kann nach dem Auslaufen des Patents, ein Folgepatent angemeldet werden, welches auf dem ersten aufbaut, wodurch die Gefahr wächst, dass ein Monopol auf Dauer gewährt wird.[833]

c) Die Tragik der Anti-Allmende

Die extensive Erteilung von Patenten in der Pflanzenzucht kann zu einem weiteren Problem für die Züchter führen: die sogenannte Tragik der Anti-Allmende (tragedy of the anticommons). Dieser Begriff lehnt sich an die von Hardin entwickelte Theorie der Tragik der Allmende (tragedy of the commons) an, wonach eine Ressource übernutzt wird, wenn sie nicht durch Ausschließlichkeitsrechte abgesichert wird.[834] Im Gegensatz dazu beschreibt die Tragik der Anti-Allmende den umgekehrten, spiegelbildlichen Effekt: Eine Ressource wird unternutzt, wenn verschiedenste Personen Eigentumsrechte an dieser einen Ressource haben.[835] Insbesondere bei der Patentierung von Erfindungen aus einem frühen Forschungsstadium, wo oftmals mehrere blockierende Patente an einer einzigen Ressource vorliegen, tritt dieses Problem auf.[836] Denn um die Ressource nutzen zu können, muss zunächst die Zustimmung aller Patentinhaber eingeholt werden. Häufig treiben die zahlreichen Lizenzverhandlungen, die mit den unterschiedlichen Patentinhabern geführt werden müssen, die Transaktionskosten derart in die Höhe, dass sich die Weiterentwicklung der Technologie nicht mehr

---

strebte, scheiterte. Zu den Zusammenschlüssen in der Saatgutindustrie siehe: *Howard*, Sustainability, Vol. 1 (2009), S. 1266 ff.

832 Ausführlich zu den negativen Auswirkungen auf die biologische Diversität in 4. Teil B. III. 1.

833 *Feindt*, Vortrag auf dem Kolloquium des BMELV, S. 8.

834 *Hardin*, Science, Vol. 162 (1968), S. 1243.

835 Siehe *Heller/Eisenberg*, Science, Vol. 280 (1998), S. 698, die erstmals den Begriff der Tragik der Anti-Allmende im Zusammenhang mit medizinischen Erfindungen benutzen.

836 Depenheuer/Pfeifer-*Haedicke*, S. 117.

lohnt. Niemand verfügt über ein effektives Privileg, die Ressource insgesamt zu nutzen, da jedem hinsichtlich seines geschützten Gegenstandes an der Ressource ein Ausschließlichkeitsrecht zusteht.[837]

Auf den Bereich der Pflanzenzüchtung übertragen, bedeutet dies folgendes: Werden übermäßig Patente auf pflanzliche Gene oder Gensequenzen erteilt, so hat dies zur Folge, dass eine einzige Pflanze zahlreiche Patente verschiedenster Patentinhaber beinhaltet. Für die Weitervermehrung dieses Pflanzenmaterials muss der Pflanzenzüchter die Zustimmung jedes einzelnen Patentinhabers einholen, die in der Regel immer nur gegen Zahlung einer entsprechenden Lizenzgebühr ergehen wird. Bleibt der Absatz der gezüchteten Sorte hinter den Erwartungen zurück, rechnet sich die Zahlung der Lizenzgebühren für den Züchter nicht. Diese Befürchtung wird viele Saatgutunternehmen davon abhalten, risikoreiche Investitionen zu tätigen. Pflanzensorten, die angesichts ihrer Innovationen, z.B. im Hinblick auf Krankheitsresistenzen und Ertragssteigerung, eigentlich sehr gefragt sein müssten, werden nicht gezüchtet, weil die Kosten der dafür notwendigen Genpatente zu hoch sind.

Neben den hohen Transaktionskosten für die Bündelung der einzelnen Rechte an dem für die Züchtung interessanten Ausgangsmaterial verfolgen die Patentinhaber oftmals unterschiedlichste Interessen.[838] So handelt es sich bei den Patentinhabern nicht zwangsläufig um größere Konzerne. Auch Forschungseinrichtungen an Universitäten oder private gemeinnützige Gesellschaften sind bei der Patentierung von Pflanzen und pflanzenzüchterischem Material involviert.[839] Kooperieren die Unternehmen nicht miteinander, kann die Weiterentwicklung des pflanzenzüchterischen Ausgangsmaterials zum Erliegen kommen. Im Gegensatz zu Patentblockaden beschreibt die Tragik der Anti-Allmende damit einen Effekt, bei dem zahlreiche Patente verschiedener Patentinhaber für die Weiterzüchtung berücksichtigt werden müssen und aufgrund dieser Verflechtungen Patentdickichte entstehen.[840] Insofern führt die Ausbreitung von Patenten auf dem vorge-

837 *Feindt*, S. 27.

838 *Heller/Eisenberg*, Science, Vol. 280 (1998), S. 698 (700).

839 *See*, The Journal of World Intellectual Property, Vol. 11 (2008), S. 139 (144).

840 Depenheuer/Peifer-*Haedicke*, S. 114.

lagerten Markt dazu, Innovationen auf dem nachgelagerten Markt einzuschränken.[841]

Ein solches Patentdickicht tritt beispielsweise bei dem mit Beta-Karotin angereicherten Reis „Golden Rice" auf, mit dessen Hilfe das Problem der Vitamin-A-Unterversorgung in Entwicklungsländern überwunden werden soll. Es liegen 70 Patente von 32 verschiedenen Patentinhabern vor.[842] Da Kleinbauern in Entwicklungsländern im Rahmen eines humanitären Projekts das Saatgut kostenlos zur Verfügung gestellt werden sollte, mussten alle Patentinhaber im Vorfeld einer freien Nutzung zustimmen. Die Einholung sämtlicher Lizenzen war wohl nur möglich, weil die Patentinhaber in gewissem Maße dem öffentlichen Druck ausgesetzt waren.[843] Einem einzelnen Züchter wäre es bei dieser Größenordnung nur schwer möglich gewesen, sämtliche Lizenzvereinbarungen abzuschließen, die ihn zur weiteren Nutzung berechtigt hätten.

d) Reach-Through-Problematik

Der Effekt der Anti-Allmende, wonach die Ausbreitung von Patenten auf der vorgelagerten Marktstufe Innovationen auf dem nachgelagerten Markt behindert, könnte auch durch den Gebrauch von sogenannten Reach-Through-Lizenzen gefördert werden.[844] Durch solche Reach-Through-Lizenzen sichert sich der Patentinhaber einer Erfindung auf dem vorgelagerten Markt Rechte an den Weiterentwicklungen auf dem nachgelagerten Markt: Dies kann entweder in Form einer Gewinnbeteiligung an den Produkten, die mithilfe der patentierten Erfindungen entwickelt werden, oder durch die Einräumung von ausschließlichen oder nicht ausschließlichen Lizenzen an den zukünftigen Weiterentwicklungen erfolgen.[845]

Derartige Lizenzvereinbarungen bringen Vorteile für beide Parteien mit sich: Der Züchter, der nicht über die finanziellen Mittel verfügt, um selbst pflanzliche Gensequenzen zu erforschen, kann gezielt mit den patentierten Gensequenzen weiterzüchten, die gewünschte Eigenschaften im Hinblick auf die Zuchtziele auslösen. Zudem muss er erst zahlen, wenn das Ergebnis der Züchtung mit den

---

841 *Feindt*, S. 27.

842 *Kowalski/Kryder*, Risk – Health, Safety and Environment, Vol. 13 (2002), S. 47 (56).

843 Vgl. *Godt*, S. 431.

844 *Heller/Eisenberg*, Science, Vol. 280 (1998), S. 698 (699).

845 *Ebda.*

patentierten Gensequenzen zu einer vermarktungsfähigen Sorte führt. Für den Patentinhaber sind solche Vereinbarungen interessant, da sie größere Gewinnchancen eröffnen. Denn wirtschaftlich betrachtet ist der Vertrieb des Saatguts auf dem nachgelagerten Markt in der Regel rentabler als die Einnahmen der Lizenzgebühren, die für die Nutzung der patentierten Gensequenzen verlangt werden können.[846] In der Praxis kann es jedoch durchaus zu nachteiligen Effekten kommen, wenn verschiedene Patentinhaber Rechte an dem auf dem nachgelagerten Markt entwickelten Produkt haben und sich die Ansprüche überlappen.[847] Zum einen kann der Abschluss der Lizenzverhandlungen schwierig sein, falls jeder Patentinhaber den ihm aufgrund seines Rechts zustehenden Einfluss geltend machen will.[848] Zum anderen droht die Entwicklung des auf dem nachgelagerten Markt entwickelten Produkts für den Forscher unrentabel zu werden, wenn er nachträglich zahlreiche Lizenzgebühren an unterschiedliche Patentinhaber abführen muss, die sich allesamt an dem Umsatz aus dem verkauften Produkt orientieren.[849] Gerade im Bereich der Pflanzenzüchtung ist es sehr wahrscheinlich, dass verschiedene Firmen, Patente auf einzelne Gensequenzen halten, die allesamt für die Züchtung einer neuen Sorte von Interesse sind. Denn eine einzelne Pflanze besteht aus einer Vielzahl von Genen und Gensequenzen, die unterschiedlichste Funktionen in der Pflanze bewirken und dementsprechend für die erfolgreiche Züchtung maßgeblich sind. Das sich hieraus ergebende Konfliktpotential ist somit im Ergebnis enorm.

Das Problem, dass kaskadenähnliche Abhängigkeiten entstehen, die Innovationen auf dem nachgelagerten Markt verhindern, verschärft sich durch sogenannte Reach-Through-Ansprüche, die nun auch bei der Patentierung von Pflanzenzüchtungsverfahren geltend gemacht werden. Im Gegensatz zu den Reach-Through-Lizenzvereinbarungen knüpfen sie nicht an vertragliche Regelungen, sondern direkt an den patentgeschützten Gegenstand an.[850] Infolgedessen ist der Patentinhaber nicht mehr darauf angewiesen, die Züchter zum Abschluss von Reach-Through-Lizenzen zu bewegen, um Gewinnanteile aus der Vermarktung

846 *Heller/Eisenberg*, Science, Vol. 280 (1998), S. 698 (699).
847 *Ebda.*
848 Vgl. *Godt*, S. 187.
849 *Ebda.*
850 *Eisenberg*, Advances in Genetics, Vol. 50 (2003), S. 209 (218).

des Saatguts zu erlangen.[851] Die Patentansprüche werden nämlich so breit formuliert, dass zukünftige Produkte direkt in den Schutzbereich der patentierten Erfindung fallen. Auf diese Weise wird versucht, auch noch unbekannte Stoffe, die erst noch aufgefunden werden müssen, durchzupatentieren.[852]

Gerade bei Genen sind Reach-Through-Ansprüche besonders problematisch. Der Patentanspruch soll sich hier auf alle aus einem patentierten Markergen und einem patentierten Verfahren gewonnenen Substanzen erstrecken.[853] Dabei werden viele Gensequenzen patentiert, ohne dass ersichtlich ist, wie weitreichend ihre Funktionen sind.[854] Zudem ist es sehr schwierig, die patentierten Gensequenzen nicht zu nutzen, da diese in ihrer Anzahl begrenzt sind, sodass die Abhängigkeit der Züchter von dem patentierten Ausgangsmaterial sehr hoch ist.[855] Gelingt es den Patentinhabern Reach-Through-Ansprüche durchzusetzen und den Patentanspruch auf sämtliche Funktionen auszuweiten, für die die Gene bzw. Gensequenzen codieren, steht der damit erreichbare Profit des Erfinders in keinem Verhältnis zu dem von ihm angestoßenen Innovationsschritt.[856] Für die Verletzung des Patents ist die bewusste Nutzung des patentierten Bestandteils nicht erforderlich; vielmehr reicht es aus, wenn das vermarktete Saatgut den patentierten Bestandteil enthält.

Das Problem derartiger Reach-Through-Ansprüche ist inzwischen eingegrenzt, da es – im Gegensatz zu der Praxis in den 1990ern – mittlerweile nicht mehr zu weiteren Erteilungen solcher Ansprüche kommen dürfte.[857] Denn nach einhelliger Meinung in Rechtsprechung und Literatur bedarf es der eindeutigen Identifizierbarkeit einer Erfindung als verfahrensmäßiger Voraussetzung, damit geprüft werden kann, ob der Stoff neu und gewerblich anwendbar ist.[858] Dafür muss die konkrete Funktion der Gensequenz benannt werden können.[859]

---

851 *Eisenberg*, Advances in Genetics, Vol. 50 (2003), S. 209 (218).

852 *Walter*, Journal für Verbraucherschutz und Lebensmittelsicherheit 2008, S. 359 (363).

853 *Ebda.*

854 *Wissenschaftlicher Beirat BMELV*, Biopatente, S. 20.

855 *Ebda.*

856 *Godt*, S. 188.

857 *Wolfram*, Mitt. 2003, S. 57 (60).

858 *Ebda.*

859 Siehe oben unter 3. Teil C. I. 2. a).

3. Wirtschaftliche Konzentration

Seit den 1970er Jahren ist eine zunehmende Konzentration auf dem globalen Saatgutmarkt zu beobachten. Waren vor 1970 hauptsächlich kleine, unabhängige Familienunternehmen in der Saatgutbranche aktiv, wird der Markt heute weitgehend von großen Chemie- und Pharmakonzernen beherrscht.[860] Bedingt ist diese Veränderung vor allem durch die sich in den frühen 1980er Jahren abzeichnende Entwicklung, auch in der Pflanzenzucht voll und ganz auf biotechnologische Forschung zu setzen.[861] Für die in der Chemie- und Pharmabranche tätigen Konzerne war dies von Vorteil, da sie im Gegensatz zu den traditionellen Saatgutunternehmen bereits über Forschungs- und Entwicklungsabteilungen verfügten, deren Schwerpunkt in der Erforschung chemischer Substanzen lag. Aufgrund der Überschneidungen bei der Forschungsarbeit konnten Synergieeffekte gezielt ausgenutzt werden. Darüber hinaus kam es zwecks Minimierung der hohen Forschungs- und Entwicklungskosten zu zahlreichen Übernahmen und Fusionen sowie Zusammenschlüssen in Form von Joint Ventures zwischen Unternehmen der Chemie- und der Saatgutbranche.[862] Der Marktanteil der fünf größten Züchtungsunternehmen ist Schätzungen zufolge von 1985 bis 2006 von 8 Prozent auf 30 Prozent gestiegen.[863] Bei dieser Zahl muss jedoch hinsichtlich ihrer Aussagekraft berücksichtigt werden, dass der Anteil von Markt zu Markt variieren kann. So hatte das Unternehmen Pioneer Hi-Bred bereits in 1998 auf dem US-Markt für Maissaatgut einen geschätzten Marktanteil von über 40 Prozent.[864] Verglichen mit dem Markt für Pestizide und Düngemittel, auf dem die fünf größten Unternehmen einen Marktanteil von 90 Prozent halten, ist der Saatgutmarkt immer noch fragmentiert.[865] Es ist jedoch anzunehmen, dass sich der Trend der Konzentration in Zukunft fortsetzen wird.

Neben den globalen Größenvorteilen und dem hohen Kapitalbedarf für Forschung und Entwicklung ist die Ausweitung des Patentrechts auf pflanzliches

---

860 *Fernandez- Cornejo-*, S. 26.

861 *Ebda.*

862 *Ebda.*; als weiteres Beispiel für derartige Zusammenschlüsse zwischen Unternehmen der Chemie- und Saatgutbranche kann die Fusion der Agrarsparten von Novartis mit dem schwedisch-englischen Pharmakonzern AstraZeneca genannt werden, aus der Syngenta hervorging, einer der größten Konzerne im Agrargeschäft.

863 *Louwaars*, S. 25; *Le Buanec*, ISTA News Bulletin, No. 134 October 2007, S. 6 (9).

864 *Blair*, Drake Journal of Agricultural Law, Vol. 4 (1999), S. 297 (321).

865 *Le Buanec*, ISTA News Bulletin, No. 134 October 2007, S. 6 (10).

Material ein weiterer Aspekt, der sich auf die Konzentration des Saatgutmarktes ausgewirkt hat und sich auch künftig weiterhin auswirken wird. Zwar verleiht das Patent nur eine rechtlich gesicherte Alleinstellung und kein Monopol im wirtschaftswissenschaftlichen Sinne.[866] Gleichwohl ist letztlich nicht von der Hand zu weisen, dass sich Unternehmensgröße, Marktmacht und Patentaktivität gegenseitig bedingen.[867] Dies lässt sich auch an den Patentanträgen festmachen: Im Bereich der gentechnischen Pflanzenzüchtung stammen mehr als 40 Prozent der Patentanträge beim EPA (2005-2006) und mehr als 60 Prozent der Patentanträge beim amerikanischen Patentamt (2003-2007) von den fünf größten Unternehmen.[868] Auch bei den Patentanträgen auf konventionelle Züchtung ist eine ähnliche Entwicklung zu verzeichnen.[869]

Darüber hinaus bedingen zwei weitere Vorteile den Konzentrationsprozess auf dem Saatgutmarkt zu Gunsten der Großunternehmen. Erstens können sie ihre schon starke Wettbewerbsposition durch eine erhöhte Zahl von Patentanmeldungen in vielen Staaten absichern; kleineren und mittleren Züchtungsunternehmen ist ein solches Vorgehen aufgrund der hohen Transaktionskosten, die eine Patentanmeldung mit sich bringt, nicht ohne weiteres möglich.[870] Jene müssen sich auf entsprechende Patentanmeldungen in einigen wenigen Ländern beschränken. Zweitens sind die bereits erwähnten Synergieeffekte ein nicht zu unterschätzender Faktor, der die Investitionsentscheidung wesentlich beeinflusst. Die Aussicht, ohne erheblichen Mehraufwand biotechnologische Forschung auch auf den Sektor der Pflanzenzucht auszudehnen, ist für die Großunternehmen höchst attraktiv, weil biotechnologische Forschung bereits in anderen Sparten (wie dem Pharma- oder dem Agrochemiebereich) betrieben wird und dementsprechend qualifizierte Arbeitskräfte, technisches Wissen, Standortvorteile sowie ein ausreichendes Handelsnetz vorhanden sind.[871] Dabei kommen den Großunternehmen nicht nur diese absoluten Kostenvorteile zugute, sondern förderlich ist auch, dass hierdurch Forschung und Entwicklung schneller betrieben werden kann und mithin schneller vermarktungsfähige Forschungsergebnisse

866 *Kraßer*, S. 47.
867 *Wissenschaftlicher Beirat BMELV*, Biopatente, S. 21.
868 *Louwaars*, S. 35.
869 *Then/Tippe*, S. 8.
870 *Steenwarber*, S. 172.
871 *Steenwarber*, S. 169.

erzielt werden. Dadurch können die Unternehmen neue Produkte zu vergleichsweise niedrigen Preisen anbieten, wodurch kleineren Unternehmen die Möglichkeit genommen wird, sich in hinreichendem Maße am Wettbewerb auf dem Saatgutmarkt zu beteiligen.[872] Investitionen im Agrarsektor wurden durch die Fortschritte in der Biotechnologie zunehmend attraktiver. Ursprünglich galt der Agrarsektor als Wirtschaftsbereich, der weitgehend vor der Agglomeration von Kapital gefeit war. Da der Erfolg der Produktion aufgrund von Faktoren wie Wetter oder Pflanzenschädlinge schwer einschätzbar ist, waren Investitionen höchst risikoreich. Mit der intensiven Forschung auf dem Gebiet der Biotechnologie und den daraus gewonnenen neuen Technologien hat sich das Investitionsverhalten zum Positiven entwickelt. Die zukunftsorientiere Entwicklung im Agrarsektor hat den möglichen Profit exponentiell vergrößert, sodass der Anreiz zu Investitionen für Geldgeber wuchs. Die Ausweitung der rechtlichen Schutzmöglichkeiten hat zudem einen Beitrag geleistet, dass allgemeine Investitionsrisiko zu minimieren.[873]

Die Folgen aus der zunehmenden Konzentration des Saatgutmarktes sind ambivalent. Einerseits kann sich die wachsende Marktmacht einiger weniger Großunternehmen tendenziell in höheren Preisen ausdrücken. Dafür, dass die auf dem Saatgutmarkt anzutreffenden Preissteigerungen nicht nur auf eine Qualitätssteigerung des Saatguts zurückzuführen sind, sondern vor allem Folge der gestiegen Marktkonzentration sind, spricht beispielsweise, dass innerhalb kürzester Zeit die Preise für Maissaatgut im amerikanischen Raum um 32 Prozent und die für Sojabohnen um 24 Prozent gestiegen sind.[874] Ein solcher Preisanstieg lässt sich wohl nicht allein mit der verbesserten Qualität des Saatguts begründen. Infolgedessen hat das U.S. Department of Justice auch eine Untersuchung zur Marktkonzentration in der Saatgutindustrie eingeleitet.[875]

Andererseits kann die Konzentration auch zu einer effizienteren Forschung beitragen, indem sie zu einer Kostenbündelung führt und frei werdende Ressourcen für die Erforschung neuer Produkte genutzt werden können. Die Ausgaben für

---

872 *Steenwarber*, S. 169.

873 *Howard*, Sustainability, Vol. 1 (2009), S. 1266 (1267).

874 Siehe Artikel in der New York Times vom 11.03.2010: Rapid Rise in Seed Prices Draws U.S. Scrutiny, abrufbar unter: http://www.nytimes.com/2010/03/12/business/12seed.html?_r=1&pagewanted=print (zuletzt abgerufen am 12.08.2012).

875 Ebda.

Forschung und Entwicklung im Agrarbereich haben sich in den USA von 1970 bis 1996 von 2 Milliarden US-Dollar auf 4,2 Milliarden US-Dollar verdoppelt.[876] Gleichzeitig kann sich bei zu hoher Konzentration allerdings auch das Risiko erhöhen, dass aufgrund nachlassenden Wettbewerbsdrucks weniger Anreiz für das einzelne Unternehmen besteht, sich fortzuentwickeln und Forschung zu betreiben.[877] Zudem führen Unternehmenszusammenschlüsse nicht zwangsläufig zu Kosteneinsparungen. Aufgrund wachsender Betriebsgröße kann es ebenso gut zu Ineffizienzen in der Unternehmensstruktur kommen, weil die dadurch erforderlich werdenden hierarchischen Managementstrukturen erhebliche Kosten verursachen und letztlich zu einer Fehlallokation von Ressourcen führen können. Letztlich lassen sich die Auswirkungen der Konzentrationsbestrebungen auf dem Saatgutmarkt aufgrund der komplexen wirtschaftlichen Wechselwirkungen nicht eindeutig abschätzen.

Dies gilt vor allem für die Fragen, ob die Erteilung von Patenten tatsächlich zusätzliche Innovationsreize bietet und ob eine fortschreitende Marktkonsolidierung nachteilige Konzentrationseffekte mit sich bringt. Im Ausgangspunkt ist jedenfalls festzustellen, dass sich die Wettbewerbsbedingungen von Züchtungsunternehmen nachhaltig verändern würden, da diese durch Patentierungen auf der vorgelagerten Marktstufe in größerem Umfang auf Lizenzvereinbarungen mit den Patentinhabern angewiesen wären.

II. Ethische Dimension

1. Ethische Verpflichtung des Patentrechts

Neben der wirtschaftlichen Dimension spielen bei der Diskussion rund um die Patentierbarkeit von Genen und Gensequenzen vielfach auch ethische Bedenken eine große Rolle. Unter dem Stichwort „Kommerzialisierung des Lebens“ wird die elementare Frage nach der Berechtigung des Menschen gestellt, Erbgut gezielt und planmäßig zu verändern und damit in die göttliche Schöpfung einzu-

---

876 *Schimmelpfennig/Pray/Brennan*, Agricultural Economics, Vol. 30 (2004), S. 157.

877 *Schimmelpfennig/Pray/Brennan*, Agricultural Economics, Vol. 30 (2004), S. 157 (164), die mittels einer empirischen Studie festgestellt haben, dass eine gestiegene Konzentration auf den Saatgutmärkten für Mais, Baumwolle und Sojabohnen zu geringeren Forschungsausgaben geführt haben; ebenso *Pray/Oemke/Naseem*, AgBioForum, Vol. 8 (2005), S. 52 (59).

greifen.[878] Jedes Leben sei ein Geschenk und Kreatur Gottes. Mit der Patentierung von einzelnen Genen und Gensequenzen werde das Leben reduziert auf eine bloße Ressource.[879] Dies entspreche nicht der Würde, die jedem Leben entgegen gebracht werden sollte.[880] Vor allem der Einsatz der Gentechnik bei der Erforschung embryonaler Stammzellen und der Präimplantationsdiagnostik ist in der Öffentlichkeit mit großer Sorge und Aufmerksamkeit verfolgt worden.[881] Obschon die Besorgnis um die Instrumentalisierung von Pflanzen etwas befremdlich wirken mag, zumal seit Jahrtausenden gezielt Pflanzenanbau betrieben wurde, um den Menschen mit Nahrung, Kleidung und Baustoffen zu versorgen, stellt sich das Problem der Kommodifizierung aber auch hier.[882] Äußerst kritisch wird die Patentierung von Lebewesen auch unter dem Gesichtspunkt gesehen, dass privates Eigentum auf Ressourcen eingeräumt wird, die bislang im Gemeineigentum aller standen.[883] Von zahlreichen kirchlichen Institutionen und Verbänden wird daher pauschal gefordert, dass keine Patente auf Leben (inkl. Pflanzen) erteilt werden dürfen.[884]

Demgegenüber ist die Aufschlüsselung der Gene und Gensequenzen mithilfe biotechnologischer Methoden eine der Schlüsseltechnologien des 20. und 21. Jahrhunderts und wirtschaftlich von enormer Bedeutung.[885] Angesichts dieses Interessenkonflikts drängt sich die Frage auf, ob überhaupt eine ethische Verpflichtung des Patentrechts besteht.[886] Teilweise wird hierzu die Auffassung vertreten, das Patentrecht sei wertneutral und diene nicht als Korrektiv gegen Miss-

---

878 *Moufang*, S. 227.

879 *Moufang*, S. 227.

880 *Baumgartner*, Journal of Agricultural and Environmental Ethics, Vol. 19 (2006), S. 521 (531 f.).

881 *Ahrens*, GRUR 2003, S. 89 (94).

882 Vgl. *Hanson*, Journal of Medicine and Philosophy, Vol. 24 (1999), S. 267 ff, der erstmals den Begriff der Kommodifzierung im Zusammenhang mit der Biopatentierung verwendet.

883 *Tansey*, S. 21.

884 U.a. gefordert von Greenpeace, Misereor, Swissaid und dem Verein "Kein Patent auf Leben!", der der Vernetzung von über 100 deutschen Organisationen dient, die sich gegen die Patentierung von Lebewesen zusammengeschlossen haben.

885 Depenheuer/Peifer-*Moufang*, S. 90.

886 *Eisenkolb*, S. 216.

bräuche in Wissenschaft und Forschung.[887] Da es vornehmlich Mittel zur Innovationsförderung sei, müsse alles patentwürdig sein, was technisch umgesetzt werden könne.[888] Technik für sich betrachtet könne weder der Kategorie „gut" noch der Kategorie „böse" zugeordnet werden; erst die konkrete Anwendung der Technik ermögliche eine Bewertung unter Einbeziehung ethischer Gesichtspunkte.[889] Ein Kriterium für die Patenterteilung dürfe die Ethik jedenfalls nicht sein, da es aufgrund der begrifflichen Unbestimmtheit zu erheblicher Rechtsunsicherheit käme, was vermieden werden müsse.[890] Dies sei nur möglich, wenn das Patentrecht in seiner Ausrichtung wertneutral bliebe und erst die allgemeinen Gesetze darüber zu entscheiden hätten, ob und in welcher Weise der Patentinhaber seine Erfindung anwenden oder verwerten dürfe.[891]

Dagegen wird eingewandt, dass das Patentwesen technische, rechtliche und ökonomische Aspekte gleichermaßen berücksichtigen müsse.[892] Insofern könne die Patenterteilung nicht allein vom wirtschaftlichen Nutzen abhängig gemacht werden, sondern sie müsse auch im Einklang mit tragenden Prinzipien des Rechtssystems stehen.[893] Zu den wesentlichen Prinzipien der Rechtsordnung zählten auch ethische Grundsätze, die ihren Ausfluss unter anderem in der objektiven Wertordnung des Grundgesetzes fänden.[894] Dem könne sich auch das Patentrecht als Teil der Rechtsordnung nicht verschließen. Im Übrigen könne Technik nicht isoliert von ihrer Verwendung durch den Menschen betrachtet werden.[895] Derjenige, der die Vorteile aus einer technischen Errungenschaft ziehe, müsse sich zugleich seiner ethischen Verantwortung für Risiken stellen, die infolge der konkreten Anwendung der Erfindung durch den Menschen ausgelöst

---

887 *Spranger*, GRUR Int. 1999, S. 595 (597), *Schatz*, GRUR Int. 1997, S. 588 (593), m.w.N. *Peifer*, in: FS König, S. 435 ff.

888 *Peifer*, in: FS König, S. 435 (436); *Busche*, Mitt. 2001, S. 4 (6).

889 *Beyer*, GRUR 1994, S. 541 (543).

890 *Spranger*, GRUR Int. 1999, S. 595 (598).

891 *Spranger*, GRUR Int. 1999, S. 595 (597), der beispielhaft für die allgemeinen Gesetze das Gentechnikgesetz, das Embryonenschutzgesetz und das Arzneimittelrecht nennt.

892 *Säger*, GRUR 1991, S. 267 (268).

893 *Ebda.*

894 *Calame*, S. 119; zustimmend: *Teschemacher*, GRUR Int. 2002, S. 636 f.; so auch *Vorwerk*, GRUR 2009, S. 375 (377), der von einer sittlichen Verantwortung der Staatsgewalt spricht und Patente als Hoheitsakte begreift.

895 *Eisenkolb*, S. 217.

würden.[896] Insofern sei es gerechtfertigt den Patentschutz von vornherein zu versagen, wenn die Erfindung selbst oder ihre Verwendung ethischen Prinzipien offensichtlich zuwiderläuft.

Das Patentrecht kann als Teil der Rechtsordnung letztlich nicht wertneutral sein, auch wenn es mit der Innovationsförderung, insbesondere vor dem Hintergrund des internationalen Wettbewerbs, eine wichtige Aufgabe erfüllt. Es ist und muss inhaltlich durch ethische Regelungen beschränkt werden können, um den Missbrauch der neuen technischen Möglichkeiten gerade in sensiblen Bereichen, wie dem der Patentierung von Lebewesen, zu verhindern.[897] Entsprechende Wertungen dürfen jedoch nicht im luftleeren Raum stattfinden, sondern müssen ihren Niederschlag in den gesetzlichen Regelungen gefunden haben.

2. Ethische Prinzipien im Gesetz?

Es drängt sich die Frage auf, ob ethische Prinzipien bei der Ausgestaltung der patentrechtlichen Grundlagen hinreichend berücksichtigt wurden. Während in den USA keine Regelung existiert, die der Biopatentierung aus moralischen Gründen Grenzen setzt, sind auf EU-Ebene Erfindungen von der Patentierbarkeit ausgeschlossen, deren gewerbliche Verwertung gegen die öffentliche Ordnung oder die guten Sitten verstoßen würden (vgl. Art. 6 BioPat-RL, Art. 53 lit. a) EPÜ). Damit existiert auf EU-Ebene bereits ein Mechanismus, mit dem Patente auf moralische Bedenken untersucht werden können, bevor das Patent erteilt wird.[898] Das amerikanische Motto „patents on anything under the sun made by man“ gilt für den europäischen Rechtsraum bislang jedenfalls nicht.[899]

Allerdings sind auch die europäischen Regelungen in ihrer Ausgestaltung nicht umfassend. Absatz 2 des Art. 6 der BioPat-RL enthält eine beispielhafte Aufzählung, die konkretisiert, wann eine Erfindung wider der öffentlichen Ordnung oder den guten Sitten ist. Neben dem Anliegen, dass Tieren kein unnötiges Leid zugefügt werden darf, stehen vor allem der Schutz der menschlichen Würde so-

896 *Peifer*, in: FS König, S. 435 (436); *Beyer*, GRUR 1994, S. 541 (543 ff.), der Beispiele für die Verteilung von Nutzen und Risiken aus grundlegenden technischen Neuerungen nennt.

897 *Eisenkolb*, S. 219.

898 *Bagley*, William and Mary Law Review, Vol. 45 (2003), S. 469 (520).

899 *Bagley*, William and Mary Law Review, Vol. 45 (2003), S. 469 (474 f.).

wie das Recht auf Leben und körperliche Unversehrtheit im Mittelpunkt.[900] Einschränkend im Hinblick auf die Patentierbarkeit pflanzlichen Materials wirken nur die Regelungen des Art. 53 lit. b) EPÜ und Art. 4 Abs. 1 BioPat-RL. Hiernach sind Tierarten und Pflanzensorten sowie im Wesentlichen biologische Verfahren zur Züchtung von Pflanzen von der Patentierung ausgeschlossen. Unklar ist, ob in dieser Norm überhaupt ethische Wertvorstellungen zum Ausdruck kommen sollten oder ob es sich nicht doch nur um eine reine Abgrenzungsnorm zum spezielleren Sortenschutzrecht handelt.[901] Offensichtlich ist, dass mit dem Patentierungsausschluss die Patentfähigkeit pflanzlichen Lebens nicht generell in Abrede gestellt werden sollte; wohl eher beruht der Patentausschluss auf dem fehlenden Zutrauen, der Mensch könne die natürliche Vermehrung technisch bewirken und kontrollieren.[902] Dass die Verleihung von Ausschließlichkeitsrechten im Bereich der Pflanzenzucht üblich und bislang nicht auf „moralischen“ Widerstand gestoßen ist, zeigt die lange Etablierung des Sortenschutzrechtes, das dem Patentrecht in seiner Ausgestaltung zumindest im Ausgangspunkt sehr ähnlich ist.[903]

Insofern gibt es keine wirkliche gesetzliche Grundlage, die ethische Wertvorstellungen bei der Patentierbarkeit pflanzlichen Materials umfassend berücksichtigt. Allerdings wirft gerade auch die Patentierung pflanzlichen Materials, vor allem im Hinblick auf umwelt- und entwicklungspolitische Aspekte, moralische Bedenken auf, die es im Folgenden aufzuzeigen gilt.

III. Umwelt- und entwicklungspolitische Dimension

Neben der grundsätzlichen Problematik, dass im Zuge professioneller Züchtung die genetische Vielfalt immer weiter abnimmt, ist die gesamte politische Debatte rund um die Biodiversität Ausdruck eines Konflikts zwischen Industrie- und Entwicklungsländern. Während vornehmlich Akteure aus den Industrieländern Inhaber von Patenten auf biotechnologische Erfindungen sind, ist der Großteil

900 *Baumgartner*, Journal of Agricultural and Environmental Ethics, Vol. 19 (2006), S. 521 (525).
901 Siehe die Auffassung der Entscheidungskammern des EPA, es handele sich um eine reine Abgrenzungsnorm, oben unter 4. Teil A.
902 *Peifer*, in: FS König, S. 435 (440).
903 *Peifer*, in: FS König, S. 435 (441).

der biologischen Ressourcen in den Entwicklungsländern vorzufinden.[904] Im Kern dreht sich der Konflikt um die Frage, wie das Verhältnis zwischen Industrie- und Entwicklungsländern hinsichtlich des Zugangs und der Nutzung genetischer Ressourcen ausgestaltet sein muss, damit ein gerechter Vorteilsausgleich zwischen den widerstreitenden Interessen möglich ist.

1. Folgen für die Biodiversität

Seit Beginn der professionellen Pflanzenzucht ist nach Schätzungen der Welternährungsorganisation (FAO) weltweit bereits 75 Prozent der genetischen Variabilität von Kulturpflanzen verloren gegangen.[905] Zurückzuführen ist diese Entwicklung darauf, dass Landwirte nicht mehr selbst lokale Sorten züchten, sondern standardisiertes Saatgut anbauen, welches höhere Erträge verspricht.[906] Der Druck auf die Landwirte, preisgünstige landwirtschaftliche Rohprodukte zu liefern, wächst stetig, unter anderem auch durch die zunehmende Konzentration von Handel und lebensmittelverarbeitender Industrie.[907] Welches Saatgut angebaut wird, hängt damit vornehmlich von dem einzelwirtschaftlich rationalen Kalkül der Landwirte ab.[908] Da der Anbau von Hochleistungssorten maximale Erträge verspricht und demzufolge betriebswirtschaftlich von Vorteil ist, wird der Verlust von Landrassen als „notwendiges Übel" hingenommen.[909]

Dass durch professionelle Pflanzenzucht die genetische Vielfalt und damit der Sortenreichtum geringer wird, ist aber kein im Zuge der Biopatentierung neu auftretendes Problem. Züchterische Auslese führt zwangsläufig zur Einschränkung der genetischen Vielfalt.[910] Anreiz zur Züchtung besteht nämlich nur dort, wo auch eine entsprechende Entlohnung zu erwarten ist. Da in Deutschland nach dem Saatgutverkehrsgesetz Saatgut oder anderes Vermehrungsmaterial nur dann gewerbsmäßig in Verkehr gebracht werden darf, wenn es vom Bundessortenamt

904 *Nilles*, in: Baumgartner/Mieth, S. 217.

905 *BMVEL*, S. 10.

906 Siehe dazu Zwischenbericht von *De Schutter* auf der 64. Generalversammlung der Vereinten Nationen in 2009, S. 14, abrufbar unter: http://www.srfood.org/images/stories/pdf/officialreports/20091021_report-ga64_seed-policies-and-the-right-to-food_en.pdf (zuletzt abgerufen am 19.08.2012).

907 *IÖW*, Kapitel 12, S. 14.

908 *IÖW*, Kapitel 12, S. 6.

909 *Bauer*, S. 263.

910 *Meyer/Revermann/Sauter*, S. 130.

anerkannt ist, wird man versucht sein, die Voraussetzungen zur Anerkennung zu erfüllen (vgl. § 3 SaatG). Entscheidend für die Anerkennung des Saatguts ist nach § 4 Abs. 1 S. 1 Nr. 1 lit. a) SaatG die Zulassung als Sorte. Zulassungsvoraussetzungen sind nach § 30 Abs. 1 SaatG unter anderem auch die Homogenität und Beständigkeit der Sorte. Hierdurch wird zwangsläufig die Uniformität züchterischer Produkte gefördert.[911] Uniformität hat wiederum negative Auswirkungen auf die biologische Vielfalt.

Moderne biotechnologische Züchtungsmethoden können diesen Trend allerdings beschleunigen. Beispielsweise ermöglicht die Marker gestützte Selektion die massenhafte Produktion hochhomogener und auf wenige Eigenschaften spezialisierter Sorten.[912] Nicht nur die durch kürzere Anbauperioden bedingten geringeren Kosten sind von Vorteil, sondern auch die breite Absatzmöglichkeit von standardisiertem, auf die industrialisierte Landwirtschaft zugeschnittenem Saatgut. Der Anbau von auf die regionalen Unterschiede zugeschnittenen Landsorten ist betriebswirtschaftlich fast schon nicht mehr vertretbar. Der Kostendruck, der mit der Patentierbarkeit pflanzlichen Zuchtmaterials und der Konzentration auf dem Saatgutmarkt weiter gestiegen ist, zwingt den einzelnen Züchter letztlich zum massenhaften Anbau uniformen Standardsaatguts. Die Fähigkeit, vorhandene biologische Diversität bewusst für die Züchtung zu nutzen und so zu erhalten, ist inzwischen sehr begrenzt.[913] Damit steht zu befürchten, dass kleinere Züchtungsunternehmen, die sich bislang noch der Züchtung lokaler Sorten verschrieben haben, aufgrund der steigenden Konzentration nach und nach aus dem Markt verdrängt werden. Diese Entwicklung wird voraussichtlich zu einem noch stärkeren Rückgang von Biodiversität führen. Dahinter verbirgt sich die Gefahr, dass auf Dauer, bedingt durch die Aufgabe der Züchtung von regionalen Landsorten, Abwehrmechanismen gegen verschiedenste Schädlinge, Krankheiten und sonstige Umweltbedingungen verloren gehen.[914] Die Nutzung moderner Hochleistungssorten, die ausschließlich an die gegenwärtigen Bedingungen angepasst sind, kann zu Problemen führen, wenn plötzliche Klimaänderungen oder Krank-

---

911 *IÖW*, Kapitel 6, S. 234.

912 *Katz/Schmitt/Hennen/Sauter*, S. 111.

913 *IÖW*, Kapitel 12, S. 14.

914 Artikel aus der Ausgabe 1/1999 des Forschungsmagazins der Universität Heidelberg „Ruperto Carola“: Wenn Pflanzen in Stress geraten, abrufbar unter: http://www.uni-heidelberg.de/uni/presse/RuCa1_99/rausch.htm (zuletzt abgerufen am 12.08.2012).

heiten auftreten, die nicht vorhersehbar waren und gegen die neue Sorten weitgehend schutzlos sind. Mangels vorhandener genetischer Vielfalt droht in diesen Fällen ein Engpass an nutzbarem Pflanzenmaterial, weil alternative Züchtungen nicht zur Verfügung stehen.[915]

Es wäre jedoch verfehlt, die Auswirkungen biotechnologischer Forschung auf die Biodiversität ausschließlich negativ einordnen zu wollen. Biotechnologie kann auch dazu beitragen, Biodiversität zu erhalten. Auch wenn die Wirksamkeit im Einzelnen in Zweifel gezogen wird, so können doch beispielhaft die Ex-situ-Konservierungsmaßnahmen genannt werden, mit deren Hilfe pflanzliche Ressourcen außerhalb ihres natürlichen Vorkommens erhalten werden können.[916] Genetische Vielfalt bleibt hierdurch in gewisser Weise erhalten.

Den Unternehmen jeglichen rechtlichen Schutz zu versagen, ist daher sicherlich nicht das richtige Mittel, um mehr Biodiversität zu erzeugen. Gewerbliche Schutzrechte sind notwendig, um die aufwendigen Investitionen für Forschung und Entwicklung in der Pflanzenzucht abzusichern. Andernfalls würden Unternehmen in jedem Fall standardisiertes, uniformes Material züchten, weil das finanzielle Risiko überschaubar wäre.[917] Ob allerdings Patente auf isolierte Gene und Gensequenzen das richtige Mittel sind, um Innovationen mit dem Ziel, die genetische Vielfalt zu fördern, anzuregen, ist zweifelhaft.

2. „Biopiraterie"

Befürchtet wird außerdem, dass sich mit der Patentierung pflanzlichen Materials der Konflikt zwischen Industrie- und Entwicklungsländern verschärft.[918] In diesem Zusammenhang fällt vielfach der Begriff „Biopiraterie", zu dem es eine Vielzahl unterschiedlicher Definitionen gibt.[919] Im Kern versteht man unter dem Begriff die kommerzielle Ausnutzung natürlich vorkommender Ressourcen

915 Siehe dazu Zwischenbericht von *De Schutter* auf der 64. Generalversammlung der Vereinten Nationen in 2009, S. 14, abrufbar unter: http://www.srfood.org/images/stories/pdf/officialreports/20091021_report-ga64_seed-policies-and-the-right-to-food_en.pdf (zuletzt abgerufen am 19.08.2012).

916 *Katz/Schmitt/Hennen/Sauter*, S. 112, die die Ex-situ-Konservierung nur als vorübergehende und unterstützende Notmaßnahme ansehen. Ein gleichwertiger Ersatz für die aktive Nutzung von Sorten in Ökosystemen sei dies jedenfalls nicht.

917 *Katz/Schmitt/Hennen/Sauter*, S. 159.

918 *Götting*, GRUR Int. 2004, S. 731 (732).

919 Vgl. *Kohls*, Chicago-Kent Journal of Intellectual Property, Vol. 6 (2007), S. 108 (109).

durch ein technologisch fortgeschrittenes Land oder ein Unternehmen, ohne die Länder bzw. Völker, bei denen die Ressourcen ursprünglich entdeckt wurden, an der kommerziellen Verwertung zu beteiligen.[920] Den Unternehmen wird vorgeworfen, sich mithilfe des Patentschutzes Wissen über die Wirkungsweisen verschiedenster, natürlicher Stoffe einzuverleiben, das bei den Naturvölkern von Generation zu Generation weitergegeben wurde. Nach Patenterteilung können die Unternehmen die Nutzung der genetischen Ressourcen auch in den Ländern verbieten, auf deren Territorium die Ressourcen ursprünglich entdeckt wurden, sodass die dortigen Landwirte Wissen, das sie bereits seit Jahrhunderten angewendet haben, nicht mehr ohne entsprechende Zahlungen nutzen dürfen. Der Verkauf kommerziell gehandelten Saatguts, welches auf dem Wissen indigener Völker basiert, ist für die Unternehmen der technologisch entwickelten Länder sehr profitversprechend, weil in Indien, Asien, Afrika und Südamerika bislang noch bis zu 80 Prozent der eigenen Ernte zur Aussaat wieder verwendet werden.[921] Mit einer Verringerung dieses Anteils würde eine erhebliche Profitsteigerung einhergehen. Dass die Ressourcen in den industrialisierten Ländern knapp sind, ist der Auslöser für das beschriebene Phänomen. Die Entwicklungsländer besitzen nämlich einen kaum abschätzbaren Reichtum an biologischem Material; ihnen fehlt es aber an Know-how, um kommerziellen Gewinn aus diesem Reichtum ziehen zu können.[922] Im Gegensatz dazu verfügen die Unternehmen der industrialisierten Welt über ausreichend Kapital und fortschrittliche Technologien.

Der Begriff der Biopiraterie rückte insbesondere durch ein Patent auf Basmati-Reis in den Fokus der Öffentlichkeit. Das amerikanische Patentamt erteilte der Firma RiceTec ein Patent auf eine Reissorte mit ähnlichen Eigenschaften wie dem aus Indien stammenden Basmatireis unter eben jenem Namen.[923] Während

---

920 Vgl. The American Heritage dictionary zum Stichwort "biopirate", abrufbar unter: http://ahdictionary.com/word/search.html?q=biopirate.

921 Artikel vom 26.04.2004 auf der Seite von Greenpeace: Agrar-Konzerne wollen Kontrolle über Landwirtschaft und Ernährung, abrufbar unter: http://www.greenpeace.de/themen/umwelt_wirtschaft/wto/artikel/agrar_konzerne_wollen_kontrolle_ueber_landwirtschaft_und_ernaehrung/ (zuletzt abgerufen am 19.08.2012).

922 *Götting*, GRUR Int. 2004, S. 731 (732).

923 Artikel aus 1999 auf der Seite der Schweizer Nichtregierungsorganisation Erklärung von Bern: Das Basmati Patent, abrufbar unter: http://www.evb.ch/p25000222.html (zuletzt abgerufen am 18.06.2011).

der eigentliche Basmati-Reis bereits seit Jahrhunderten in Indien und Pakistan angebaut wurde, stand zu befürchten, dass der „Originalreis“ nicht mehr ohne weiteres in die USA hätte exportiert werden dürfen, falls nicht entsprechende Lizenzgebühren an RiceTec gezahlt worden wären. Der Einspruch gegen das erteilte Patent hatte Erfolg.[924] Das grundsätzliche Problem hinter diesem konkreten Sachverhalt ist letztlich darin zu sehen, dass erst im Einspruchsverfahren eine umfassende Rechtmäßigkeitsprüfung, ob die Erfindung den Anforderungen für ein Patent entspricht, stattfindet. Gerade aber indigenen Bevölkerungsgruppen werden diese prinzipiell bestehenden Rechtsschutzmöglichkeiten häufig nicht weiterhelfen, da sie nicht über die entsprechenden Mechanismen verfügen, um beantragte Patente umfassend auf ihre Rechtmäßigkeit hin zu überprüfen, zumal eine solche Überprüfung mit einem erheblichen Kostenaufwand verbunden ist.[925] Infolgedessen wurden bereits zahlreiche Patente auf Hauptnahrungspflanzen wie Reis, Weizen und Mais erteilt. Dadurch ist eine Nutzung der vorhandenen genetischen Ressourcen, wie sie bislang erfolgt ist, nicht mehr möglich. Die Bauern dürfen weder ihr eigenes Saatgut alljährlich wiederanbauen noch dürfen sie es mit anderen Bauern tauschen.[926] Dies belastet ihre ohnehin häufig prekäre finanzielle Situation. Verstärkt wird die finanzielle Belastung durch die gängige Praxis größerer Unternehmen, ihr Saatgut auf den Einsatz der firmeneigenen Pestizide und Düngemittel abzustimmen.[927] Dies macht es erforderlich, sich zusätzlich zum teuren Saatgut noch Pestizide und Dünger kaufen zu müssen, was den Großteil der Landwirte in den Entwicklungsländern finanziell überfordert. Da die höheren Erträge der Hochleistungssorten unmittelbar vom Einsatz des Düngers und der Pestizide abhängen und dementsprechend keine guten Erträge zu erwarten sind, die häufig existentiell für die Kleinbauern sind, handelt es sich um eine Art Teufelskreis.

---

924 Artikel auf der Seite von Öko-fair, dem Informationsangebot der Verbraucher Initiative e.V.: Patente auf Reis, abrufbar unter: http://www.oeko-fair.de/essen-trinken/reis/markt-und-handel/patente-auf-reis/patente-auf-reis2#1 (zuletzt abgerufen am 18.06.2011).

925 *IÖW*, Kapitel 6, S. 174.

926 Hierzu Artikel aus 2004 auf der Homepage von Greenpeace: Agrar-Konzerne wollen Kontrolle über Landwirtschaft und Ernährung, abrufbar unter: http://www.greenpeace.de/themen/umwelt_wirtschaft/wto/artikel/agrar_konzerne_wollen_kontrolle_ueber_landwirtschaft_und_ernaehrung/ (zuletzt abgerufen am 12.08.2012).

927 Siehe oben unter 4. Teil B. I. 1.

3. Ernährungspolitische Bedeutung der Pflanzenzüchtung

Fraglich ist, welche Auswirkungen die Patentierbarkeit pflanzlichen Materials auf die Ernährungssicherheit hat. Festzuhalten ist, dass die effektive Nahrungsmittelproduktion im Zuge der wachsenden Bevölkerungszahlen immer wichtiger wird, um Hunger und Mangelernährung vorzubeugen.[928] Gleichzeitig ist es aber aufgrund der Bodenknappheit immer schwieriger, neue landwirtschaftlich nutzbare Flächen zu finden. Hinzu kommt die Wasserknappheit, wodurch zu erwarten ist, dass die landwirtschaftliche Nutzfläche pro Kopf weiter abnehmen wird. Insofern steht im Fokus der Pflanzenzüchtung, die Produktivität pro Anbaufläche und pro Wassereinheit zu steigern.[929] Da keine wesentlichen Fortschritte mehr bei den Anbautechnologien wie Düngung zu erwarten sind, liegt der Fokus auf der Pflanzenzüchtung selbst.[930] Mithilfe neuer Methoden – wie der Marker gestützten Selektion – kann das Züchtungsergebnis gezielt dahingehend beeinflusst werden, dass die Pflanzen trocken- und krankheitsresistenter sind und mithin zu höheren Erträgen führen. Ferner können mithilfe biotechnologischer Forschung speziell angepasste, stresstolerante Pflanzen entwickelt werden, was die Erschließung neuer Anbaugebiete ermöglicht.[931]

Allerdings muss berücksichtigt werden, dass auch die Biotechnologie ihren Beitrag zur Verringerung der genetischen Vielfalt liefert, indem mit ihr massenhaft hochhomogene und auf wenige Merkmale spezialisierte Sorten gezüchtet werden können. Um langfristig Ernährungssicherheit gewährleisten zu können, bedarf es aber genetischer Vielfalt.[932] Denn der Erhalt der genetischen Vielfalt der Sorten ist zwingend erforderlich, um auch unter wechselnden äußeren Bedingungen eine annähernd stabile Ernte zu bekommen.[933] Hochleistungssorten mit einer spezifischen Resistenz gegen bestimmte Schädlinge versprechen nur kurz-

928 Vgl. *Katz/Schmitt/Hennen/Sauter*, S. 37.

929 *AVG/GENIUS*, S. 18, die ausführen, dass die Ackerfläche 1950-1996 von 0,23 auf 0,12 Hektar pro Kopf gesunken ist und bis 2030 auf 0,08 Hektar pro Kopf abnehmen wird. Die Wachstumsrate für Ackerland liege bei 0,2% pro Jahr, während das Wachstum der Weltbevölkerung 1,3% betrage.

930 *Kock/Porzig/Willnegger*, GRUR Int. 2005, S. 183.

931 *Katz/Schmitt/Hennen/Sauter*, S. 37.

932 *Katz/Schmitt/Hennen/Sauter*, S. 163.

933 *Katz/Schmitt/Hennen/Sauter*, S. 162.

fristig maximale Erträge; langfristig ist dagegen eine Anpassung des Schädlings an die Resistenz sehr wahrscheinlich.[934]

Zudem hängt die Wirkung der Biopatentierung auf die Ernährungssicherheit eng mit den Problematiken der wirtschaftlichen Konzentration auf dem Saatgutmarkt, der Anti-Allmende und der Konzentration der Züchtung auf wenige Arten zusammen.[935] Dadurch, dass die Pflanzenzüchtung sich überwiegend an den Bedürfnissen der zahlungskräftigen Landwirte in den Industrieländern orientiert, gibt es kaum Saatgut, welches für die speziellen Wetterverhältnisse in anderen Weltregionen konzipiert wurde. Zudem ist ein Ressourcentransfer zu beobachten: In den Industrieländern ansässige Saatgutfirmen nutzen die im globalen Süden vorhandenen Ressourcen, um sie im globalen Norden den geistigen Eigentumsrechten zuführen zu können. Damit einher geht die Entwicklung, dass der Fokus nicht mehr unmittelbar auf den Nahrungsmittelerzeugern, sondern auf den vorgelagerten Patentinhabern liegt.[936] Zwar gibt es diese Probleme auch im Bereich des Sortenschutzrechts. Allerdings wird die Problematik durch den stärkeren Schutz des Patents intensiviert.[937]

5. Teil Bewertung des Spannungsverhältnisses und mögliche Lösungsansätze

Sowohl das rechtliche Verhältnis von Sortenschutzrecht und Patentrecht als auch die praktischen Auswirkungen der Patentierung biotechnologischer Erfindungen im Bereich der Pflanzenzucht sind somit in vielfacher Hinsicht problembehaftet. Fraglich ist, welcher Schluss aus diesem Befund zu ziehen ist.

So kann man die Ansicht vertreten, dass die Patentierung von Pflanzen und Pflanzenzüchtungen, so wie sie derzeit gehandhabt wird, notwendig und unerlässlich ist, um den Fortschritt in der Züchtungswirtschaft voranzutreiben. Man kann auch zu der Schlussfolgerung gelangen, dass die dargestellten negativen Auswirkungen von Pflanzenpatenten gegen die Möglichkeit zur Patentierung sprechen. Zuletzt kann man aber auch der Auffassung sein, dass Pflanzenpatente im Interesse der Innovationsförderung notwendig sind, gleichwohl aber Mecha-

934 *Ebda.*
935 *Feindt*, S. 32.
936 *Ebda.*
937 *Feindt*, S. 33.

nismen eingeführt werden müssen, die das Spannungsfeld, insbesondere mit Blick auf den zusätzlichen Schutz durch das Sortenschutzrecht, aufweichen.

Für beide Extrempositionen lassen sich mit Blick auf die vielfältigen Wechselbeziehungen von rechtlichen, wirtschaftlichen, ethischen und umweltpolitischen Gesichtspunkten hinreichende Argumente finden. Bei Betrachtung der rechtlichen Grundlagen ist aber bereits festgestellt worden, dass das geltende Recht versucht, einen Mittelweg zu gehen, indem es Patentierungen auf Pflanzenzüchtungsverfahren und deren Erzeugnisse nicht gänzlich ausschließt, zugleich aber Restriktionen bereithält, um der besonderen Interessenskonstellation in diesem Bereich Rechnung zu tragen. Vorrangig stellt sich daher die Frage, ob sich das aufgezeigte Konfliktverhältnis innerhalb des geltenden Rechtsrahmens auflösen lässt. Nur sofern dies nicht oder nicht hinreichend gelingen sollte, gilt es, über Alternativen und deren Begründung nachzudenken.

A. Lösungsansätze innerhalb des geltenden Rechtsrahmens

In Anbetracht der vielschichtigen Interessenskonflikte, die mit der zunehmenden Patentierung von Pflanzenzüchtungen einhergehen, verwundert es nicht, dass es im geltenden Rechtsrahmen nicht eine Regelung gibt, mittels derer sich die verschiedenen Spannungsfelder mit all ihren Facetten auflösen lassen. Auch innerhalb des bestehenden Regelungssystems existieren aber verschiedene Regelungen und Lösungsansätze, durch die zumindest Teilaspekten des dargestellten Konfliktverhältnisses Rechnung getragen werden kann. Ob diese ausreichend sind, hängt entscheidend von der Effektivität der Ansätze ab.

I. Reduzierung der wirtschaftlichen Abhängigkeit gegenüber Patentinhabern

1. Schutzmechanismen im Patentrecht

An dieser Stelle ist die Frage zu stellen, ob nicht bereits durch bestehende gesetzliche Regelungen im Patentrecht das Spannungsfeld zwischen den dem Sortenschutz unterfallenden Pflanzenzüchtern und den Patentinhabern entschärft wurde. Das Patentgesetz enthält eine Reihe von Vorschriften, die bestimmte Benutzungshandlungen von der Wirkung des Patents ausklammern.

a) Versuchsprivileg

Dem Grundsatz der Forschungsfreiheit, deren normativer Anknüpfungspunkt in Art. 5 Abs. 3 GG gefunden werden kann, trägt das Versuchsprivileg Rechnung. Danach kann der Patentinhaber im Interesse der Allgemeinheit keine Versuche im Forschungsbereich untersagen, die notwendig sind, um die Fortentwicklung der Technik voranzutreiben.[938] Eine stete Fortentwicklung von Wissenschaft und Technik setzt nämlich letztlich zwangsläufig voraus, dass mit den jeweils neuesten Forschungsergebnissen gearbeitet werden kann.[939]

Während ein solches Privileg auf EU-Ebene nur in dem bislang noch nicht in Kraft getretenen GPÜ zu finden ist (siehe Art. 27 GPÜ in der Fassung vom 15.12.1989), gibt es im deutschen Patentgesetz mit § 11 Nr. 2 PatG eine allgemeine Regelung, die ausdrücklich die Forschung an einer patentierten Erfindung und ihre Weiterentwicklung zulässt. Ohne Zustimmung des Patentinhabers können daher Versuchshandlungen vorgenommen werden, sofern sie der Gewinnung von Erkenntnissen und damit der wissenschaftlichen Forschung am Gegenstand der patentierten Erfindung einschließlich seiner Verwendung dienen.[940] Ausgenommen sind dagegen Versuche, die den patentierten Gegenstand zum Mittel oder Instrument der Versuchshandlung machen.[941] Der patentierte Gegenstand muss immer Objekt der Versuchshandlung sein, um weitere Erkenntnisse zu erlangen.[942] Dementsprechend wäre eine Benutzungshandlung zulässig, bei der an der patentierten Sequenz eines Gens ergründet wird, ob die Sequenz für weitere Proteine kodiert und dadurch Resistenzen gegen weitere Krankheiten bildet. Dagegen sind Handlungen nicht mehr vom Versuchsprivileg umfasst, deren Fokus allein auf die praktischen und wirtschaftlichen Verwertungsmöglichkeiten gerichtet ist.[943] Wird nur die Verwendungsmöglichkeit der patentierten Gensequenz in einer konkreten Pflanze zwecks Züchtung einer neuen Sorte ermittelt, so wird nicht an dem patentierten Gegenstand geforscht, sodass eine solche Handlung nicht vom Versuchsprivileg umfasst wäre.

---

938 BGH, NJW 1996, S. 782 (784) – Klinische Versuche.

939 BT-Drs. 14/5642, S. 9.

940 Schulte-*Kühnen*, § 11 Rdnr. 12.

941 BGH, NJW 1996, S. 782 (786); *Hieber*, GRUR 1996, S. 439 (441).

942 BGH, U. v. 17.04.1997, Az.: X ZR 68/94 – Klinische Versuche II, abgedruckt in: NJW 1997, S. 3092 ff. = BGHZ 135, S. 217 ff = Mitt. 1997, S. 253 ff.

943 Vgl. *Leßmann/Würtenberger*, § 3 Rdnr. 43.

Zusammenfassend ist festzuhalten, dass eine Erfindung auch ohne Zustimmung des Patentinhabers benutzt werden kann, sofern damit die Gewinnung neuer Erkenntnisse über den Erfindungsgegenstand bezweckt wird (Forschung am patentierten Gegenstand). Für die Benutzung der Erfindung als Arbeitswerkzeug (Instrument oder Hilfsmittel), das die Erforschung eines anderen Gegenstands ermöglicht oder erleichtert (Forschung mit dem patentierten Gegenstand), ist dagegen die Zustimmung des Patentinhabers notwendig.[944] Eine wirksame Handhabe, um die Spannungen zwischen Züchtern und Patentinhabern hinsichtlich des freien Zugangs zu pflanzlichem Züchtungsmaterial zu beseitigen, stellt die Vorschrift nicht dar, da Pflanzenzüchtungen regelmäßig die Forschung mit dem Gegenstand der patentierten Erfindungen erfordern.

b) Forschungsprivileg

Der Konflikt zwischen Pflanzenzüchtern und Patentinhabern um den Zugang zu pflanzengenetischen Ressourcen wurde mit dem Versuchsprivileg nicht gelöst. Um den Interessen der Züchter, mit dem patentierten Gegenstand weiter züchten zu können, Rechnung zu tragen, hat Deutschland im Zuge der Umsetzung der Biopatentrichtlinie mit § 11 Nr. 2a PatG eine Sonderregelung erlassen. Hiernach ist die Nutzung biologischen Materials zum Zweck der Züchtung, Entdeckung und Entwicklung einer neuen Pflanzensorte ausdrücklich zulässig. Dieses Forschungsprivileg stellt eine Erweiterung des in § 11 Nr. 2 PatG normierten Versuchsprivilegs dar, da dem Züchter nicht nur gestattet ist, an der patentierten Erfindung, sondern auch mit ihr zu forschen. Er darf also auf patentierte pflanzliche Gensequenzen zurückgreifen, die er für die Entwicklung einer neuen Sorte braucht, ohne dass der Patentinhaber seine Zustimmung geben muss.

Zwar wird hierdurch die Weiterzüchtung mit patentgeschützten Pflanzen ermöglicht.[945] Gleichwohl ist die Verwertung des neu gewonnenen Materials von dem Privileg nicht umfasst.[946] Hierin liegt eine erhebliche Einschränkung im Vergleich zum sortenschutzrechtlichen Züchtervorbehalt, der nicht nur die Züchtung an sich ohne Erlaubnis des Sortenschutzinhabers gestattet, sondern auch

944 Eidgenössisches Institut für Geistiges Eigentum, Fragen und Antworten, Bern 2008, S. 13, abrufbar unter: https://www.ige.ch/fileadmin/user_upload/Juristische_Infos/d/j10010d.pdf (zuletzt abgerufen am: 12.08.2012).

945 *VCI*, S. 8.

946 Benkard-*Scharen*, § 11 Nr. 2a PatG Rdnr. 9.

deren Verwendung, solange es sich nicht um eine im Wesentlichen abgeleitete Sorte handelt.[947] Die Position des Patentinhabers ist demzufolge eine wesentlich stärkere. Um der Wirkung des Patents zu entgehen, muss der Züchter den patentrechtlich geschützten Bestandteil auszüchten.[948] Andernfalls ordnet § 9a Abs. 3 PatG an, dass sich der Patentschutz auch auf die dem Sortenschutz zugängliche Sorte erstreckt, in der sich die patentgemäße Eigenschaft ausgeprägt hat.[949] Praktisch bedeutet dies, dass der Züchter die Sorte erst nach dem zeitlichen Ablauf des Patentschutzes auf den Markt bringen darf. Andernfalls kann der Patentinhaber dem Züchter die Vermarktung untersagen oder Ansprüche auf Lizenzgebühren geltend machen.[950] Insofern kann das im deutschen Patentgesetz verankerte Pflanzenzüchterprivileg nicht dazu beitragen, den Konflikt zwischen Züchtern und Patentinhabern endgültig zu lösen.

Zudem fehlt es an einer vergleichbaren Regelung auf europäischer Ebene. In Zeiten, in denen immer mehr europäische Patente erteilt werden, weil die Patentinhaber häufig Schutz über die nationalen Grenzen hinaus begehren, wiegt diese Tatsache besonders schwer. Die Begründung der Europäischen Kommission, wonach das Fehlen einer solchen Regelung auf europäischer Ebene keine negativen Auswirkungen auf den technischen Fortschritt habe, weil die Züchterausnahme bereits in Art. 15 lit. c) GemSortVO normiert sei und diese als älteres Recht der 1998 in Kraft getretenen Biopatentrichtlinie vorgehe, vermag nicht zu überzeugen.[951] Der dort kodifizierte Züchtervorbehalt bezieht sich ausschließlich auf das Verhältnis zweier Pflanzenzüchter. Da die Biopatentrichtlinie das Verhältnis zwischen Patentinhabern und Pflanzenzüchtern näher beschreibt und damit eine andere Materie betrifft, können die dort getroffenen Ausführungen nicht als bloße Ergänzung zum Sortenschutzrecht angesehen werden.[952] Dass in naher Zukunft ein EU-weites Züchterprivileg eingeführt wird, ist mit Blick auf die aktuellen Entwicklungen eher unwahrscheinlich. Das Europäische Parlament und der Rat verhandeln zwar momentan über den Erlass einer EU-Patentverordnung, im Rahmen derer auch über ein EU-weites Züchterprivileg

---

947 Siehe § 10a Abs. 1 Nr. 3 SortSchG.

948 *Lampe*, Deutscher Bundestag 2009, S. 22.

949 *Leßmann/Würtenberger*, § 1 Rdnr. 20.

950 *Feindt*, S. 20.

951 Zu den Beweggründen der Europäischen Kommission siehe *Zach*, S. 129.

952 *Ebda.*

nachgedacht wird. Das Europäische Parlament, welches sich noch im Mai 2012 dafür einsetzte, Züchtern grenzüberschreitend zu erlauben, patentiertes Erbgut für die weitere Züchtung verwenden zu dürfen, hat diesen Aspekt aber auf britische Initiative ersatzlos von der Tagesordnung der Sitzung genommen.[953]

c) Zugang für Landwirte (Landwirteprivileg)

Ein weiteres Privileg, das Nachbauprivileg für Landwirte (§ 9c PatG), ist keine deutsche Besonderheit, sondern hat mit der Umsetzung von Art. 11 BioPat-RL Eingang in das deutsche Patentgesetz gefunden.

Seinen Ursprung hat das Landwirteprivileg im Sortenschutzrecht (§ 10a SortSchG, Art. 14 GemSortVO). Es erlaubt dem Landwirt, einen Teil seiner Ernte einzubehalten und als Vermehrungsmaterial für den Wiederanbau im eigenen Betrieb zu verwenden, ohne die Zustimmung des Inhabers der Sortenschutzrechte an der jeweiligen Sorte einholen zu müssen.[954] Dies gilt für alle wirtschaftlich bedeutsamen Nutzpflanzen wie Futterpflanzen, Getreide oder Kartoffeln, sodass der Landwirt mit diesen Nachbau betreiben darf, vorausgesetzt er hat das Saatgut legal erworben.[955] Mit der Einführung dieses Privilegs sollte die Saatgutversorgung und landwirtschaftliche Erzeugung sichergestellt werden.[956]

Um den Landwirt, der patentrechtlich geschütztes Vermehrungsmaterial nachbaut, im Gegensatz zu dem, der nur sortenschutzrechtlich geschütztes Material benutzt, nicht zu benachteiligen, wurden die patentrechtlichen Bestimmungen an die Nachbaubestimmungen des Sortenschutzrechts angepasst. Den traditionellen Gepflogenheiten entsprechend kann der Landwirt auch bei patentiertem Vermehrungsmaterial einen Teil seiner Ernte für die Wiederaussaat verwenden, weil das Saatgut zum Anbau dient und dazu verkauft wurde.[957] Ausmaß und Modalitäten des Nachbaus richten sich nach den sortenschutzrechtlichen Regelungen (siehe Verweis in § 9c Abs. 1 S. 2 PatG auf Art. 14 GemSortVO).

---

953 Pressemitteilung des Onlinemediums agrarheute.com vom 05.07.2012: Rat und Parlament streiten um Züchterprivileg, abrufbar unter: http://www.agrarheute.com/eu-patent-zuechterprivileg (zuletzt abgerufen am 12.08.2012).

954 *Haedicke*, Mitt. 2005, S. 241 (245).

955 Vgl. *Walter*, Deutscher Bundestag 2009, S. 31.

956 *Würtenberger*, GRUR 2003, S. 838 (839).

957 BT-Drs. 15/1709, S. 12.

Um den Interessen der Züchter hinreichend Rechnung zu tragen, die durch den Nachbau nicht unerhebliche Einbußen beim Verkauf von Saatgut erleiden, müssen die Landwirte eine angemessene Entschädigung zahlen, wenn sie Nachbau betreiben wollen.[958] Ausgenommen von der Verpflichtung sind lediglich Kleinlandwirte.[959] Alle anderen Landwirte sind entschädigungspflichtig. Mit diesem Entschädigungsanspruch soll ein angemessener Ausgleich zwischen den Saatgutversorgungsbelangen der Landwirte und den Belastungswirkungen für die Züchter hergestellt werden.[960] Da die Interessen von Züchtern und Landwirten erwartungsgemäß auseinandergehen, bereitet die Einschätzung, wann eine Entschädigung angemessen ist, erhebliche Schwierigkeiten. Während Züchter für denselben genetischen Fortschritt im Nachbau eine möglichst an der normalen Lizenzgebühr anzusiedelnde Vergütungshöhe erhalten wollen, haben die Landwirte ein Interesse daran, möglichst kostengünstig nachzubauen.[961] Nur in seltenen Fällen gibt es daher eine privatautonome Übereinkunft, in welcher Sortenschutzinhaber und nachbauender Landwirt die Höhe der Entschädigung vertraglich vereinbart haben.[962] In der Regel wird auf den allgemeinen Maßstab des Art. 5 Abs. 2 der Verordnung zur Nachbauentschädigung[963] abzustellen sein, wonach der Entschädigungsbetrag deutlich geringer sein muss als die im Rahmen einer vertraglichen Lizenz zu zahlende Vergütung.[964]

Die Einführung des Landwirteprivilegs in das Patentgesetz hat zur Folge, dass die zuvor über den Inhaber eines Sortenschutzrechts getätigten Aussagen für den Patentinhaber gleichermaßen gelten. Auch er kann demnach einen bestimmten Anteil der Nachbaulizenzen für sich beanspruchen. Praktisch umgesetzt werden kann dies durch eine vertragliche Vereinbarung mit dem Sortenschutzinhaber, in der geregelt wird, wie hoch der Anteil zu bemessen ist.[965]

---

958 Schulte-*Kühnen*, § 9c Rdnr. 7.

959 Vgl. Art. 14 GemSortVO.

960 *Leßmann/Würtenberger*, § 3 Rdnr. 53.

961 *Leßmann/Würtenberger*, § 3 Rdnr. 58.

962 *Leßmann/Würtenberger*, § 3 Rdnr. 60.

963 Verordnung (EG) Nr. 1768/95 der Kommission vom 24.07.1995 über die Ausnahmeregelung gemäß Art. 14 Abs. 3 der Verordnung (EG) Nr. 2100/94 über den gemeinschaftlichen Sortenschutz, ABl. EG Nr. L 173 v. 25.07.1995, S. 14 ff.

964 *Würtenberger*, GRUR 2003, S. 838 (840).

965 *Zach*, S. 130.

Obwohl das Nachbauprivileg den Landwirten eine gewisse Freiheit einräumt und die Ausschließlichkeitsrechte von Sortenschutz- und Patentinhabern beschränkt, wird die Regelung von Seiten der Landwirte kritisiert.[966] Grund hierfür ist, dass vor Kodifizierung des Privilegs Landwirte uneingeschränkt nachbauen durften und dies gewohnheitsrechtlich anerkannt war. Mit der Normierung hingegen wurde das Recht zum Nachbau an bestimmte Bedingungen geknüpft und insgesamt in seiner Reichweite eingeschränkt. So gilt das Privileg nur für Futterpflanzen, Getreide, Kartoffeln sowie Öl- und Faserpflanzen. Obstbäume, Reben, Beeren sowie Zierpflanzen unterfallen dem Privileg dagegen nicht mehr (vgl. Art. 14 Abs. 2 GemSortVO). Hinzu kommt, dass der traditionelle Austausch von Saatgut unter Landwirten entgegen der früheren Praxis nicht mehr zulässig ist. Insofern hat die Normierung dazu geführt, dass es das jahrhundertelange Landwirteprivileg in seiner bisherigen großzügigen Form nicht mehr gibt.[967]

Unabhängig von diesen Kritikpunkten, kann die Wirkung des Landwirteprivilegs dadurch ausgehöhlt werden, dass Sortenschutz- und Patentinhaber verstärkt auf Technologien in der Pflanzenzüchtung zurückgreifen, die keinen Nachbau zulassen. Beispielsweise können sie Saatgut verkaufen, dessen Pflanzen biologisch steril sind oder sie können vermehrt Hybridzüchtung betreiben.[968]

Zur Entschärfung des Konflikts zwischen Pflanzenzüchtern und Patentinhabern trägt das Landwirteprivileg jedenfalls nicht bei. Die einzige Aussage, die im Hinblick auf das Verhältnis von Züchtern und Patentinhabern gemacht werden kann, ist die, dass nicht beide eine eigene Nachbaulizenz vom Landwirt verlangen können, sondern dass der Züchter wohl gezwungen ist, dem Patentinhaber einen gewissen Anteil von der allfälligen Nachbaulizenz abzutreten.[969]

---

966 *Feindt*, S. 21.

967 Positionspapier der Schweizerischen Stiftung für die kulturhistorische und genetische Vielfalt von Pflanzen und Tieren (ProSpecieRara): Gentechnik und Patente in der Landwirtschaft – aktuelle Gefahren, S. 11, abrufbar unter http://www.prospecierara.ch/uploads/GVO-Patente-Positionspapie_ProSpecieRara.pdf (zuletzt abgerufen am 14.07.2011).

968 Siehe oben unter 2. Teil B. IV.

969 *Zach*, S. 130.

d) Zwangsnutzungsrechte für den Sortenschutzinhaber

In der Pflanzenzüchtung sind die genetischen Ressourcen ebenso wie die Wege, auf denen die angestrebten Züchtungsziele erreicht werden können, begrenzt. Infolgedessen kann ein und dasselbe pflanzliche Zuchtmaterial zugleich dem Patentrecht und dem Sortenschutzrecht unterfallen.[970] Zum Problem wird diese Tatsache regelmäßig in den Fällen, in denen derjenige, der über ein patentrechtlich geschütztes Genkonstrukt in der Pflanze verfügt, nicht gleichzeitig auch Inhaber der mit diesen Pflanzen gezüchteten Sorte ist.[971] Denn, wenn sich der Patentinhaber weigert, Lizenzen für das patentierte Zuchtmaterial an den Pflanzenzüchter zu erteilen, kann er jegliche Weiterentwicklung durch ihn von vornherein behindern. Das in § 11 Nr. 2a PatG normierte Züchterprivileg beseitigt dieses Problem nicht, da der Pflanzenzüchter zwar ohne Zustimmung des Patentinhabers mit dem patentierten Zuchtmaterial eine neue Pflanzensorte züchten, entdecken und entwickeln darf; die Vermarktung des Saat- oder Zuchtguts kann jedoch auch weiterhin vom Patentinhaber verboten werden.[972] Ob die Sorte auf den Markt gebracht werden darf und sich dadurch die für die Züchtung getätigten Forschungsaufwendungen auszahlen, hängt somit im Ergebnis auch weiterhin von der Entscheidung des Patentinhabers ab. Diese Abhängigkeit des Züchters von der Zustimmung des Patentinhabers birgt die Gefahr, dass der Patentinhaber seine Machtstellung dazu missbraucht, die Höhe der Lizenzgebühren „frei" zu bestimmen.

Eine Möglichkeit, diese Machtposition des Patentinhabers im Nachhinein zu durchbrechen, bietet das im Patentgesetz vorgesehene Institut der Zwangslizenz nach § 24 PatG. Hierdurch kann dem Pflanzenzüchter auch gegen den Willen des Patentinhabers Zugang zum patentierten Zuchtmaterial eröffnet werden. Mit Art. 12 BioPat-RL wurde die Erteilung wechselseitiger Zwangslizenzen zwischen Pflanzenzüchtern und Inhabern von Patenten für biotechnologische Erfindungen ermöglicht. Während Absatz 1 besagt, dass ein Pflanzenzüchter gegen Zahlung einer angemessenen Gebühr eine Zwangslizenz für eine patentgeschützte Erfindung erhält, die er benötigt, um selbst ein Sortenschutzrecht beantragen zu können, regelt Absatz 2 den umgekehrten Fall. Danach kann dem Inhaber eines Patents für eine biotechnologische Erfindung gegen Zahlung einer

---

970 *Zach*, S. 129.

971 *Ebda.*

972 *Feindt*, S. 28.

angemessenen Gebühr eine Zwangslizenz für die dem Sortenschutz unterfallende Pflanzensorte eingeräumt werden, damit er sein Patent auch verwerten kann. Wird die Lizenz erteilt, erhält der jeweilige Lizenzgeber ebenfalls einen Anspruch auf eine Lizenz vom Lizenznehmer zu angemessenen Bedingungen. Insofern erfolgt ein gegenseitiger Austausch von Lizenzen.[973]

Die weiteren Voraussetzungen für den Anspruch auf Einräumung einer Zwangslizenz ergeben sich aus Absatz 3. Danach muss der Lizenzsucher sich zunächst erfolglos bemüht haben, vom Patentinhaber eine Lizenz zu angemessenen Bedingungen zu erlangen. Zudem muss die Pflanzensorte oder Erfindung im Vergleich zur patentgeschützten Erfindung oder geschützten Pflanzensorte einen bedeutenden technischen Fortschritt von erheblichem wirtschaftlichem Interesse aufweisen.

Im Zuge der Umsetzung des Art. 12 BioPat-RL wurde § 24 PatG dahingehend geändert, dass Zwangslizenzen nicht nur für den Fall eines etwaigen Interessenkonfliktes zwischen zwei patentrechtlich geschützten Erfindungen eingeräumt werden können, sondern auch bei Abhängigkeiten zwischen Patent- und Sortenschutzrechten.[974] Das in § 24 Abs. 1 PatG enthaltene Erfordernis des öffentlichen Interesses erlangte keine Geltung für die Erteilung einer Zwangslizenz im Abhängigkeitsverhältnis einen Sortenschutzrechts von einem Patent (vgl. § 24 Abs. 3 und Abs. 2 PatG).[975] Eine Definition, wann von einem öffentlichen Interesse ausgegangen werden muss, ließ sich dem Patentgesetz ohnehin nicht entnehmen. Vielmehr handelte es sich um einen unbestimmten Rechtsbegriff, den es durch die Rechtsprechung unter Berücksichtigung der konkreten Umstände des Einzelfalles auszufüllen galt.[976] Infolgedessen wurde das Institut der Zwangslizenz nur sehr restriktiv angewandt und sollte quasi letztes Mittel

973 *Zintler*, S. 172.

974 Vgl. Benkard-*Rogge*, § 24 PatG Rdnr. 1.

975 Vgl. *Mes*, § 24 Rdnr. 20; BT-Drs. 14/5642, S. 13: In der Gesetzesbegründung kommt zum Ausdruck, dass bei abhängigen Erfindungen auf das Merkmal des öffentlichen Interesses verzichtet wurde, weil das TRIPS-Übereinkommen bereits sehr hohe Standards für die Erteilung derartiger Zwangslizenzen setzt.

976 Schulte-*Kühnen*, § 24 Rdnr. 12.

(ultima ratio) sein, um öffentliche Interessen befriedigen zu können.[977] Seit 1949 ist kein Fall bekannt, in dem eine Zwangslizenz erteilt wurde.[978]

Eine signifikante Änderung der restriktiven Handhabe ist bislang nicht zu verzeichnen und wird wohl auch zukünftig nicht zu erwarten sein.[979] Dies liegt vor allem daran, dass mit dem Institut der Zwangslizenz erheblich in die Rechte des Patentinhabers eingegriffen wird. Eine derart große Einschränkung kann nur gerechtfertigt sein, wenn die Nutzung der patentgeschützten Erfindung unmittelbar dem Wohl der Allgemeinheit dient.[980] Während die Herstellung von Arzneimitteln sich unmittelbar auf die Verbesserung der Gesundheitsversorgung auswirkt und damit stets wichtige Belange des Allgemeinwohls betroffen sind, wird im Bereich der Pflanzenzüchtung dieser Nachweis schwieriger gelingen. Denn es müsste nachgewiesen werden, dass die gezüchtete Sorte, in der das patentrechtlich geschützte Material Eingang gefunden hat, einen unmittelbaren Beitrag zur Ernährungssicherheit leistet und damit Allgemeinwohlbelangen dient und nicht nur kommerzielle Interessen des Sortenschutzinhabers verfolgt werden. Davon abgesehen muss die Entwicklung der neuen Pflanzensorte einen bedeutenden technischen Fortschritt von erheblichem wirtschaftlichem Interesse darstellen, wobei der Fortschritt so bedeutend sein muss, dass es nicht zu vertreten wäre, ihn der Allgemeinheit vorzuenthalten.[981] Demnach darf die Einschränkung der Rechte des Patentinhabers nach wie vor nur zu übergeordneten Zwecken erfolgen, auch wenn die Zwangslizenz nicht mehr ausdrücklich ein öffentliches Interesse erfordert.[982]

Dem Institut der Zwangslizenz wird man zumindest wenigstens den psychologischen Effekt nachsagen können, dass Patentinhaber eher geneigt sein werden, Lizenzen auf freiwilliger Basis abzuschließen.[983] Denn diese können sie nach ihren eigenen Vorstellungen ausgestalten, insbesondere hinsichtlich der Höhe

---

977 *Schieble*, S. 165.

978 Benkard-*Rogge*, § 24 PatG Rdnr. 4.

979 Die Vermutung, dass es infolge der Gewährung von Patentansprüchen auf DNA-Sequenzen zu einer Steigerung der Zwangslizenzanträge kommt, hat sich nicht bestätigt, vgl. *Straus*, GRUR 1993, S. 308 (314).

980 Vgl. *Herrlinger*, S. 293.

981 Vgl. § 24 Abs. 2 Nr. 2 PatG.

982 *Schieble*, S. 179.

983 *Herrlinger*, S. 308.

der zu zahlenden Lizenzgebühren.[984] Seitdem es nicht mehr erforderlich ist, ein öffentliches Interesse an der Nutzung des geschützten Gegenstands nachzuweisen, ist es zumindest theoretisch leichter, Zwangslizenzen erteilt zu bekommen.[985] Dies kann als Druckmittel in etwaige Lizenzverhandlungen einfließen. Aufgrund mangelnder Durchsetzungskraft hat die Zwangslizenz kaum praktische Relevanz. So wurde bisweilen keine einzige Zwangslizenz im Bereich der Pflanzenzüchtung erteilt.[986] Ob allein durch die psychologische Wirkung, Patentinhaber von der missbräuchlichen Ausnutzung ihrer Machtposition abgehalten werden, darf vor diesem Hintergrund bezweifelt werden. Daher sind letztlich Zwangslizenzen kein geeignetes Mittel, um das Spannungsfeld zwischen Pflanzenzüchtern und Sortenschutzinhabern zu beseitigen.

e) Benutzungsanordnung

Eine weitere gesetzliche Möglichkeit, den Patentschutz einzuschränken, ergibt sich aus § 13 PatG, indem zum Wohle der Allgemeinheit eine Benutzungsanordnung ergehen kann. Nach § 13 Abs. 1 S. 1 PatG ist allerdings allein die Bundesregierung ermächtigt, in Form eines Verwaltungsaktes anzuordnen, dass eine Erfindung im Interesse der öffentlichen Wohlfahrt benutzt werden soll.[987]

Die öffentliche Wohlfahrt könnte eine Benutzungsanordnung für Erfindungen auf Basis pflanzengenetischer Ressourcen erforderlich machen. Allerdings ist der Begriff der öffentlichen Wohlfahrt enger zu verstehen als derjenige des öffentlichen Interesses im Sinne der patentrechtlichen Zwangslizenz nach § 24 PatG.[988] Daher bedarf es stets außergewöhnlicher Notsituationen, um ein Erfordernis der öffentlichen Wohlfahrt begründen zu können.[989] Zwar steht die Nutzung pflanzengenetischer Ressourcen immer im Zusammenhang mit dem Ziel der Ernährungssicherheit. Diese aber unter den Begriff der öffentlichen Wohlfahrt zu subsumieren wäre verfehlt, zumal sich nicht ein einzelnes Patent negativ auf die ernährungspolitische Situation auswirkt, sondern erst die Marktentwicklung im Ganzen. Die Benutzungsanordnung als ein Instrument für Aus-

984 *Ebda.*
985 *Schieble*, S. 181.
986 *Walter*, Deutscher Bundestag 2009, S. 36.
987 Vgl. Benkard-*Scharen*, § 13 PatG Rdnr. 3.
988 *Mes*, § 13 Rdnr. 3.
989 Vgl. *Lenz/Kieser*, NJW 2002, S. 401 (402), die das Auftreten von Milzbrandfällen in größerem Umfang als eine solche außergewöhnliche Notsituation einordnen.

nahmesituationen bietet hier jedenfalls keine Dauerlösung für Probleme, die aus der Patentierbarkeit pflanzengenetischer Ressourcen resultieren.[990]

f) *Abschließende Bewertung patentrechtlicher Lösungen*

Das Patentrecht enthält eine Vielzahl von Restriktionen, die zumindest in Ansätzen geeignet sind, die wirtschaftlichen Abhängigkeiten zwischen Patentinhabern und Sortenzüchtern abzumildern. Ob damit ein zufriedenstellender Lösungsansatz gefunden ist, muss jedoch bezweifelt werden. Zum einen sind –selbst in der Summe – Zweifel an der Wirksamkeit solcher Maßnahmen angebracht, da sie häufig nur punktuell wirken und an hohe Voraussetzungen geknüpft sind. Zum anderen bieten sie keine grundsätzliche Lösung für das Konfliktverhältnis von Sortenschutzrecht und Patentrecht, sondern begnügen sich damit, einige negative Auswirkungen der Konkurrenzsituation zu beseitigen.

2. Die Schnittstelle zum Kartellrecht

Mit der Erteilung von Patentschutz für biotechnologische Errungenschaften in der Grundlagenforschung wird dem Patentinhaber im Vergleich zu anderen patentfähigen Erfindungen eine besonders starke Ausschließlichkeitsstellung eingeräumt. Der Grund hierfür ist die Einzigartigkeit von Genen und der Umstand, dass es in einem jedem Organismus nur eine begrenzte Anzahl von Genen gibt. Dadurch wächst die Gefahr der Marktmonopolisierung, des Missbrauchs dieser Stellung und des Rückgangs von technischem Fortschritt.[991] Wie zuvor aufgezeigt, sind die im Patentgesetz enthaltenen Schutzrechtsbeschränkungen letztlich nicht geeignet, den Züchtern effektiven Zugang zu patentiertem pflanzlichem Zuchtmaterial zu gewähren. Unter Umständen ist dies aber auch nicht Aufgabe des Patentrechts. Vielmehr ist das Kartellrecht das typische Werkzeug, um Machtpositionen zu beschränken, die negativen Einfluss auf den Wettbewerb haben.

Patentrecht und Kartellrecht verfolgen langfristig betrachtet dasselbe Ziel: Stärkung des Wettbewerbs sowie eine damit einhergehende Innovationsförderung. Die unterschiedliche Strategie zur Erreichung dieser Ziele führt jedoch zu einem Spannungsverhältnis zwischen immaterialgüterrechtlichem Schutz vor Wettbe-

---

990 Vgl. *Eisenkolb*, S. 251, die die Ungeeignetheit des Instruments der Benutzungsanordnung für medizinische Verfahren feststellt.

991 Zu den wirtschaftlichen Auswirkungen ausführlich oben unter 4. Teil B. I.

werb und kartellrechtlichem Schutz des Wettbewerbs.[992] Während der Kern des Patentrechts in der Verleihung von Ausschließlichkeitsrechten besteht, die durch ihre absolute Wirkung dem Schutzrechtsinhaber gerade Wettbewerbsvorteile sichern, versucht das Kartellrecht derartige Wettbewerbsverzerrungen zu unterbinden.[993] Da aus der Inhaberschaft eines Patents aber nicht zwangsläufig eine marktbeherrschende Stellung resultiert, eskaliert der Konflikt zwischen Patent- und Kartellrecht nur dort, wo das Verfügungsrecht des Patentinhabers ein faktisches Monopol begründet.[994] Voraussetzung für die Entstehung eines solchen Monopols durch ein Patent ist die Nicht-Substituierbarkeit des patentrechtlich geschützten Gegenstands.[995] Denn erst dann schürt die Monopolisierungswirkung, die grundsätzlich jedem Patent immanent ist, die Gefahr, dass der Wettbewerb tatsächlich durch den marktbeherrschenden Schutzrechtsinhaber ausgeschlossen wird.

a) Anwendbarkeit des Kartellrechts neben dem Patentrecht

Fraglich ist jedoch, ob der marktbeherrschende Schutzrechtsinhaber, der sich bei der Ausübung seiner Rechte im Rahmen der durch das Patentrecht gesetzten Grenzen hält, gleichzeitig aber die allgemein geltenden kartellrechtlichen Verhaltensregeln für marktmächtige Unternehmen missachtet, rechtlich verfolgt werden kann.[996] Dazu müsste trotz der Gewährung eines Patents Raum für die Anwendung des Kartellrechts bleiben.

Die früher vertretene Position, die dem Immaterialgüterrecht eine absolute Vorrangstellung vor dem Kartellrecht eingeräumt hat, gilt als überholt.[997] Zwar wird den Inhabern von Immaterialgüterrechten durch die Gewährung dieser Rechte bewusst Wettbewerbsvorsprung verschafft. Hierdurch soll aber lediglich sichergestellt werden, dass genügend Anreiz zu innovativem Handeln besteht.[998] Auf

992 *Wirtz*, WRP 2004, S. 683.
993 Busse-*Kreukenschrijver*, Einl. PatG Rdnr. 60.
994 *Casper*, ZHR 166 (2002), S. 685 (686).
995 Immenga/Mestmäcker-*Ullrich/Heinemann*, Band 1,VII. Abschnitt B. Rdnr. 49.
996 Vgl. *Hötte*, S. 37.
997 Vgl. für einen Vorrang des Patentrechts etwa *Miller*, EIPR 1994, 415, S. 416 ff.; *Beier*, in: FS Quack 1991, S. 15 (31 f.).
998 Siehe die verschiedenen Patentrechtstheorien zur Rechtfertigung des Patents *Kraßer*, S. 36.

keinen Fall soll ihnen ein Mittel an die Hand gegeben werden, mit dem sie jeglichen Wettbewerb ausschalten können.

Insofern ist an eine Anwendung kartellrechtlicher Vorschriften erst zu denken, wenn der Patentinhaber seinen Wettbewerbsvorsprung zu wettbewerbsfremden Handlungen einsetzt und dadurch eine materielle und nicht nur eine formale Wettbewerbsbeschränkung hervorruft.[999] Auch die bloße Begründung eines wirtschaftlichen Monopols muss zunächst „kontrollfrei" bleiben, sofern der Patentinhaber sich seine Monopolstellung auf zulässige Art und Weise (bspw. durch geschickte Vermarktung der Erfindung) erkämpft hat.[1000] Erst wenn das dem Patentinhaber zugebilligte Rechtsmonopol durch missbräuchliches Verhalten zum wirtschaftlichen Monopol wird, ist die Sphäre des Kartellrechts betroffen.[1001] Für die nach Art. 102 AEUV (ex-Art. 82 EG) verbotene missbräuchliche Ausnutzung einer marktbeherrschenden Stellung macht es dann keinen Unterschied, ob die marktbeherrschende Stellung ursprünglich durch ein gerechtfertigtes innovatives Verhalten oder auf andere Weise entstanden ist.[1002] Abzustellen ist allein auf die missbräuchliche Verhaltensweise des Patentinhabers. Das Kartellrecht muss hier als Korrektiv dienen, um das strukturelle Versagen des Patentrechts, welches selbst keine Handhabe gegen derartiges Verhalten bereitstellt, aufzufangen.

Inzwischen wird eine Kohärenz von Immaterialgüterrecht und Wettbewerbsrecht angenommen, sodass immaterialgüterrechtliche und wettbewerbsrechtliche Vorschriften nebeneinander angewendet werden können.[1003]

b) Existenz kartellrechtlicher Zwangslizenzen – die „essential facilities-Doktrin"

Von der generellen Anwendbarkeit des Kartellrechts neben dem Patentrecht zu unterscheiden ist die Frage, ob neben der in § 24 PatG speziell normierten patentrechtlichen Zwangslizenz eine Zwangslizenzierung anhand kartellrechtlicher Regeln möglich ist. Die im Patentrecht vorhandene Zwangslizenzregelung dürf-

999 *Busche*, S. 7.
1000 *Ebda.*
1001 *Busche*, S. 6.
1002 *Casper*, ZHR 166 (2002), S. 685 (693).
1003 *Zimmermann*, S. 16.

te keine abschließende Wirkung haben. Andernfalls würde eine Umgehung spezieller patentrechtlicher Vorschriften provoziert.

Der BGH hat in seiner „Standard-Spundfass"-Entscheidung entschieden, dass der auf § 19 GWB gestützte kartellrechtliche Anspruch auf Einräumung einer Lizenz nicht durch die nach § 24 PatG dem Patentgericht eingeräumte Befugnis zur Erteilung einer Zwangslizenz ausgeschlossen ist.[1004] Beide Rechtsinstitute dienten unterschiedlichen Zielsetzungen und unterlägen anderen Voraussetzungen.[1005] Während eine Zwangslizenz nach dem Patentrecht ein öffentliches Interesse (§ 24 Absatz 1 PatG) oder einen wichtigen technischen Fortschritt von erheblicher wirtschaftlicher Bedeutung (§ 24 Absatz 2 PatG) erfordert, setzt die kartellrechtliche Zwangslizenzierung den Missbrauch einer marktbeherrschenden Stellung voraus. Da die bloße Inhaberschaft an einem Patent noch keine solche Marktstellung begründet, sondern lediglich eine ihrer Voraussetzungen ist, und umgekehrt der Missbrauch einer marktbeherrschenden Stellung für die patentrechtliche Zwangslizenz weder notwendige Voraussetzung noch ohne weiteres hinreichend ist, ist das Verhältnis beider Vorschriften klar abgegrenzt.[1006]

Letzten Endes streben Patent- und Kartellrecht mit der Technologie- und Wettbewerbsförderung gleiche Ziele an, sodass die Vorschrift des § 24 PatG nicht prinzipiell kartellrechtlichen Zwangslizenzen mit gleicher Rechtsfolge entgegensteht, zumal die in § 24 PatG festgeschriebene patentrechtliche Zwangslizenz praktisch keine Wirkung entfaltet und ineffektiv ist.[1007] Im Übrigen ist eine Aushöhlung der spezielleren patentrechtlichen Vorschrift nicht zu befürchten, da eine kartellrechtliche Zwangslizenz immer nur in den Fällen in Betracht gezogen werden kann, in denen ein Monopolist seine marktbeherrschende Stellung missbräuchlich ausnutzt.[1008]

1004 BGH, U. v. 13.07.2004, Az.: KZR 40/02 – Standard-Spundfass, abgedruckt in: GRUR 2004, S. 966 ff. = BGHZ 160, S. 67 ff. = NJW-RR 2005, S. 269 ff.; bestätigt durch: BGH, U. v. 13.12.2006, Az.: 6 U 174/02 – Orange-Book-Standard, abgedruckt in: GRUR-RR 2007, S. 177 ff.

1005 BGH, GRUR 2004, S. 966 (967) – Standard-Spundfass.

1006 *Kraßer*, S. 833.

1007 Siehe dazu oben unter 5. Teil A. I. 1. d).

1008 Vgl. *Hötte*, S. 38 ff.

Fraglich ist aber, ob Zwangslizenzen als Maßnahme der kartellrechtlichen Missbrauchsaufsicht überhaupt existieren.[1009] Das Institut der Zwangslizenz ist dem Kartellrecht eigentlich fremd. Auf europäischer Ebene findet sich an keiner Stelle im Gesetz eine Norm, die der Kartellbehörde aufgrund missbräuchlichen Marktverhaltens marktmächtiger Unternehmen die Möglichkeit einräumt, eine Zwangslizenz zu gebieten.[1010] Auch die vom deutschen Gesetzgeber in § 19 Abs. 4 Nr. 4 GWB erlassene Vorschrift erlaubt keine kartellrechtliche Zwangslizenzierung von Patenten. Eine Zugangsgewährung als Sanktion ist lediglich bei Infrastruktureinrichtungen wie Telekommunikations-, Energienetzen oder auch Hafenanlagen vorgesehen; gewerbliche Schutzrechte dagegen sollten nach dem Willen des Gesetzgebers gerade nicht erfasst werden.[1011]

Allerdings hat der Europäische Gerichtshof in seiner Entscheidungspraxis zu Art. 82 EG (jetzt: Art. 102 AEUV) mehrfach eine Pflicht zur Zugangsgewährung auch bei gewerblichen Schutzrechten angenommen.[1012] Im Kern wurde dabei auf die wesentlichen Prinzipien der aus dem US-amerikanischen Antitrustrecht stammenden „essential-facilities"-Doktrin zurückgegriffen.[1013] Ausgangspunkt war hierbei die Supreme Court-Entscheidung United States v. Terminal Railroad Association aus dem Jahre 1912, in welcher es einigen Eisenbahngesellschaften durch einen Zusammenschluss von konkurrierenden Eisenbahnunternehmen verwehrt war, den Zugang zu dem Bahnhof von St. Louis zu erhalten.[1014] Auf der Grundlage des Monopolisierungsverbots gemäß Sec. 2 Sherman Act forderte der Supreme Court, dass allen Eisenbahngesellschaften zu denselben Bedingungen Zugang zu den Brücken gewährt werden müsse.[1015] In Folge dieses Urteils wurde die Problematik der Bottleneck-Situation, bei der ein Konkurrent für das Entstehen von Wettbewerb notwendigerweise auf Ressourcen

---

1009 *Schieble*, S. 187.

1010 *Ebda.*

1011 BT-Drs. 13/9720, S. 79 f.

1012 Vgl. EuGH, U. v. 06.04.1995, Az.: C-241/91 P verb. C-242/91 P – Magill, abgedruckt in: GRUR Int. 1995, S. 490 ff. = EuZW 1995, S. 339 ff.; EuGH, U. v. 29.04.2004, Az.: C-418/01 – IMS Health, abgedruckt in: MMR 2004, S. 456 ff. = GRUR 2004, S. 524 ff. = WRP 2004, S. 717 ff.; EuG, U. v. 17.09.2007, Az.: T-201/04 – Microsoft., abgedruckt in: WuW 2007, S. 1169 ff.

1013 Grabitz/Hilf/Nettesheim-*Deselaers*, Art. 102 AEUV Rdnr. 465.

1014 United States v Terminal Railroad Association, 244 U.S. 383 (1912).

1015 Vgl. *Lober*, GRUR Int. 2002, S. 7 (10).

des Monopolisten zurückgreifen muss, unter dem Gesichtspunkt des vom englischen Kartellrechtler Neale entwickelten Konzepts der „essential facilities"-Doktrin behandelt.[1016] Stark vereinfacht lässt sich der Inhalt der „essential facilities"-Doktrin wie folgt zusammenfassen: Marktbeherrschende Unternehmen sind unter bestimmten Umständen verpflichtet, potentiellen Wettbewerbern den Zugang zu wesentlichen Einrichtungen zu gewähren.

Im Einzelnen ist die Zugangsgewährungspflicht an die folgenden Voraussetzungen gebunden: Ein Monopolist muss eine Einrichtung besitzen, die für die Mitbewerber in dem Sinne wesentlich ist, dass sie eines Zugangs zu dieser bedürfen, um in Konkurrenz treten zu können.[1017] Eine Duplizierung der wesentlichen Einrichtung ist ausgeschlossen. Ferner muss der Zugang zu dieser wesentlichen Einrichtung den Wettbewerbern verschlossen sein. Schließlich muss das zur Verfügung stellen der wesentlichen Einrichtung objektiv möglich und ökonomisch zumutbar sein.[1018] Eine solche Situation ist aber nur in den Fällen rechtswidrig, in denen durch die Zugangsverweigerung der Wettbewerb auf dem abgeleiteten Markt ausgeschlossen und die Marktmacht in diesem Markt aufrechterhalten bzw. ausgedehnt wird.[1019]

c) Die Übertragung der Doktrin auf das europäische Kartellrecht

aa) Die Anerkennung der „essential facilities"-Doktrin

Voraussetzung für eine Übertragbarkeit der „essential facilities"-Doktrin vom US-amerikanischen Antitrustrecht auf das europäische Kartellrecht ist zunächst die Existenz einer solchen in Amerika. Das Bestehen dieses Konzeptes ist nicht ohne weiteres zu bejahen, da das oberste Gericht der USA, der Supreme Court, in keiner seiner Entscheidungen jemals den Begriff der „essential facilities" gebraucht hat. Vielmehr hat der Richter Scalia in dem 2004 vom U.S. Supreme Court erlassenen Urteil Verizon v. Trinko zum Ausdruck gebracht, dass der Supreme Court eine solche Doktrin nie anerkannt habe und es keinen Anlass für ihre Anerkennung gebe.[1020] Demzufolge wurde die Doktrin teilweise als eine

---

1016 *Müller/Meyer*, S. 49 f.

1017 Immenga/Mestmäcker-*Fuchs/Möschel*, Band 1, Art. 102 AEUV Rdnr. 334; Grabitz/Hilf/Nettesheim-*Deselaers*, Art. 102 AEUV Rdnr. 468.

1018 *Kaestner*, S. 211; vgl. *Heinemann*, S. 96.

1019 *Hovenkamp/Janis/Lemley*, Journal of Competition Law & Economics, Vol. 1 (2006), S. 1 (11).

1020 *Kanter*, ECLR 2006, S. 351 (362).

reine Kreation der Literatur betrachtet. Ungeachtet dessen haben die unteren Gerichtsinstanzen in ihren Urteilsbegründungen auch weiterhin auf die Kriterien der „essential-facilities"-Doktrin zurückgegriffen.[1021]

Trotz der durchaus umstrittenen Sichtweise und der Tatsache, dass die Doktrin auch in den USA nicht vorbehaltlos gebilligt wurde, fanden die allgemeinen Prinzipien der „essential facilities"-Doktrin Einzug in das europäische Wettbewerbsrecht. Erstmals wurden die in den USA entwickelten Grundsätze des Konzepts in den Hafenentscheidungen aus den Jahren 1992/1993 von Seiten der Kommission herangezogen.[1022] In diesen verweigerte ein Betreiber eines Hafens, der zugleich auch Fährdienstleistungen anbot, konkurrierenden Seetransportunternehmen, den Zugang zu diesem Hafen zu kommerziell akzeptablen Bedingungen.[1023] Das Vorliegen eines Verstoßes gegen Art. 82 EG (jetzt: Art. 102 AEUV) wurde von der Kommission bejaht, da die Zugangsverweigerung von dem Inhaber einer wesentlichen Einrichtung in marktbeherrschender Position ausging.[1024] Obgleich in dieser Entscheidung die starke Anlehnung an das amerikanische Vorbild zum Ausdruck kommt, kann von einer generellen Ableitung der „essential facilites"-Doktrin nicht ausgegangen werden. Bisweilen wurde in keiner Urteilsbegründung des obersten Gerichtshofs der Europäischen Union ausdrücklich zu der Doktrin Stellung genommen, obwohl in der Bronner-Entscheidung der Generalanwalt Jacobs in seinen Schlussanträgen insbesondere auf die „essential facilities"-Doktrin hingewiesen hat.[1025] In dieser Entscheidung ging es um die Weigerung eines Presseunternehmens mit überragender Marktstellung die Tageszeitung eines konkurrierenden Unternehmens in ihr Hauszustellungssystem aufzunehmen.[1026] Dass die „essential facilities"-Doktrin in der Entscheidung keine ausdrückliche Erwähnung fand, zeigt die offensichtliche Ablehnung der europäischen Gerichtsbarkeit gegenüber der Begrifflichkeit.

1021 *Ebda.*

1022 Entscheidung der Kommission vom 21.12.1993 – Sealink II, ABl. EG 1994 Nr. L 15, S. 8 ff. Die erste Entscheidung der Kommission ist unveröffentlicht.

1023 Löewenheim/Meessen/Riesenkampff-*Lübbig*, Art. 82 EGV Rdnr. 215.

1024 ABl. EG 1994 Nr. L 15, Rdnr. 66.

1025 Schlussanträge des Generalanwalts Jacobs vom 28.05.1998, abgedruckt in: Slg. 1998, I-S. 7791, 7794 ff.

1026 EuGH, U. v. 26.11.1998, Rs. C-7/97 – Bronner Urteil; abgedruckt in: MMR 1999, S. 348 ff. = NJW 1999, S. 2259 ff. = GRUR Int. 1999, S. 262 ff.

Ein Grund für die restriktive Handhabung könnte die unterschiedliche wettbewerbsrechtliche Ausgestaltung der Rechtsprechung in Europa und in den USA sein. Im Gegensatz zu den USA kann nach europäischem Recht das Monopolausdehnungselement zwar ein Indiz für ein missbräuchliches Verhalten sein, zwingend ist dies allerdings nicht.[1027] Anknüpfungspunkt des Europäischen Rechts ist nicht der Monopolisierungsprozess, sondern der Missbrauch einer marktbeherrschenden Stellung.[1028] Insofern hat der EuGH in seiner konsistenten Rechtsprechung – neben der Zugangsverweigerung zu einer wesentlichen Einrichtung – zusätzliche Voraussetzungen für den Nachweis eines Missbrauchs aufgestellt.[1029] Losgelöst von dem Disput, ob die Doktrin „essential facilities" Eingang ins europäische Recht gefunden hat, hat der EuGH Voraussetzungen formuliert, anhand derer die Gewährung einer kartellrechtlichen Zwangslizenz in Betracht kommt. Allgemein wurde durch die eher restriktive Rechtsprechung des EuGH in Zugangsgewährungsfällen offensichtlich, dass die Erteilung von Zwangslizenzen auch im Kartellrecht nur letztes Mittel sein sollte.[1030]

bb) Anwendbarkeit auf das Immaterialgüterrecht

Selbst wenn von einer Anerkennung der „essential facilities"-Doktrin im Europäischen Recht ausgegangen wird, ist es fraglich, ob die Doktrin für eine etwaige Zwangslizenzierung von gewerblichen Schutzrechten geeignet ist. Nach überwiegender Ansicht war die Doktrin bislang auf Sacheigentum begrenzt.[1031]

Entscheidend für die Anwendung der „essential facilities"-Doktrin auf Immaterialgüterrechte ist die Tatsache, ob Urheberrechte bzw. gewerbliche Schutzrechte in wettbewerbsrechtlicher Hinsicht dem Sacheigentum gleichgestellt werden können.[1032] Beide Rechtsinstitute verleihen dem Inhaber eine Ausschließlichkeitsposition, d.h. dass dieser Dritte von der Nutzung ausschließen kann. Die Zielsetzung ist jedoch eine andere. Vorrangiges Ziel des Immaterialgüterrechts ist der Innovationsschutz, während dieser beim Sacheigentum nur einen Rege-

---

1027 *Beckmerhagen*, S. 273 f.

1028 Vgl. Art. 102 AEUV.

1029 Vgl. EuGH, GRUR Int. 1995, S. 490 ff. – Magill; EuGH, MMR 2004, S. 456 ff. – IMS Health; EuG, WuW 2007, S. 1169 ff. – Microsoft.

1030 Vgl. Loewenheim/Meessen/Riesenkampff-*Lübbig*, Art. 82 EGV Rdnr. 220.

1031 *Casper*, ZHR 166 (2002), S. 685 (688).

1032 *Spindler/Apel*, JZ 2005, S. 133 (134).

lungsreflex darstellt.[1033] Die uneingeschränkte Anwendung der im Rahmen von Infrastrukturmonopolen gebräuchlichen „essential facilities"-Doktrin würde dazu führen, dass jede Zugangsverweigerung, die auf dem nachgelagerten Markt zu einer Wettbewerbsbeschränkung führt, als missbräuchlich angesehen wird.[1034] Durch eine solch extensive Anwendung der Doktrin wird jedoch in erheblichem Umfang in die Schutzfunktion der Immaterialgüterrechte eingegriffen, insbesondere in die exklusive Verfügungsbefugnis des Immaterialgüterrechts.[1035] In seinem Bestand würde der vom nationalen Gesetzgeber gewährte immaterialgüterrechtliche Schutz daher weitgehend ausgehöhlt. Infolgedessen ist eine Hemmung der Innovationsleistung durch die Marktteilnehmer und mithin eine Schwächung des Wettbewerbs zu erwarten.

Vor dem Hintergrund dieser Erwägungen wird deutlich, dass die Doktrin den Besonderheiten des Immaterialgüterrechts nicht immer gerecht wird. Ziel der Doktrin ist nämlich gerade die Verhinderung der Marktabschottung, was aber im Bereich der gewerblichen Schutzrechte nicht per se geächtet werden kann.[1036] Eine Anwendung der „essential-facilities"-Doktrin sollte vor diesem Hintergrund nur in besonderen Fallgestaltungen in Erwägung gezogen werden.

d) Kartellrechtliche Zwangslizenzen für patentierte Gene

Im speziellen Kontext patentierter Gene könnte eine kartellrechtliche Zwangslizenzierung eine Möglichkeit bieten, um Patentblockaden insbesondere im Bereich der Grundlagenforschung zu unterbinden.[1037] Im Folgenden sollen daher die durch die Rechtsprechung entwickelten Kriterien für eine kartellrechtliche Zwangslizenz dargestellt werden.

aa) Vorliegen einer Marktbeherrschung durch den Inhaber eines Genpatents

Eine marktbeherrschende Stellung ist für den Anwendungsbereich von Art. 102 AEUV unverzichtbar. Eine solche zeichnet sich durch die Möglichkeit des Unternehmens aus, sich gegenüber seinen Wettbewerbern, seinen Abnehmern und letztlich den Verbrauchern in einem nennenswerten Umfang unabhän-

1033 *Casper*, ZHR 166 (2002), S. 685 (696).
1034 *Wirtz*, WRP 2004, S. 683 (684).
1035 *Ebda.*
1036 *Beckmerhagen*, S. 354.
1037 *Basheer*, University of Illinois Journal of Law, Technology and Policy, Vol. 1 (2005), S. 55 ff.

gig zu verhalten.[1038] Der EuGH hat in seiner Rechtsprechung ausdrücklich hervorgehoben, dass aus der Inhaberschaft eines Immaterialgüterrechts nicht zwangsläufig eine marktbeherrschende Stellung resultiert.[1039] Vielmehr muss das Vorliegen einer marktbeherrschenden Stellung anhand der allgemeinen im Rahmen von Art. 102 AEUV entwickelten Kriterien festgestellt werden.[1040] Dazu muss der Markt zunächst sachlich, räumlich und gegebenenfalls auch zeitlich abgegrenzt werden. Wesentliches Merkmal bei der Abgrenzung des Marktes ist das Kriterium der funktionellen Austauschbarkeit.[1041] Ausschlaggebend ist also, welche Waren anstelle der betreffenden Ware treten können und welche auch tatsächlich an ihrer Stelle verwendet werden.[1042] Ist die Ware nicht substituierbar, kann auch kein Wettbewerb stattfinden.[1043]

Handelt es sich bei der wesentlichen Einrichtung um ein Immaterialgüterrecht, kann allgemein der Grundsatz aufgestellt werden, dass sich der Primärmarkt auf die Produkte erstreckt, deren Angebot inhaltlich unmittelbar von der Reichweite des Schutzrechts umfasst werden, und der abgeleitete Markt die Produkte, die aus dem Schutzrecht selbst bzw. dem hieraus entwickelten Produkt abgeleitet sind, einschließt.[1044] Auch wenn in „essential facilities"-Fällen gewöhnlich von einer marktbeherrschenden Stellung auszugehen sein wird, muss das Vorliegen einer solchen positiv festgestellt werden.[1045] Der Auffassung, eine marktbeherrschende Stellung resultiere per se aus dem Schutzrecht, ist nicht beizupflichten. Entscheidend für die Marktbeherrschung ist nämlich nicht ein durch das Ausschließlichkeitsrecht vermitteltes rechtliches Monopol, sondern das Bestehen eines faktischen Monopols auf dem relevanten Markt.[1046] Nur in seltenen Ausnahmefällen (z.B. bei Schlüsselpatenten) wird eine marktbeherrschende Stellung allein aufgrund des Immaterialgüterrechts vermittelt.[1047]

1038 Vgl. EuGH, NJW 1978, S. 2439 (2440).
1039 *Bechtold*, EuZW 1995, S. 345 (346).
1040 *Casper*, ZHR 166 (2002), S. 685 (698).
1041 Immenga/Mestmäcker-*Fuchs/Möschel*, Band 1, Art. 102 Rdnr. 42.
1042 Immenga/Mestmäcker-*Mestmäcker/Veelken*, Band 2, § 38 GWB Rdnr. 36.
1043 *Casper*, ZHR 166 (2002), S. 685 (698).
1044 *Wirtz*, WRP 2004, S. 683 (689).
1045 *Lober*, GRUR Int. 2002, S. 7 (12).
1046 Vgl. Grabitz/Hilf/Nettesheim-*Jung*, Art. 102 AEUV Rdnr. 86.
1047 *Müller*, GRUR 2012, S. 686 (687).

Im Bereich der Patentierung pflanzlicher Gensequenzen könnte argumentiert werden, dass eine Marktbeherrschung zwangsläufig aus der Natur der Sache folgt. Das patentierte biologische Material enthält bestimmte genetische Grundinformationen, derer sich der Züchter bedienen will, um Pflanzen züchten zu können, die optimal an die jeweiligen Zuchtziele angepasst sind. Die biotechnologische Forschung, insbesondere die Funktionsaufklärung einzelner Gensequenzen, ist Schlüsseltechnologie für die Weiterentwicklung des Saatguts, auf die der Züchter nicht verzichten kann, sofern er seine Konkurrenzfähigkeit waren möchte. Infolgedessen ist der einzelne Züchter rechtlich und auch wirtschaftlich von den Inhabern der DNA-Patente abhängig.[1048] Auch wenn beim Auffinden pflanzlicher Gene und Gensequenzen und der Aufklärung ihrer Funktionen Wettbewerb besteht und mehrere Unternehmen an dieser Forschung beteiligt sind, so liegt doch in Bezug auf das einzelne Gen Marktbeherrschung vor, da eine funktionelle Austauschbarkeit nicht besteht und kein Gen dieselbe Eigenschaft besitzt. Es handelt sich folglich um eine „Schlüsselerfindung". Für die Feststellung der Marktbeherrschung im konkreten Fall muss aber der relevante Markt bestimmt werden. Im Bereich des Patentrechts bezieht sich der Markt auf die geschützte Erfindung selbst, die durch Lizenzerteilung vermarktet werden kann.[1049] Hier kann der „Markt für den Zugang zur DNA-Sequenz" als vorgelagerter Markt angesehen, weil der Patentinhaber einziger Anbieter ist und dementsprechend auch nur er Lizenzen erteilen kann.[1050] Der marktbeherrschenden Stellung des einzelnen Patentinhabers steht nicht entgegen, dass für den Zugang zum nachgelagerten Markt mehrere Patente genutzt werden müssen.[1051] Eine Sorte setzt sich aus einer Vielzahl von unterschiedlichen Genen zusammen. Insofern ist es wahrscheinlich, dass der Pflanzenzüchter bei der Züchtung zahlreiche unterschiedliche Gensequenzen nutzen wird, die unter Umständen patentgeschützt sind. Da er auf die Nutzung jedes einzelnen Patents angewiesen ist, liegt auch eine Marktbeherrschung eines jeden Patentinhabers vor. Der nachgelagerte Markt ist der Markt, auf dem die gezüchteten Sorten vermarktet werden, mithin

---

1048 Für menschliche DNA-Stoffpatente siehe *Schieble*, S. 206.

1049 Liebscher/Flohr/Petsche-*Traugott*, 2. Teil, § 10 Verordnung (EU) Nr. 1217/2010 Rdnr. 24.

1050 Vgl. *Schieble*, S. 203.

1051 LG Düsseldorf, U. v. 11.09.2008, Az.: 4a O 81/07 – MPEG 2-Standard, abgedruckt in: NJOZ 2009, S. 930 ff.; *Chappatte*, European Competition Journal, Vol. 5 (2009), S. 319 (340); *Hötte*, S. 75.

der Saatgutmarkt, da auf diesem die biologischen Informationen der DNA-Sequenz gezielt genutzt werden, um Saatgut mit besonders vorteilhaften Eigenschaften herzustellen.

bb) Wesentlichkeit der Einrichtung

Der zentrale Gesichtspunkt für die Begründung einer kartellrechtlichen Zwangslizenz ist die Unentbehrlichkeit des Zugangs zu einer wesentlichen Einrichtung für Mitbewerber. Durch die Lizenzierungspflicht wird nämlich in den privatautonomen Handlungsspielraum eines Unternehmens in der Weise eingegriffen, dass dem Unternehmen die Entscheidungsfreiheit hinsichtlich der Aufnahme von Geschäftsbeziehungen genommen wird.[1052]

Im Rahmen des oben bereits genannten Bronner-Urteils hat der EuGH daher Kriterien für das Vorliegen einer solchen Bottleneck-Situation aufgestellt. Zum einen muss die beanspruchte Leistung eine notwendige Komponente für die auf dem Markt angebotenen Produkte oder Dienstleistungen sein. Es darf demnach keine Substitute geben, sodass es dem nachfragenden Wettbewerber aufgrund von technischen, rechtlichen oder wirtschaftlichen Hindernissen objektiv unmöglich oder zumindest unzumutbar erschwert sein muss, ohne Zugang zu der geschützten Leistung tätig zu werden.[1053] Zum anderen bedarf es einer Prüfung, ob die konkrete Leistung duplizierbar ist. Die Einrichtung gilt nur dann als unentbehrlich, wenn es derart unrentabel wäre, die Einrichtung selber zu schaffen, dass selbst ein wagemutiger Unternehmer davor zurückschrecken würde.[1054] Demzufolge muss der Wettbewerber bei der Erzeugung einer alternativen Einrichtung Nachteile hinnehmen, die bei einer Lizenzerteilung nicht aufkommen würden.

Bei der Feststellung der Unentbehrlichkeit ist auf den objektiven Maßstab abzustellen, d.h. auf den normalen bzw. durchschnittlichen Wettbewerber.[1055] Folglich darf der Marktzutritt ohne Nutzung der Einrichtung nicht nur dem Zugang begehrenden Züchter verwehrt sein, sondern vielmehr jedem beliebigen Züchtungsunternehmen.[1056] Es ist nicht mit dem Schutzzweck des Art. 102 AEUV zu

1052 *Eilmansberger*, EWS 2003, S. 12 (15).
1053 Vgl. *Wirtz*, WRP 2004, S. 683 (686); *Stratakis*, ECLR, Vol. 27 (2006), S. 434 (438).
1054 *Zimmermann*, S. 54.
1055 *Wiedemann*, Kapitel 6, § 23 Rdnr. 68
1056 *Ehle*, EuZW 1999, S. 89 (90).

vereinbaren, wenn das marktbeherrschende Unternehmen zur Lizenzerteilung gegenüber durchschnittlichen Wettbewerbern verpflichtet wird, obwohl besonders leistungsfähige Unternehmen auch ohne Nutzung der Einrichtung auf dem relevanten Markt tätig werden können und mithin ein wirksamer Wettbewerb sichergestellt wird.[1057] Eine solche subjektive Unrentabilität beruht auf Wettbewerbsbedingungen und ist somit belanglos.

Die hohen Anforderungen an die Anstrengungen der Wettbewerber verdeutlichen eine äußerst restriktive Haltung gegenüber einem Kontrahierungszwang auf Grundlage von Art. 102 AEUV. Diese strenge Sichtweise ist zu begrüßen, da es aus rechtlicher Sicht unverständlich wäre, einem Dritten eine Lizenz hinsichtlich eines Immaterialgüterrechts einzuräumen, obwohl es zumutbare Alternativen gibt.[1058] Marktbeherrschung als solche, sofern sie mit den zulässigen Mitteln des Leistungswettbewerbs erreicht wird, ist nicht verwerflich. Für die Verteidigung oder den Ausbau der Machtposition kann demnach nichts anderes gelten, sodass eine Zwangslizenzierung immer nur ultima ratio sein darf.[1059]

Zentraler Prüfungspunkt ist demzufolge die Einschätzung, ob patentierte pflanzliche Gene und Gensequenzen tatsächlich eine wesentliche Einrichtung im dargestellten Sinne sind. Der Umstand, dass jedes Gen einzigartig ist, legt den Schluss nahe, dass der Züchter für die Züchtung einer neuen Sorte auf diese angewiesen ist, weil es keine Substitute oder sonstigen Alternativen gibt.[1060] Gleichwohl kann die Existenz von Genen anderer Pflanzen, die in Struktur und Funktion der patentierten Gensequenz ähneln, nicht völlig ausgeschlossen werden.[1061] Daher wäre es zumindest theoretisch vorstellbar, dass der Pflanzenzüchter in die von ihm beabsichtigte Züchtung gezielt Gene aus anderen Pflanzen oder aus Bakterien überträgt, bei denen gewisse Eigenschaften nachgewiesen sind (wie z.B. eine Herbizidtoleranz oder Insektenresistenz). Ein solches Vorgehen wäre aus dem Grund möglich, weil der Gentransfer universell funktioniert und die DNA materielle Grundlage der Vererbung aller Organismen ist.[1062] Inso-

1057 *Deselaers*, EuZW 1995, S. 563 (567).

1058 *Zimmermann*, S. 55.

1059 *Ebda.*

1060 *Basheer*, University of Illinois Journal of Law, Technology and Policy, Vol. 1 (2005), S. 55 (81).

1061 *Ebda.*

1062 *Miedaner*, S. 109.

fern ist ein pflanzeneigenes Gen, welches dieselbe Eigenschaft besitzt, prinzipiell austauschbar. Allerdings könnten dem tatsächliche, rechtliche oder wirtschaftliche Hindernisse entgegenstehen. Beispielsweise würde ein rechtliches Hindernis bestehen, wenn die transferierenden Gene ebenfalls Schutzrechten unterliegen.[1063] Diese könnten dann nur im Rahmen des Forschungsprivilegs nach § 11 Nr. 2a PatG genutzt werden.[1064] Auch könnte es kleineren und mittelständischen Züchtungsunternehmen finanziell schlicht nicht möglich sein, die hohen Forschungs- und Entwicklungsausgaben für eigene biotechnologische Forschung aufzubringen, um nach alternativen Genen mit denselben oder ähnlichen Funktionen zu suchen.[1065] Hinzu kommt, dass das Ergebnis des Gentransfers oftmals risikobehaftet ist, weil die Übertragung in die Pflanze nicht vorhersehbare Folgewirkungen mit sich bringen kann, wodurch die gesetzten Zuchtziele unerreichbar werden.

Insofern kann die Verwendung der patentieren Gene und Gensequenzen durchaus als wesentlich für die weitere Pflanzenzüchtung eingestuft werden.

cc) Verhinderung eines neuen Produkts für das eine Nachfrage besteht

Eine weitere Voraussetzung für die Zwangslizenzierung stellt das Verhindern des Auftretens eines neuen Erzeugnisses dar. Hiermit hat der EuGH im Vergleich zur klassischen „essential facilities"-Doktrin ein zusätzliches Element geschaffen.[1066] In der Literatur wurde die Auffassung vertreten, dass es sich bei dem Neuheitserfordernis lediglich um ein einzelfallbezogenes Kriterium handelt und nicht um ein für den Missbrauch notwendiges Begründungselement.[1067] Dieser Auffassung ist jedoch der EuGH entschieden entgegengetreten: Kennzeichnend für das Produkt muss demnach ein Zusatznutzen sein, der trotz potentieller Nachfrage nicht befriedigt wird, also eine Produktdifferenzierung in Gestalt eines innovativen weiterentwickelten Produkts darstellt.[1068] Das Neuheitser-

---

1063 *Basheer*, University of Illinois Journal of Law, Technology and Policy, Vol. 1 (2005), S. 55 (89).

1064 Siehe oben unter 5. Teil A. I. 1. b).

1065 *Basheer*, University of Illinois Journal of Law, Technology and Policy, Vol. 1 (2005), S. 55 (94).

1066 EuGH, GRUR Int. 1995, S. 490 ff. – Magill; EuGH, MMR 2004, S. 456 ff. – IMS-Health.

1067 *Müller*, EuZW 1998, S. 232 (236); *Mennicke*, ZHR 160 (1996), S. 626 (653); *Markert*, WuW 1995, S. 560 (564).

1068 *Wirtz*, WRP 2004, S. 683 (690).

fordernis ist unabdingbar, da es andernfalls zu einer unangemessenen Benachteiligung des Patentinhabers kommen würde, wenn dessen Ausschließlichkeitsrecht bereits bei einer schlichten Kopie durch den Konkurrenten eingeschränkt würde.[1069] Mit dem Verzicht auf dieses Kriterium würde der Schutzzweck der Immaterialgüterrechte somit ausgehöhlt werden.

Im Bereich der Pflanzenzüchtung liegt durch die Entwicklung einer neuen Pflanzensorte regelmäßig ein neues Produkt vor. Andernfalls könnte überhaupt kein Sortenschutz beantragt werden, da die Zulassung zu einer neuen Sorte erfordert, dass diese sich von anderen bereits bestehenden Sorten deutlich unterscheidet. Dabei sind auch solche Sorten als neu zu bewerten, die gegenüber dem geschützten Produkt eine wesentliche Verbesserung darstellen (z.B. durch eine bessere Herbizidtoleranz).

dd) Eignung zum Ausschluss jeglichen Wettbewerbs

Weitere Tatbestandsvoraussetzung ist die Eignung zum Ausschluss jeglichen Wettbewerbs. Hierbei ist fraglich, ob die Wettbewerber vollständig von der Einrichtung ausgeschlossen werden müssen.

Die Eignung zum Ausschluss jeglichen Wettbewerbs steht in einem engen Zusammenhang zu der Tatbestandsvoraussetzung der Unentbehrlichkeit der Einrichtung. Wenn nämlich ein Immaterialgüterrecht unentbehrlich ist, kann der Konkurrent bei einer Weigerung seitens des marktbeherrschenden Unternehmens auf dem Markt nicht tätig werden, sodass sein Marktanteil quasi null betragen müsste.[1070] In der Regel ist daher die Eignung zum Ausschluss jeglichen Wettbewerbs in allen Fällen unproblematisch zu bejahen, in denen die Wesentlichkeit der Einrichtung festgestellt wurde.[1071]

ee) Keine objektive Rechtfertigung

Ferner darf die Zugangsverweigerung nicht durch objektive Gründe gerechtfertigt sein. Obwohl das Nichtvorliegen von Rechtfertigungsgründen ein wesentliches Tatbestandsmerkmal nach Art. 102 AEUV ist, haben die Rechtsprechungsinstanzen in ihrer bisherigen Entscheidungspraxis nur einen sehr restriktiven

---

1069 *Wolff*, S. 163.
1070 *Zimmermann*, S. 56.
1071 *Deselaers*, EuZW 1995, S. 563 (566).

Umgang mit dieser Thematik gepflegt.[1072] Infolgedessen wurde das Vorliegen von Rechtfertigungsgründen in keiner einzigen Entscheidung bejaht. Einigkeit besteht zumindest darin, dass das Bestreben des marktbeherrschenden Unternehmens, seine Marktmacht und entsprechend seine Marktanteile zu halten, keinen Rechtfertigungsgrund darstellt.[1073] Unter der Voraussetzung, dass eine Einrichtung bereits optimal genutzt wird, sind allerdings Effizienzvorteile, die aus dem missbräuchlichen Verhalten resultieren, und die Verbraucherwohlfahrt positiv bedingen, ein möglicher Rechtfertigungsgrund.[1074] Auch ist die Zugangsverweigerung in Fällen gerechtfertigt, in denen die Wettbewerber nicht über die erforderlichen fachlichen, technischen oder wirtschaftlichen Eigenschaften verfügen.[1075] Da eine Rechtfertigung nur ausnahmsweise anerkannt wird, trägt das marktbeherrschende Unternehmen die Beweislast hierfür.

Im Einzelnen bedarf es bei der Prüfung der Rechtfertigungsgründe einer umfassenden Interessenabwägung mit einer Orientierung am Grundsatz der Verhältnismäßigkeit. Dies bedeutet, dass die angeführten Rechtfertigungsgründe mit dem Ausmaß der Wettbewerbsbeeinträchtigung und des damit verbundenen Versorgungsdefizits ins Verhältnis gesetzt werden müssen.[1076] Insbesondere müssen die mit der Schaffung und Unterhaltung der Einrichtung verbundenen Kosten des Schutzrechtsinhabers berücksichtigt werden.[1077] Ein Ausgleich wird in aller Regel über die bei der Benutzung einer solchen Einrichtung anfallenden Lizenzgebühren erzielt. Eine Lizenzerteilung ist jedenfalls dann nicht zwanghaft, wenn ausnahmsweise ein solcher Ausgleich nicht möglich ist.[1078] Bezogen auf Patente im Bereich von Pflanzenzüchtungen wird die Lizenzverweigerung nicht sachlich gerechtfertigt sein, wenn die Pflanzenzüchter sich um eine Lizenz zu geschäftsüblichen Konditionen bemüht haben.

1072 *Schmidt*, S. 88.

1073 *Deselaers*, EuZW 1995, S. 563 (567); *Lober*, GRUR Int. 2002, S. 7 (14).

1074 Immenga/Mestmäcker-*Fuchs/Möschel*, Band 1, Art. 102 Rdnr. 159.

1075 *Deselaers*, EuZW 1995, S. 563 (568); ebenso *Lober*, GRUR Int. 2002, S. 7 (14); *Schmidt*, S. 90.

1076 *Müller*, EuZW 1998, S. 232 (236).

1077 Vgl. *Montag*, EuZW 1997, S. 71 (76).

1078 *Deselaers*, EuZW 1995, S. 563 (568).

e) *Nutzen der „essential-facilities"-Doktrin bei Pflanzenpatenten*

Auch wenn die Anwendbarkeit der „essential-facilities"-Doktrin auf Pflanzenpatente sicherlich in Erwägung gezogen werden kann, ist sie nicht das geeignetste Mittel, um das zwischen Züchtern und Patentinhabern bestehende Abhängigkeitsproblem zu lösen. Der Rückgriff auf die „essential-facilities"-Doktrin ist eine Hilfskonstruktion, die nicht die Ursache für das Spannungsfeld zwischen Züchtern und Patentinhabern beseitigt, sondern nur die Folgen versucht abzumildern. Dadurch wird die Situation, die ohnehin schon sehr undurchsichtig ist, weiter verkompliziert. Zufriedenstellend ist nur eine solche Lösung, die an der Ursache des Problems ansetzt. Zudem würde der Patentschutz von biologischem Material ad absurdum geführt, wenn damit automatisch eine Marktbeherrschung in Bezug auf das einzelne Gen begründet würde. Hierdurch ginge der Ausnahmecharakter der Zwangslizenz letztlich verloren.

II. Lösungsansätze zur Reduzierung der Gefahr von Patentdickichten

Die extensive Erteilung von Patenten auf pflanzliche Gensequenzen kann zur Folge haben, dass ein einzelnes Produkt oder ein biotechnologischer Prozess einer Vielzahl von Patentansprüchen unterliegt, die in aller Regel von unterschiedlichen Patentinhabern gehalten werden. Wie aufgezeigt worden ist, steigt dadurch das Risiko, dass die durch die DNA-Sequenz verschlüsselte genetische Information, praktisch nicht nutzbar ist, weil Lizenzgebühren und Transaktionskosten den Zugang unverhältnismäßig erschweren. Es existieren allerdings Lösungsvorschläge, die Abhilfe gegen Patentdickichte schaffen können.

1. Kreuzlizenzierung

Eine Kreuzlizenzierung zeichnet sich dadurch aus, dass die Patentinhaber sich gegenseitig Nutzungsrechte an ihren Patenten einräumen.[1079] Ob dies gegen Gebühr erfolgt oder unentgeltlich, spielt keine Rolle.[1080] Auch der Umfang der Lizenzierung kann frei nach dem Parteiwillen vereinbart werden. Geographische Beschränkungen, Einschränkungen hinsichtlich der Art der Nutzung oder die

1079 *Bergmann*, S. 141.

1080 *Gassmann/Bader*, S. 87, die von einem Wandel der Kreuzlizenzierungspraxis von einem reinen Tauschgeschäft hin zu einem monetären Ausgleichszahlungsgeschäft sprechen.

Eingrenzung auf einen bestimmten Teil der Patente – alles ist denkbar.[1081] Die Kreuzlizenzierung eröffnet großen Unternehmen die Möglichkeit, Patentblockaden ohne gerichtliche Auseinandersetzungen selbst zu beseitigen.[1082]

Bei einer Kreuzlizenzierung können allerdings kartellrechtliche Bedenken auftreten.[1083] Es besteht die Gefahr, dass durch derartige Vereinbarungen die Bildung von Kartellen begünstigt wird. So könnten die Unternehmen vor allem Absprachen mit negativen Folgen für eine adäquate Preispolitik gegenüber Pflanzenzüchtern treffen, die Zugang zu den geschützten DNA-Sequenzen begehren. Hinzu kommt, dass im Hinblick auf die Erforschung zukünftiger Patente der Innovationsanreiz gemindert wird, da das Konkurrenzunternehmen an dem Know-how partizipieren kann und dadurch in die Lage versetzt wird, die Erfindung unverzüglich nachzuahmen.[1084]

Im Übrigen funktioniert eine Kreuzlizenzierung immer nur dann, wenn beide konkurrierenden Unternehmen Patente auf pflanzliche Gene und Gensequenzen halten, die für den Erfolg in der Pflanzenzüchtung essentiell sind und einen erheblichen Fortschritt im Hinblick auf das Erreichen von Züchtungszielen versprechen. Viele Züchtungsunternehmen, die mangels ausreichender Forschungsgelder in aller Regel nicht Inhaber solcher Pflanzenpatente sind, können daher in die Verhandlungen mit den größeren Unternehmen nichts einbringen, sodass sie von der Methode der Kreuzlizenzierung tendenziell selten profitieren.[1085] Sie müssten daher weiterhin Lizenzgebühren für unterschiedliche Patente an verschiedene Patentinhaber abführen, falls sie mit dem biologischen Ausgangsmaterial weiterzüchten wollen. Die Praxis der Kreuzlizenzierungen dient demnach nur den größeren Firmen, die eigene biotechnologische Forschung betreiben und die an der Erforschung pflanzlicher Gensequenzen mitwirken. Vor diesem Hintergrund stellt die Kreuzlizenzierung keine brauchbare Maßnahme dar, um die Problematik eines Patentdickichts für die Züchtungsunternehmen in den Griff zu bekommen.

1081 Siehe hierzu *Shapiro*, S. 127, der allgemein die Kreuzlizenzierung als eine Möglichkeit zur Lösung von Patentdickichten darstellt.

1082 *Shapiro*, S. 129.

1083 *Herrlinger*, S. 373.

1084 *Shapiro*, S. 130.

1085 *Herrlinger*, S. 374, die die Kreuzlizenzierung als mögliche Lösung für Patentdickichte bei Krankheitsgenen nennt.

2. Patentpools

Ein weiterer Lösungsansatz, um ein Patentdickicht zu beseitigen, kann in der Bildung von Patentpools gesehen werden. Es handelt sich dabei um Vereinbarungen zwischen zwei oder mehr Patentinhabern, ihre jeweiligen Rechte an Erfindungen in einem gemeinsamen Pool zusammenzufassen und damit jedem Mitglied Zugang zu allen im Pool befindlichen Patenten zu gewähren.[1086] Lizenznehmern außerhalb des Pools werden in aller Regel standardisierte Lizenzbedingungen auferlegt.[1087]

Während früher mit der Bildung von Patentpools vor allem der Zweck verfolgt worden ist, Kartelle zu bilden und Preise zu fixieren, ist heutiges Hauptanliegen die Reduzierung von Transaktionskosten, die erheblich ins Gewicht fallen, wenn mit jedem Rechtsinhaber gesonderte Lizenzverhandlungen geführt werden müssten.[1088] Zudem werden durch die Bildung von Patentpools gerichtliche Streitigkeiten über Patentrechte, die ebenfalls erhebliche Kosten verursachen können, vermieden.[1089] Insbesondere kleinere Unternehmen, die sich üblicherweise die hohen Prozesskosten nicht leisten können, profitieren hiervon. Darüber hinaus werden die Risiken für Forschung und Entwicklung gleichmäßig aufgeteilt.[1090] Jedes Mitglied im Patentpool erhält eine Art regelmäßige Einnahmequelle unabhängig vom ökonomischen Wert seines einzelnen Patents.[1091] Infolgedessen ist biotechnologische Forschung auch für Firmen interessant, die normalerweise das Kostenrisiko für die hohen Forschungs- und Entwicklungsausgaben nicht alleine tragen könnten. Zuletzt liegt ein nicht zu unterschätzender Vorteil darin, dass die in dem Pool agierenden Biotechnologiefirmen gegenseitig vom jeweiligen Wissen des anderen profitieren können, da regelmäßig ein umfassender Technologieaustausch stattfindet.[1092] Hierdurch wird vermieden, dass zwei Unternehmen in ähnlichen Bereichen forschen und es so zu einer ineffizienten Allokation von Forschungsressourcen kommt.

1086 *Clark*, S. 4.

1087 *Merges*, in: Dreyfuss/Zimmermann/First, S. 123 (134); Herrlinger, S. 374.

1088 *Levy/Marden/Warren/Hartell/Filaté*, Boston University Journal of Science and Technology Law, Vol. 16 (2010), S. 75 (79).

1089 *Carlson*, Yale Journal on Regulation, Vol. 16 (1999), S. 359 (373).

1090 *Carlson*, Yale Journal on Regulation, Vol. 16 (1999), S. 359 (381 f.).

1091 *Clark*, S. 9.

1092 *Clark*, S. 8 f.

Theoretisch bringt die Bildung eines Patentpools zahlreiche Vorteile mit sich. Fraglich ist aber, ob das Modell auch in der praktischen Umsetzung überzeugen kann und eine Bereitschaft besteht, auf freiwilliger Basis Patentpools zu bilden. Denn mit der Beteiligung an einem Pool geht zwangsläufig einher, dass Schlüsseltechnologien gegenüber Konkurrenten preisgegeben werden müssen. Dies könnte auf viele Firmen abschreckend wirken. Auch eine zwangsweise Verpflichtung, dem Pool beizutreten, stellt keine wirkliche Option dar, weil hierdurch die speziellen patentrechtlichen Vorschriften zur Zwangslizenz ausgehöhlt werden würden. Das gesetzlich ausdrücklich vorgesehene Ausschließlichkeitsrecht wäre beliebig einschränkbar, was nicht im Sinne des Gesetzgebers ist.[1093] Darüber hinaus besteht ein wesentlicher Kritikpunkt in den wettbewerbsbeschränkenden Wirkungen derartiger Patentpools. Im Grunde sind Wettbewerber bei Patenten gezwungen, Alternativen zu entwickeln, die preislich in Konkurrenz zu den Produkten der Patentinhaber stehen. Durch einen Pool, in dem sämtliche Konkurrenten gemeinsam agieren, entfällt dagegen ein solcher Preiskampf. Um dem entgegenzutreten, darf der Pool nur aus Patenten bestehen, die tatsächlich zu Blockaden führen können, da sie nicht substituierbar sind und keine Alternativen für sie bestehen.[1094]

Wenn die eigene patentierte Erfindung aber nicht substituierbar ist, wird der Anreiz, sie in einem Pool mit anderen teilen zu wollen, gering sein. Gerade dann verfügt der Patentinhaber nämlich über eine ausreichend starke Position, sodass es unter ökonomischen Gesichtspunkten mehr Sinn macht, andere von der Nutzung der Erfindung auszuschließen, um den Wert des Patents zu erhalten.[1095] Die freiwillige Beteiligung an einem Patentpool wird in den Fällen groß sein, in denen komplettierende technische Bestandteile existieren, sodass ohne Erlaubnis des jeweils anderen, keiner in der Lage ist, ein vermarktbares Produkt herzustellen.[1096] Im Bereich der biotechnologischen Pflanzenzüchtung ist die Situation eine andere. Überwiegend werden Patente auf pflanzliche Gene und Gensequenzen erteilt, deren Funktionen für die weitere Züchtung von Bedeutung sind. Erst

1093 *Herrlinger*, S. 383.

1094 *Clark*, S. 10.

1095 *Herrlinger*, S. 379.

1096 So beispielsweise bei dem 1917 gebildeten Patentpool, der die bestehenden Patente der Wright-Martin Aircraft Corporation und der Curtiss Aeroplane & Motor Corporation, deren Ausübung zur Entwicklung von Flugzeugen erforderlich waren, enthielt.

die gezielte Ausnutzung dieser neu gewonnenen Erkenntnisse im Rahmen der weiteren Züchtung führt nämlich zu einer neuen Sorte und damit zu einem marktreifen Endprodukt. Deswegen werden Patentinhaber entweder ein großes Interesse daran haben, ihr Wissen gegen Zahlung entsprechender Lizenzen an die Züchter weiterzugeben. Oder sie werden selbst in der Züchtungswirtschaft tätig sein und damit kein Interesse daran haben, dass potentielle Konkurrenten auf dem Saatgutmarkt von ihrem Wissen profitieren.

Ohnehin eröffnen Patentpools nur dann eine Möglichkeit, die im Zusammenhang mit der Patentierung von biotechnologischen Erfindungen auftretenden Probleme zu lösen, wenn beide Seiten über Patente verfügen, die sie in den Pool einbringen können. Für kleinere und mittelständische Züchtungsunternehmen wird dies in aller Regel nicht zutreffen. Häufig fehlen ihnen die finanziellen Mittel, um in der DNA-Grundlagenforschung umfassend forschen zu können. Demzufolge verfügen sie über keine Patente auf diesem Gebiet und können auch nicht Mitglied eines Patentpools werden. Insofern kann sich auch ihre Handlungsposition gegenüber den Patentinhabern nicht verbessern.

Die Bildung von Patentpools ist zwar eine Möglichkeit, bestehenden Problemen im biotechnologischen Bereich entgegenzuwirken, das Verhältnis zwischen Pflanzenzüchtern und Patentinhabern wird dadurch aber nicht entspannt.

III. Generelle Aufhebung von Zugangsbeschränkungen – Open Source-Bewegung

Als direkte Folge der im Zusammenhang mit der Patentierungspraxis biotechnologischer Erfindungen immer offensichtlicher werdenden Probleme, haben sich einige Initiativen gebildet, die die Open Source-Bewegung auch im Bereich der Biotechnologie vorantreiben wollen. Angesichts des Erfolgs von Open Source bei Software, sehen sie in einem solchen Modell gleichermaßen die Lösung für die spezifischen Probleme von Biopatenten.

1. Aktuelle Open Source-Initiativen in der Biotechnologie

Auch wenn die Open Source-Bewegung im Biotechnologiesektor noch in ihren Anfängen steckt, so gibt es doch bereits einige Initiativen, die sich auch in diesem Bereich eines Open Source-Modells bedienen.

Zu nennen sind hier Initiativen wie die „Tropical Disease Initiative“[1097] oder das „HapMap Projekt“[1098], die sich ganz der Erforschung des Organismus Mensch verschrieben haben. Während im Mittelpunkt des HapMap Projekts ganz allgemein die Erforschung und Kartographierung des menschlichen Genoms steht, hat sich die „Tropical Disease Initiative“ die Aufgabe gesetzt, Medikamente speziell gegen Krankheiten der Dritten Welt zu entwickeln, deren Erforschung für private Unternehmen nicht profitbringend genug erscheint. Gemeinsam ist beiden Projekten, dass sämtliche Forschungsergebnisse Forschern weltweit ohne kommerzielle Verpflichtungen zur Verfügung gestellt werden, sodass diese sie zur eigenen weiteren Forschung nutzen können.

Im Folgenden soll der Blick ausschließlich auf jene Projekte gerichtet werden, die für den Bereich der Pflanzenzucht von Interesse sind. Die Notwendigkeit von Open Source im Bereich der Pflanzenzucht wurde erstmals durch Michaels im Jahr 1999 proklamiert, der auf die Gefahr hinwies, dass im Zuge der Privatisierung der Pflanzenzucht der öffentliche Sektor an der weiteren Forschung und damit an der Entwicklung verbesserter Sorten gehindert werden könnte, weil pflanzliches Zuchtmaterial nicht mehr frei verfügbar sei.[1099] Ebenso wie die 1989 von Stallmann entwickelte GNU General Public License eine Alternative zu proprietärer Software bieten sollte, um den freien Austausch von technischem Wissen und dem freien Zugang zu technischem Wissen zu gewährleisten, soll die von Michaels entwickelte General Public License for Plant Germplasm (GPLPG) ein effektives Mittel für den freien Austausch von pflanzlichem Keimplasma als Grundlage für die Züchtung neuer Pflanzensorten sein.[1100] Die GPLPG ist dabei eine Art von Vereinbarung, bei der unter bestimmten Bedingungen biologisches Material zu Forschungszwecken überlassen wird (auch Materials Transfer Agreement genannt).[1101] Die wesentlichen Prinzipien der Gene-

---

1097 Die offizielle Homepage des Projekts abrufbar unter: http://tropicaldisease.org/ (zuletzt abgerufen am 19.08.2012).

1098 Die offizielle Homepage des Projekts abrufbar unter: http://hapmap.ncbi.nlm.nih.gov/ (zuletzt abgerufen am 19.08.2012).

1099 *Michaels*, General Public License for Plant Germplasm, BIC Conference, Calgary 1999, abrufbar unter: http://www.horticulture.umn.edu/Who_sWho/Faculty/TomMichaels/GeneralPublicLicenseforGermplasm/index.htm (zuletzt abgerufen am 19.08. 2012).

1100 *Ebda.*

1101 *Kloppenburg*, S. 16 f.

ral Public License von Stallmann hat Michaels eins zu eins übernommen: So ist auch bei der GPLPG das entscheidende Charakteristikum die Verpflichtung des Lizenznehmers, jede Sorte, die mittels des durch GPLPG geschützten Keimplasmas entwickelt wurde, anderen Züchtern, die ebenfalls eine GPLPG besitzen, ohne irgendwelche Restriktionen für die Weiterzüchtung zugänglich zu machen (sog. Copyleft-Prinzip).[1102] Dies gilt auch dann, wenn das Keimplasma mit einem Keimplasma, das nicht unter der GPLPG steht, kombiniert wird. Aus diesem Grund kann die GPLPG – ebenso wie die GPL bei Software – als „viral" bezeichnet werden.[1103] Um die konsequente Umsetzung der mit der GPLPG verfolgten Ziele gewährleisten zu können, hat Michaels zudem die sog. „Liberty or Death"-Klausel übernommen. Danach werden dem Nutzer sämtliche Rechte an dem Keimplasma versagt, wenn es ihm nicht möglich ist, die Lizenzbedingungen vollständig zu erfüllen.[1104]

Im Bereich der Pflanzenzucht ist das von Jefferson 2005 gegründete Projekt Biological Innovation for Open Society (BiOS)[1105] wohl als das wichtigste Projekt zu bezeichnen. Die Initiative ist dem Center for the Application of Molecular Biology to International Agriculture (CAMBIA)[1106] angegliedert, einer Non-Profit-Organisation, deren Hauptanliegen die Demokratisierung von Innovationen ist. Im Kern lässt sich das BiOS Projekt wie folgt beschreiben: Zielsetzung ist es, das aus dem Softwarebereich bekannte Konzept von Open Source auf biologische Innovationen, insbesondere auf Schlüsseltechnologien in der Pflanzenzüchtung, zu übertragen. Beabsichtigt ist, einen freien Zugang zu den für die

---

1102 *Michaels*, General Public License for Plant Germplasm, BIC Conference, Calgary 1999, abrufbar unter: http://www.horticulture.umn.edu/Who_sWho/Faculty/TomMichaels/GeneralPublicLicenseforGermplasm/index.htm (zuletzt abgerufen am 19.08. 2012).

1103 Vgl. *Boettiger/Wright*, S. 50.

1104 *Michaels*, General Public License for Plant Germplasm, BIC Conference, Calgary 1999, abrufbar unter: http://www.horticulture.umn.edu/Who_sWho/Faculty/TomMichaels/GeneralPublicLicenseforGermplasm/index.htm (zuletzt abgerufen am 19.08. 2012).

1105 Die offizielle Homepage des Projekts abrufbar unter: http://www.bios.net/daisy/bios/home.html (zuletzt abgerufen am 22.09.2011).

1106 http://www.cambia.org/daisy/cambia/home.html (zuletzt abgerufen am 22.09.2011).

Pflanzenzüchtung wesentlichen Werkzeugen („research tools") zu ermöglichen, um Innovation anzuregen.[1107]

In Zusammenarbeit mit kleineren Unternehmen, Universitäten und öffentlichen Forschungseinrichtungen hat sich BiOS daher der Entstehung einer Datenbank gewidmet, in der die Ergebnisse der Forschung zusammengefasst werden. Mithilfe der offengelegten Research Tools kann die weitere Forschung vorangetrieben werden, ohne dass Patente von Unternehmen beachtet oder hohe Lizenzgebühren gezahlt werden müssten. Dies ermöglicht auch kleineren Züchtungsunternehmen neue Pflanzen zu züchten, die auch verglichen mit den Produkten der größeren Konzerne durchaus konkurrenzfähig sind.[1108]

Das weltweit erste „Open Source"-Produkt der Biotechnologie stellte Jefferson 2005 vor. Die Technologie sogenannter Genfähren (Umgestaltung von Bakterien als „Transporter") ermöglicht es, neue Erbanlagen in zahlreiche verschiedene Pflanzen einzuschleusen, wo sie die gleiche Wirkung entfalten, unabhängig davon, ob es sich um Blumen, Getreide, Blätter oder Wurzeln handelt.[1109] Zwar konnte dasselbe Ergebnis mit dem seit rund 25 Jahren weithin eingesetzten Agrobakterium tumefaciens erreicht werden. Allerdings müssen Patente großer Biotechnologiefirmen beachtet und Lizenzgebühren bezahlt werden, sobald mit Hilfe des Bakteriums ein kommerzielles Produkt erzeugt wird.[1110] Insofern war es für Jefferson erstrebenswert, ein Research Tool mit gleicher Wirkungsweise herzustellen, welches frei zugänglich war.

Der Initiative BiOS liegt kein klassisches Open Source-Modell zugrunde. Als Gegenleistung für die kostenlose Nutzung von Patenten und Know-how verpflichtet sich der Lizenznehmer zu einer „grant back"-Klausel: Das im Zuge der Patentnutzung erworbene Wissen und die daraus resultierende Verbesserungen der Erfindungen sind allen anderen BiOS-Lizenznehmern mitzuteilen. Allen an der Initiative Mitwirkenden wird ein weltweites, nicht exklusives, lizenzfreies und kostenloses Recht an den mit Hilfe des ursprünglichen Lizenzgegenstands

1107 *Jefferson*, Red Herring, Vol. 3 (2006), S. 30 (36).

1108 Depenheuer/Pfeifer-*Haedicke*, S. 12.

1109 *Feldman*, Minnesota Journal of Law, Science & Technology, Vol. 6 (2004), S. 117 (126).

1110 *Broothaerts et alt.*, Nature, Vol. 433 (2005), S. 629.

gewonnenen Forschungsergebnissen eingeräumt.[1111] Die Einspeisung in eine Datenbank und die damit einhergehende Erlaubnis gegenüber allen anderen Lizenznehmern von BiOS, mit der Schlüsseltechnologie weiterforschen zu dürfen, ohne Lizenzgebühren wegen etwaiger Patente zahlen zu müssen, ist nahezu identisch mit einem gewöhnlichen Patentpool. Warum diese Initiative dennoch der Open Source-Bewegung zugeschrieben wird, ist vor allem der Tatsache geschuldet, dass die im Pool befindlichen Schlüsseltechnologien durch Open Source-Lizenzen kostenfrei genutzt werden dürfen, was dem Grundgedanken von Open Source entspricht. Die Strategie eines „Patentpools" wird demnach mit dem Modell „Open Source" verknüpft.[1112]

2. Übertragbarkeit des Open Source-Konzepts

An dieser Stelle drängt sich die Frage auf, ob das für Software entwickelte Open Source-Modell im Bereich der Biotechnologie funktionieren kann.

Ein wesentlicher Unterschied, der eine direkte Übertragbarkeit der Prinzipien jedenfalls zweifelhaft erscheinen lässt, ist in den unterschiedlichen Schutzrechtssystemen zu erblicken: Während Software urheberrechtlichen Schutz genießt, richtet sich der Schutz biotechnologischer Erfindungen nach dem Patentrecht. Anders als beim Urheberrechtsschutz, der mit Werkschöpfung automatisch entsteht, können beim Patentschutz – von der ersten Forschungstätigkeit bis hin zum Patentantrag – beachtliche Kosten anfallen.[1113] Entscheidend hängt dies mit der Natur der Sache zusammen: Neu geschaffene Software kann sofort getestet werden und ist verlässliche Grundlage für die weitere Programmiertätigkeit. Ganz im Gegensatz zu Versuchsreihen in der Biotechnologie, deren Erfolg bedingt durch die Komplexität der Natur oftmals nicht vorhersehbar und infolgedessen sehr teuer, langwierig und vielfach enttäuschend ist.[1114] So kann der Entwicklungsprozess hin zu einer neuen Sorte bis zu zehn Jahre in Anspruch

---

1111 The CAMBIA „Biological Open Source" (BiOS) License for Plant Enabling Technologies, Version 1.5, Term 3.1, abrufbar unter: http://www.iphandbook.org/handbook/resources/Agreements/links/5-10%20Plant%20Enabling%20Tech%20Open-%20Source%20CAMBIA%20BiOS.pdf (zuletzt abgerufen am 18.08.2012).

1112 Vgl. *Nolan-Stevaux*, Santa Clara Computer & High Technology Law Journal, Vol. 23 (2007), S. 271 (305).

1113 *Hope*, S. 4; *Boettiger/Wright*, S. 46.

1114 Depenheuer/Pfeifer-*Haedicke*, S. 118.

nehmen. Dies erfordert beträchtliches Startkapital, wobei gerade zu Beginn völlig unklar ist, ob sich diese Investition hinterher auch auszahlt.

Schwierigkeiten bereitet auch die Ausgestaltung der Lizenzbedingungen: Im Gegensatz zu den zahlreichen standardisierten Lizenzen bei Software, die einen wesentlichen Beitrag für die geringen Transaktionskosten leisten, sind derartige Lizenzen bei biotechnologischen Erfindungen aufgrund ihrer Mannigfaltigkeit schwer umzusetzen.[1115] Verglichen mit Software ist die biotechnologische Produktvielfalt nämlich immens, nahezu unermesslich. Folge dessen ist, dass Lizenzmodelle in der Biotechnologie zunächst einmal viel komplexer in ihrer Ausgestaltung sind als solche in der Softwarebranche. Zwangsläufig führt dies zu einem Mehr an Kosten. Der Anspruch besteht also darin, trotz unterschiedlicher Lizenzierungsgegenstände Standards für eine Vielzahl biotechnologischer Erfindungen zu entwickeln. Denn – wie bereits bei der Open Source-Bewegung von Software gesehen – liegt in der Erstellung von Standardlizenzverträgen ein wesentlicher Schlüssel zur Kostenreduktion.[1116] Dass die Erstellung von Standardlizenzen im Biotechnologiesektor nicht unmöglich ist, zeigt das oben bereits erwähnte Projekt der GPLPG.

3. Anreize für die Partizipation an einem Open Source-Modell für Biotechnologie

Damit bleibt die Frage, welche Beweggründe Unternehmen haben könnten, freiwillig einem solchen Open Source-Modell für Biotechnologie beizutreten. Es liegt in der Eigentümlichkeit von Patentansprüchen biotechnologischer Erfindungen, dass sie eine sehr breite Wirkung besitzen: Umfasst ist nicht nur die speziell erforschte Wirkungsweise eines Gens, sondern darüber hinaus sämtliche – bisher noch unentdeckte – Funktionen, die das Gen noch auslöst. Die Möglichkeit, um Genpatente herum zu forschen ist sehr begrenzt, sodass Unternehmen vermittels ihres exklusiven Patentanspruchs eine echte Machtposition innehaben, welche in der Regel ein finanzielles Potential birgt. Unternehmen werden sich vor diesem Hintergrund nur an Open Source-Modellen beteiligen, wenn aussichtsreiche Vorteile für alle Beteiligten zu erwarten sind und gleichzeitig die Einhaltung der Spielregeln durch alle Beteiligten mithilfe von Sanktionen si-

1115 *Hope*, S. 104.
1116 *Walsh/Ashish/Cohen*, in: Cohen/Merrill, S. 333.

chergestellt wird.[1117] Im Folgenden sollen drei verschiedene Anreize erörtert werden, die Unternehmen dazu bewegen könnten, sich an Open Source-Modellen zu beteiligen.

Ökonomisch betrachtet ist die Einsparung von Lizenzgebühren sicherlich der wohl wichtigste Grund, warum ein Open Source Modell auf Unternehmen durchaus interessant wirken kann.[1118] Forschungs- und Entwicklungsausgaben sind ein nicht zu unterschätzender Kostenfaktor im Biotechnologiesegment. Gerade für kleinere und Start-up-Unternehmen ist es schwierig, auf dem Markt Fuß zu fassen: Die meisten herkömmlichen Research-Tools, die für die Entwicklung neuer Sorten erforderlich sind, gehören Großkonzernen. Aufgrund der zahlreichen Patente fallen schon zu Beginn der Forschungsarbeit hohe Lizenzgebühren an, die vor allem von Start-up-Unternehmen nicht aufgebracht werden können. Dadurch sind sie dem Druck großer Biotechkonzerne ausgesetzt, Vereinbarungen zu schlechten Bedingungen abschließen zu müssen. Oftmals ist Konsequenz dessen, dass sämtliche Forschungsergebnisse mit den Konzernen „geteilt" werden müssen, sodass sich keine wirkliche Konkurrenz bilden kann.[1119] Daher erscheint es umso verlockender, wenn alternative Research-Tools angeboten werden, für die keine Lizenzgebühren gezahlt werden müssen und die ohne Restriktionen für die weitere Forschung genutzt werden können. Open Source ist also vor allem für solche Unternehmen interessant, die nicht mit größeren Konzernen in Konkurrenz treten können.

Open Source Software zeichnet sich durch eine hohe Qualität aus. Wegen der Kombination aus Geschwindigkeit, Zuverlässigkeit und guter Anpassbarkeit ist sie gegenüber proprietärer Software überlegen.[1120] Auch im Bereich der Biotechnologie werden diese Effekte auftreten. Sämtliche – mithilfe der zur Verfügung gestellten Research Tools – erzielten Erfindungen liefern einen Beitrag zum Fortschritt der Pflanzenzüchtung und bringen den Stand der Technologie

---

1117 *Eng*, Temple Journal of Science, Technology & Environmental Law, Vol. XXIV (2005), S. 419 (424).

1118 Vgl. *Nolan-Stevaux*, Santa Clara Computer & High Technology Law Journal, Vol. 23 (2007), S. 271 (279); Interview mit *Hope* abrufbar unter: http://p2pfoundation.net/Open_Source_Biotechnology (zuletzt abgerufen am 19.08.2012).

1119 *Jefferson*, Red Herring, Vol. 3 (2006), S. 30 (34).

1120 Vgl. *Boettiger/Wright*, S. 45; *Eng*, Temple Journal of Science, Technology and Environmental Law, Vol. XXIV (2005), S. 419 (424); *McManis/Seo*, Washington University Journal of Law and Policy, Vol. 30 (2009), S. 405 (444).

voran. Dabei ist von erheblichem Nutzen, dass bei der eigenen Forschungsarbeit die verbesserten Technologien anderer Unternehmen zugrunde gelegt werden dürfen. Der Fortschritt in der Pflanzenzucht ist also schneller, wenn das einzelne Unternehmen bei seiner Forschung nicht bei null beginnen muss, sondern auf dem Know-how der anderen aufbauen kann.

Eine rein ökonomische Betrachtung würde der vollen Dynamik von Open Source aber nicht hinreichend gerecht werden.[1121] Daher muss auch der altruistische Gedanke, der nicht-ökonomische Faktor, von Open Source berücksichtigt werden. Diejenigen, die an dem Open Source-System partizipieren wollen, tun dies nicht etwa nur aus ökonomischen Gründen, sondern auch aus Prestige und anderen altruistischen Motiven.[1122] Entsprechend dem Postulat bei Software „Informationen müssen frei sein“ wird hier vorgebracht, dass pflanzliche Gene seit Millionen von Jahren Teil der Natur sind und deswegen nicht in das Eigentum einzelner Personen bzw. Unternehmen fallen dürften.[1123]

Neben den Anreizen, die Grund für eine mögliche Partizipation am Open Source Modell sind, müssen für alle Teilnehmer verbindliche Regeln aufgestellt werden. Wie bereits oben ausgeführt, ist die für die Verwirklichung des Open Source-Modells wichtigste Regel, die aus dem Softwarebereich bekannte Copyleft-Klausel, wonach alle Verbesserungen und Weiterentwicklungen derselben Lizenz unterstellt werden müssen.[1124] Im Bereich biotechnologischer Erfindungen ist bei den Lizenzverträgen eine „grant-back“-Klausel üblich: Der Lizenznehmer garantiert dem Lizenzgeber ein einfaches unentgeltliches Nutzungsrecht an allen Weiterentwicklungen und räumt ihm das Recht ein, Unterlizenzen an andere Lizenznehmer derselben Technologie zu erteilen.[1125] Dadurch wird gewährleistet, dass jegliche Verbesserungen an der Technologie unter allen Lizenznehmern zirkulieren, das Recht daran aber immer bei dem bleibt, der die

---

1121 *Feldman*, Minnesota Journal of Law, Science & Technology, Vol. 6 (2004), S. 117 (161).

1122 *Eng*, Temple Journal of Science, Technology and Environmental Law, Vol. XXIV (2005), S. 419 (426).

1123 *Eng*, Temple Journal of Science, Technology and Environmental Law, Vol. XXIV (2005), S. 419 (426).

1124 Heidrich/Forgó/Feldmann-*Feldmann*, Heise Online-Recht, Kapitel II A. VI. Nr. 5 a).

1125 *Nolan-Stevaux*, Santa Clara Computer & High Technology Law Journal, Vol. 23 (2007), S. 271 (285).

ursprüngliche Technologie entwickelt hat.[1126] Bezweckt wird hierdurch eine erleichterte gemeinschaftliche Entwicklung von Erfindungen.

Für den Fall, dass diese Regeln von der Open Source-Gemeinschaft nicht eingehalten werden, müssen Sanktionen drohen. Hierbei sind zwei Typen zu unterscheiden. Zum einen folgt ein gewisser Zwang aus Sozialnormen, da bei Verstößen gegen die Regeln der Open Source-Gemeinschaft, ein Ausschluss aus dieser droht einhergehend mit sozialer Ächtung.[1127] Zum anderen – und dies wird der wohl wichtigere Aspekt sein – resultiert ein Zwang aus den bestehenden Rechtsvorschriften für den Schutz biotechnologischer Erfindungen.[1128] Auch in der Open Source-Gemeinschaft ist es üblich, Patente für die biotechnologischen Erfindungen zu beantragen. Im Gegensatz zu den gewöhnlichen Patentinhabern nutzen die Anhänger der Open Source-Gemeinschaft das ihnen mit dem Patent verliehene Ausschließlichkeitsrecht nicht dazu, Lizenzgebühren für den Gebrauch ihrer Erfindungen zu erwirtschaften. Stattdessen nutzen sie ihre Rechtsposition, um im Wege der Lizenzbedingungen zu bewirken, dass Weiterentwicklungen der Ursprungstechnologie ebenfalls dem Open Source-Modell unterstellt werden.[1129] Für den Fall der Zuwiderhandlung liegt eine Patentverletzung vor, da die Lizenz unter dieser auflösenden Bedingung steht. Diese Bedingung in den Lizenzvereinbarungen wird daher auch „Liberty or Death"-Klausel genannt. Mit einem Open Source-Modell im Bereich der Biotechnologie geht also kein Verzicht auf Patente oder patentrechtliche Rechtspositionen einher, sondern der Verwender einer Open Source-Lizenz bedient sich der durch das Patentrecht eingeräumten Machtposition, um seine Vorstellungen von der Entwicklung und Verbreitung der Erfindung zu verwirklichen.

4. Aushöhlung patentrechtlicher Grundsätze und sonstige Probleme von Open Source

Unter Umständen können derartige Vereinbarungen aber auch Patentmissbrauch begründen. So drängt sich die Frage auf, ob nicht mit der „grant back"-Klausel die Reichweite der Patentansprüche unzulässigerweise über die gesetzlichen

1126 *Hope*, S. 131.

1127 *Eng*, Temple Journal of Science, Technology and Environmental Law, Vol. XXIV (2005), S. 419 (427).

1128 *Ebda.*

1129 *Eng*, Temple Journal of Science, Technology and Environmental Law, Vol. XXIV (2005), S. 419 (427).

Grenzen hinaus ausgedehnt wird, indem der Lizenznehmer sich quasi verpflichtet, dem ursprünglichen Patentinhaber sämtliche Rechte an den Produkten einzuräumen, die er auf Grundlage der patentierten Erfindung entwickelt hat.[1130] Derartige Reach-Through-Ansprüche sieht das Patentrecht nicht vor und sind auch nicht gewünscht.[1131] Dennoch ist die Verwendung einer „grant back"-Klausel nur ein Anhaltspunkt für Patentmissbrauch. Zwingend ist dies indes nicht. Häufig ist es dem Erfinder der verbesserten Technologie nicht verwehrt, selbst gewerbliche Schutzrechte für seine Erfindung zu beantragen. Er darf sein ihm durch das Patent zugebilligtes Ausschließlichkeitsrecht nur nicht dazu einsetzen, von anderen Open Source-Anhängern Lizenzgebühren für die Nutzung der Erfindung zu verlangen.[1132] Auf Vereinbarungen, die dem Erfinder der weiterentwickelten Technologie die Bedingungen diktiert, zu denen er die Erfindung lizenzieren kann, oder die, die ihm verbietet, eigenen Patentschutz zu beantragen, muss jedenfalls ein besonderes Augenmerk gerichtet werden, um Missbräuche auszuschließen.

Die Open Source-Bewegung im Bereich der Biotechnologie ist noch eine sehr junge Bewegung, bei der es noch zahlreiche rechtliche Unsicherheiten gibt. Zwar ist die rechtliche Wirksamkeit der aus den USA stammenden GNU General Public License bei Software mittlerweile auch in Deutschland anerkannt, was den Schluss zulässt, dass auch die General Public License for Plant Germplasm nach deutschem Recht wirksam ist und sich der Nutzer grundsätzlich an die Lizenzbedingungen halten muss.[1133] Das bedeutet aber nicht, dass sämtliche Klauseln rechtlich zulässig sind. Die direkte Übertragung der Lizenzbedingungen aus dem amerikanischen Raum kann aufgrund der unterschiedlichen Ausgestaltung der Rechtssysteme zu Rechtsproblemen führen, wobei insbesondere das Haftungsregime zwischen dem deutschen und dem amerikanischen Recht grundver-

---

1130 *Feldman*, Minnesota Journal of Law, Science & Technology, Vol. 6 (2004), S. 117 (141).

1131 Ausführlich oben unter 4. Teil B. I. 2. d).

1132 *Feldman*, Minnesota Journal of Law, Science & Technology, Vol. 6 (2004), S. 117 (142).

1133 Siehe LG München I, U. v. 19.5.2004, Az.: 21 O 6123/04, abgedruckt in: MMR 2004, S. 693 ff. = CR 2004, S. 774 ff = GRUR-RR 2004, S. 350 ff.; LG Frankfurt, U. v. 06.09.2006, Az.: 2/6 O 224/06, abgedruckt in: ZUM-RD 2006, S. 525 ff.; LG Berlin, U. v. 21.02.2006, Az.: 16 O 134/06, abgedruckt in: CR 2006, S. 735 ff.

schieden ist.[1134] Daher können einzelne Klauseln unwirksam sein, sodass von einer endgültigen Rechtssicherheit bei derartigen Lizenzbedingungen nicht gesprochen werden kann.[1135] Davon abgesehen erscheint es fraglich, ob die Open Source-Bewegung im Bereich der Biotechnologie dieselbe positive Entwicklung nimmt wie bei Software, da Bedingungen bei biotechnologischen Erfindungen doch um ein Vielfaches komplexer sind. Wegen der immens teuren Forschungs- und Entwicklungskosten wird der Großteil der privatwirtschaftlichen Unternehmen davor zurückschrecken, die Forschungsergebnisse der Allgemeinheit frei zugänglich zu machen. Daher wird die Open Source-Bewegung bei Biotechnologie nur erfolgreich sein, wenn sie von staatlicher Seite gezielt als Korrektiv gegen die negativen Auswirkungen von Biopatenten vorangetrieben wird.

Im Hinblick auf das Konfliktverhältnis zwischen Pflanzenzüchter und Patentinhaber ist zweifelhaft, ob das vorgestellte Open Source-Modell eine Lösung bietet. Denn nur Pflanzenzüchter, die zugleich biotechnologische Forschung betreiben, können von einem solchen Modell profitieren. Züchtungsunternehmen, die keine eigene biotechnologische Forschung betreiben, erhalten keinen Zugang zu der Open Source-Gemeinschaft und mithin auch nicht zu den erzielten Forschungsergebnissen. Denn die angewandte Nutzung der mit den biotechnologischen Methoden gewonnenen Erkenntnisse durch Pflanzenzüchter stellt für ein solches Projekt keinen Gewinn dar. Zudem besteht ein entscheidender Unterschied zwischen Software und biotechnologischen Erfindungen hinsichtlich der Funktionsaufklärung pflanzlicher Gensequenzen. Anders als bei Software ist in der Biotechnologie, in dem Moment, in dem der Zusammenhang zwischen dem Gen und der Funktion ermittelt wurde, keine dynamische Entwicklung mehr möglich, da es nicht zu aufeinander aufbauenden Fortentwicklungen kommt. Im Zentrum steht vielmehr die Anwendung der Erkenntnisse der biotechnologischen Forschung für die weitere Züchtung mit dem Ziel qualitativ hochwertige Sorten züchten zu können.

1134 Vgl. *Jaeger/Metzger*, MMR 2003, S. 431 (436).
1135 *Ebda.*

IV. Staatliche Initiativen zur Bewältigung von umwelt- und entwicklungspolitischen Konflikten

Während die zuvor dargestellten Lösungsansätze vornehmlich auf privatwirtschaftlicher Initiative beruhten, bei denen der Staat allenfalls als Regulierungsinstanz in Erscheinung getreten ist, geht es im Folgenden um originär staatliche Maßnahmen, die vor allem der Bewältigung von umwelt- und entwicklungspolitischen Problemen dienen. Hintergrund ist die Erkenntnis, dass es sich dabei um Konfliktfelder handelt, die nicht auf gesellschaftlicher Ebene, sondern nur durch staatliche oder auch internationale Bemühungen gelöst werden können.

1. Staatliche Finanzierung der Forschung

In Anbetracht der Wirkung, die Pflanzenpatente auf die Umwelt- und Ernährungssituation haben können, kann ein Tätigwerden seitens des Staates regelrecht als dessen Pflicht angesehen werden. Die Anreizwirkung des Patentrechts besteht üblicherweise nur bei Erfindungen, die marktfähige Güter betreffen.[1136] Insofern finden Investitionen des privaten Sektors ausschließlich im kommerziellen Bereich statt. Beispielsweise ist das Interesse der Industrie, Medikamente oder Therapien für seltene Krankheiten oder für Krankheiten in Entwicklungsländern zu entwickeln, sehr gering, da sie nur wenig Gewinn versprechen.[1137] Auch bei der Entwicklung neuer Sorten ist die Wirtschaftlichkeit ausschlaggebend und danach wird sich die Forschung der privaten Unternehmen ausrichten. Infolgedessen wird die teure Grundlagenforschung nur bei Pflanzen betrieben, deren Saatgut einen möglichst breiten Absatz verspricht. Mit der Konzentration auf wenige Hochleistungssorten geht zwangsläufig ein Verlust der biologischen Vielfalt einher. Zugleich wird das Saatgut eher auf die Bedürfnisse der Industrieländer abgestimmt, weil die Entwicklungsländer nicht finanzkräftig genug sind. Die nichtgewinnorientierte staatliche Forschung kann hier einen Ausgleich bieten und sich gezielt vernachlässigten Themen und Ressourcen widmen.[1138] Zudem kann die öffentliche Forschung dazu beitragen, dass auch kleinen und mittleren Züchtungsunternehmen der Zugang zu und die Nutzung von moderner

1136 *Ullrich*, S. 26.

1137 *Yang*, Boston University Journal of Science & Technology Law, Vol. 1 (1995), Rdnr. 46.

1138 *Feindt*, S. 40.

Bio- und Gentechnologie ermöglicht wird.[1139] Oftmals sind diese finanziell nämlich nicht so stark aufgestellt, dass sie eigene Grundlagenforschung betreiben könnten. Gleichwohl sind die Züchter auf die neuesten Erkenntnisse im Bereich der pflanzlichen Genomanalyse angewiesen, um konkurrenzfähiges Saatgut entwickeln zu können. Hier kann von Seiten des Staates gezielt in den Wettbewerb eingegriffen werden, indem sämtliche Forschungsergebnisse frei veröffentlicht werden.

In der Praxis heißt öffentliche Forschungsförderung, dass von staatlicher Seite unterstützte Universitäten und Forschungsinstitute wie die Max-Planck-Gesellschaft mit privatwirtschaftlichen Unternehmen kooperieren. Beispielhaft ist hier das Projekt „GABI“ (Genomanalyse im biologischen System Pflanze) zu nennen.[1140] Im Fokus stehen bei diesem Projekt die Stärkung der deutschen Pflanzenforschung, die Etablierung internationaler Kompetenznetze sowie der Technologietransfer zwischen Forschungseinrichtungen und Wirtschaftsunternehmen.[1141] Zwar ist die staatliche Finanzierung von Forschung ein wichtiger Faktor, um die gesetzten Ziele erreichen zu können, vor allem auch im Hinblick auf den internationalen Wettbewerb mit anderen Staaten. Zu einem besseren Verhältnis zwischen Pflanzenzüchtern und Patentinhabern trägt die staatliche Forschungsförderung jedoch eher wenig bei. Denn es ist davon auszugehen, dass für die Forschungsergebnisse solcher „Public-Private-Partnerships“ Patentschutz beantragt wird, sofern die Möglichkeit dazu besteht. Auch hier stehen kommerzielle Interessen im Vordergrund und ein Handeln aus altruistischen Gründen ist unwahrscheinlich. Dafür spricht auch, dass ein Trend in der Finanzierung öffentlicher Forschung dahingehend zu beobachten ist, dass die Qualität von Forschungsanträgen an der Bereitschaft privater Unternehmen gemessen wird, sich an den Kosten zu beteiligen.[1142] International agierende Konzerne, die über die notwendigen finanziellen Mittel verfügen, werden hierdurch bevorzugt und können so – auch mit Blick auf ihre politische Einflussmöglichkeit – die staatliche Forschungsförderung in gewisser Weise lenken.

1139 *Meyer/ Revermann/Sauter*, S. 258.

1140 Siehe die offizielle Homepage des Projekts abrufbar unter: http://www.gabi.de/ (zuletzt abgerufen am 18.08.2012).

1141 Siehe dazu die näheren Informationen des Bundesministerium für Bildung und Forschung, abrufbar unter: http://www.bmbf.de/de/11985.php.

1142 *Shorett/Rabinow/Billings*, Nature Biotechnology, Vol. 21 (2003), S. 123 (124).

2. Internationale Strategien für die Erhaltung und nachhaltige Nutzung der biologischen Vielfalt

Es gibt verschiedene völkerrechtliche Vereinbarungen, deren Ziel es ist, dass Konfliktverhältnis zwischen Industrie- und Entwicklungsländern hinsichtlich der Nutzung pflanzengenetischer Ressourcen durch Etablierung eines umfassenden Systems des Zugangs- und Vorteilsausgleichs (ABS – Access und Benefit-Sharing) zu lösen.[1143] Zum einen hat das Übereinkommen über die Biologische Vielfalt (CBD – Convention on Biological Diversity) einen Grundstein für die gerechte Verteilung von Ausschließlichkeitsrechten an genetischen Ressourcen gelegt. Zum anderen ist der Internationale Saatgutvertrag (ITPGRFA – International Treaty on Plant Genetic Resources for Food and Agriculture) zu nennen, der erstmals die Zuordnung und den Austausch von genetischen Ressourcen im Nutzpflanzenbereich regelte.

Ausgangspunkt ist der elementare Wandel hin zu einer Kommodifizierung der genetischen Rohinformation in Pflanzen.[1144] Während ursprünglich genetische Ressourcen als „Erbe der Menschheit“ (common heritage of mankind) angesehen wurden und mithin als nicht aneignungsfähig galten, hat sich mittlerweile die Anerkennung von Verfügungsrechten an biologischen Ressourcen durchgesetzt. Damit einher wuchs aber auch die Kritik, etwas aus der „public domain“ zulasten der Allgemeinheit zu „privatisieren“.[1145] Insbesondere die ressourcenreichen Entwicklungsländer sehen hierin eine ungerechtfertigte Aneignung ihrer genetischen Ressourcen durch die ressourcenarmen Staaten des Nordens, die einer Ausbeutung im kolonialen Stil gleichkommt.[1146] Das völkerrechtliche Regelungskonzept soll hier mit dem ABS einen gerechten Kompensationsmechanismus bilden und sowohl die Interessen der Industrieländer als auch die der Entwicklungsländer hinreichend berücksichtigen, indem es ausdrücklich den ökonomischen Wert genetischer Ressourcen anerkennt, gleichzeitig aber auch Teilhabeansprüche für die Nutzung vorsieht.

1143 *Köder*, in: Feit/Korn, S. 171.
1144 *Godt*, S. 263.
1145 *Godt*, S. 264.
1146 *Godt*, S. 268.

a) Übereinkommen über die Biologische Vielfalt (CBD)

Mit der CBD[1147], als Rahmenkonvention zur Bewahrung und Nutzung der biologischen Ressourcen der Erde, wurde eine Marktordnung etabliert, in der ein Handel mit genetischen Ressourcen möglich ist.[1148] Insofern ist die CBD, deren Regelungsgegenstand die biologische Vielfalt ist, keine klassische Naturschutzkonvention, sondern es werden umweltpolitische Erwägungen mit wirtschaftlichen Gesichtspunkten verknüpft.[1149] Durch die Inwertsetzung genetischer Ressourcen soll ein Anreiz für den Erhalt der Biodiversität geschaffen werden. In Abkehr vom bisher geltenden Prinzip des gemeinsamen Erbes der Menschheit, erkennt die CBD ausdrücklich die souveränen Rechte der Vertragsstaaten über ihre natürlichen Ressourcen an (vgl. Art. 15 Abs. 1 CBD). Damit verleiht sie den jeweiligen Staaten das Recht zu bestimmen, ob Zugang zu den genetischen Ressourcen gewährt wird und wenn ja, wie dieser Zugang erfolgen soll bzw. welche Voraussetzungen im Einzelnen zu erfüllen sind.[1150] Dabei bezieht sich das Verfügungsrecht sowohl auf das Material als solches als auch auf die darin enthaltene genetische Information (vgl. Art. 2 CBD). Denn der wirtschaftliche Wert ist in der Regel an letzteres gekoppelt.[1151] Als Gegenleistung für den gewährten Zugang zu genetischen Ressourcen sieht die CBD einen Vorteilsausgleich (benefit sharing) vor (vgl. Art. 1 CBD). Bezweckt wird dadurch, dass die Länder, aus denen die genetischen Ressourcen ursprünglich stammen, angemessen an den Ergebnissen der Forschung mit diesen Ressourcen beteiligt werden.

Das konkrete „Wie" des Ausgleichs wurde nicht in der CBD geregelt, sondern bleibt jedem Staat selbst überlassen bzw. den individuellen Vertragsvereinbarungen der jeweiligen Parteien (MTA/BSA – material transfer and/or benefit sharing agreement). Ob ein reiner finanzieller Ausgleich stattfindet, Know-how weitergegeben wird oder eine Beteiligung an der Forschung angestrebt wird – alles ist möglich.[1152] Die Konvention gibt hier keine verbindlichen Vorgaben. Gerade aber das Fehlen gesetzlicher Vorgaben bringt einige gravierende Nach-

1147 Ausführlich dazu oben unter 3. Teil B. I. 3.
1148 *Goebel*, S. 112.
1149 *Goebel*, S. 110.
1150 *Winter*, S. 20.
1151 *Godt*, S. 283.
1152 *Köder*, in: Feit/Korn, S. 171.

teile zum Vorschein, die die Wirkung der CBD insgesamt beeinträchtigen.[1153] Denn infolge der kaum vorhandenen Reglementierung bedarf es einer individuellen Ausgestaltung der Vertragsbestimmungen zwischen den jeweiligen Parteien, was zwangsläufig mit dem Entstehen hoher Transaktionskosten verbunden ist.[1154] Die fehlenden Erfahrungen auf dem Gebiet und die fehlenden rechtlichen Kapazitäten der Ursprungsländer bei der Erstellung solcher Vertragsbestimmungen leisten ihren übrigen Beitrag. Die gravierendste denkbare Folge wäre die, dass aufgrund zu hoher Transaktionskosten Forschungsvorhaben überhaupt nicht durchgeführt werden.[1155] Auch die damit verbundene Rechtsunsicherheit ist ein nicht zu unterschätzender Faktor, der sich negativ auf die Umsetzung von Forschungsvorhaben auswirken kann. Zudem gestalten sich die Vertragsverhandlungen schwierig, wenn sich die Vorstellungen bezüglich einer gerechten Kompensation extrem unterscheiden. Lange Verhandlungen, um einen Konsens über die Reichweite der Ausgleichspflicht zu finden, treiben in jedem Fall die Kosten in die Höhe. Bei der Frage, wie hoch die finanzielle Verpflichtung für die Nutzung einer Ressource ausfallen muss, um noch als gerecht gelten zu können, werden die Interessenlagen gewiss auseinandergehen. Dies gilt vor allem vor dem Hintergrund, dass sich der Marktwert genetischer Ressourcen erst dann zuverlässig bestimmen lässt, wenn in den ursprünglichen pflanzengenetischen Ressourcen tatsächlich landwirtschaftlich wirksame Bestandteile enthalten sind.[1156] Das gleiche gilt für die Frage, welche Kausalität zwischen genetischer Information und finanziellem Nutzen gegeben sein muss, damit überhaupt eine Ausgleichspflicht begründet werden kann.[1157]

Zuletzt beeinträchtigt auch ein fehlender, effektiver Sanktionsmechanismus die Wirksamkeit der Regelungen zum Zugangs- und Vorteilsausgleich. Die Vertragsstaaten der Konvention sind keinen Sanktionen ausgesetzt, wenn sie gegen

1153 Vgl. *Kotzur*, ZUR 2008, S. 225 (231), der ein Mindestmaß an verbindlichen Regelungen für erforderlich hält und Aspekte benennt, die mit Blick auf den Schutz indigener Bevölkerungsgruppen berücksichtigt werden müssten.

1154 *Kamau*, in; Feit/Korn, S. 177 (178).

1155 Mit dieser Feststellung für den pharmazeutischen Bereich *Gehl Sampath*, Policy Brief, S. 2.

1156 *Reid/Barber/La Vina*, Plant Genetic Resources Newsletter, Vol. 102 (1995), S. 1 (3).

1157 Vgl. *Godt*, S. 289.

ihre Verpflichtungen verstoßen.[1158] Damit die CBD nicht ineffektiv bleibt, wird die Einführung eines Instrumentariums gefordert, welches die Einhaltung der gegenseitigen Verpflichtungen überwacht und die Durchsetzung der aus den Zugangs- und Vorteilsausgleichsverträgen resultierenden Rechte und Pflichten durchsetzt.[1159]

Aufgrund der zuvor genannten Schwierigkeiten ist die praktische Anwendbarkeit der CBD eher gering. Zur Lösung der genannten Probleme wurden 2002 die „Bonner Leitlinien über den Zugang zu genetischen Ressourcen und die gerechte und ausgewogene Beteiligung an den Vorteilen aus ihrer Nutzung"[1160] verabschiedet, die eine Konkretisierung der Prinzipien der CBD bezweckten und damit zu einer Steigerung der praktische Bedeutung der CBD beitragen sollen. Gemäß dem Einleitungsteil (I.), der unter anderem die Zielsetzungen des Regelwerkes näher beschreibt, soll mit den Leitlinien eine Hilfestellung bei der Entwicklung und Erarbeitung von Gesetzgebungs-, Verwaltungs- und politischen Maßnahmen zum Zugang und Vorteilsausgleich gegeben werden (vgl. A Nr. 1). Im Kern enthalten die Bonner Leitlinien daher neben den wesentlichen Prinzipien für die Zugangsregelungen in den Ressourcenstaaten Modellvertragsklauseln für den Vorteilausgleich.[1161] Mit der Standardisierung der Vertragsinhalte und Formen des „benefit sharings" ist vor allem die Beseitigung hoher Transaktionskosten bezweckt, die sich als wesentliches Hindernis für das Zustandekommen von ABS-Vereinbarungen offenbart haben.

Inhaltlich enthalten die Bonner Leitlinien keine Neuerung; indem sie aber eine Orientierung geben, wie der Zugangs- und Vorteilsausgleich im Einzelnen aus-

---

1158 Vgl. *Kotzur*, ZUR 2008, 225 (232), der zumindest die Einrichtung eines effektiven Rechtsschutzmechanismus in Form eines Verwaltungsverfahrens fordert mit eindeutigen Behördenzuständigkeiten, leicht verständlichen Zugangsvoraussetzungsregelungen zu genetischen Ressourcen und effektiven, schnellen Entscheidungsverfahren.

1159 So *Goebel*, S. 280 f., der die Anwendung von Handelssanktionen vorschlägt. Der Streit über die jeweiligen Handelssanktionen muss einem rechtsförmigen Streitbeilegungsverfahren unterworfen werden, wofür auf den Streitbeilegungsmechanismus der Welthandelsorganisation zurückgegriffen werden könnte.

1160 Siehe deutsche Übersetzung der Bonner Leitlinien abrufbar unter: http://www.bfn.de/fileadmin/ABS/documents/Bonn-Guidelines_englisch-deutsch_Druckfassung.pdf (zuletzt abgerufen am 18.08.2012).

1161 *Godt*, in: Korn/Feit, S. 29.

sehen kann, stellen sie einen entscheidenden Schritt zur Umsetzung der CBD dar.

b) *Ausweitung des Open-Access-Regimes nach dem Muster des ITPGRFA*

Mit der 2004 von der FAO ausgehandelten International Treaty on Plant Genetic Ressources for Food and Agriculture (ITPGRFA – Internationaler Saatgutvertrag) wurde der gegenwärtige internationale Regelungskomplex zu pflanzengenetischen Ressourcen weiter ausgebaut. Dabei knüpft der Internationale Saatgutvertrag an die im Rahmen der CBD aufgestellten Ziele an und überträgt sie auf Agrar-Nutzpflanzen.[1162] Kernstück des Vertrages ist ein multilaterales System, welches den freien bzw. erleichterten Zugang zu wichtigen Kulturpflanzen ermöglicht, indem ein Pool von bestimmten Pflanzen potentiellen Nutzern aus den verschiedenen Vertragsstaaten für einige Anwendungen frei zur Verfügung gestellt wird.[1163] Der Pool umfasst 65 Gattungen, unter anderem auch einige der wichtigsten Kulturpflanzen, wie beispielsweise Weizen, Gerste, Roggen, Reis, Kartoffeln und Mais.[1164] Im Unterschied zu den oben dargestellten Open Source-Modellen wird den Nutzern zusätzlich aber die Pflicht auferlegt, aus der Nutzung gezogene Vorteile auszugleichen. Damit liegt dem Vertrag nicht das Common Heritage-Prinzip in seiner Reinform zugrunde, sondern im Zentrum steht der Grundsatz des gerechten Vorteilsausgleichs (benefit sharing), der bereits im CBD-System aufgestellt wurde.[1165]

Um sicherzustellen, dass der freie Zugang zu den pflanzengenetischen Ressourcen für Landwirtschaft und Ernährung auch weiterhin gewährleistet wird, wird den Nutzern untersagt, eigene gewerbliche Schutzrechte für die mit den genetischen Ressourcen entwickelten Produkte zu beanspruchen.[1166] Allerdings fehlt die Aneignungsfähigkeit nur bei genetischen Teilen oder Bestandteilen, in der Form, in der sie vom multilateralen System entgegengenommen wurden (Art. 12 Abs. 3 lit. d) ITPGRFA). Scheinbar berücksichtigt diese Formulierung die Interessen beider Positionen: Möglichst weitgehend sollen pflanzengenetische Ressourcen von der Schutzrechtsvergabe ausgenommen werden; gleichwohl sind

---

1162 Art. 1.1 ITPGRFA.

1163 *Brush*, in: McManis, S. 297 (304).

1164 *Godt*, S. 299.

1165 *Godt*, S. 300.

1166 Art. 12 Abs. 3 lit. d) ITPGRFA

die Industriestaaten nicht gehindert, ihre bisherige Patentierungspraxis in Bezug auf pflanzengenetische Ressourcen fortzusetzen.[1167] Die unklare Formulierung, dass keine gewerblichen Schutzrechte beantragt werden dürfen, für Material das der Form, der aus dem multilateralen System stammenden Ressourcen, entspricht, lässt jedenfalls mehrere Auslegungsvarianten zu. Die meisten Industrieländer stellen sich auf den Standpunkt, dass isolierte und funktionsaufgeklärte Sequenzen patentierbar sind, weil es sich dabei immer um eine Veränderung des Ausgangsmaterials handele und die Form eben nicht mehr per se der aus dem multilateralen System stammenden Ressource entspreche. Eine solche Auslegung stehe im Einklang mit dem überwiegenden Teil der nationalen Patentrechte. Dagegen sind die Entwicklungsländer der Ansicht, dass auch isolierte Gene und Gensequenzen sich immer noch in der Form befänden, in der sie vom multilateralen System erhalten wurden.[1168]

Völlig offen ist, was „Modifikationen" sind, die noch bzw. gerade nicht mehr der Form entsprechen. Für die Wirksamkeit der Regelung ist aber gerade diese Frage entscheidend. Denn handelt es sich um Modifikationen, die nicht mehr der Form der aus dem multilateralen System stammenden Ressource entsprechen, sind diese patentierbar und mithin entfiele eine Vorteilsausgleichspflicht, was einen entscheidenden Einschnitt in die Rechte der ressourcenreichen Entwicklungsländer zur Folge hätte.[1169] Ohnehin ist die Wirkung der Einschränkung der Schutzrechtsvergabe in Art. 12 Abs. 3 lit. d) ITPGRFA in Zweifel zu ziehen. Denn die Einschränkungen gelten nur für solche Rechte, die geeignet sind, den erleichterten Zugang zu Beständen des multilateralen Systems zu erschweren. Nach Art. 12 Abs. 3 lit. a) ITPGRFA muss der Zugang aber nur zum Zwecke der Forschung, Züchtung und Ausbildung in Landwirtschaft und Ernährung zu erleichterten Bedingungen ermöglicht werden. Wenn die nationalen Patentgesetzgebungen Regelungen vorsehen, die die Nutzung einer patentierten genetischen Ressource zu Forschungszwecken erlauben, besteht somit letztlich kein Konflikt zu den Zielen der ITPGRFA. Vor diesem Hintergrund ist zweifelhaft, ob Art. 12 Abs. 3 lit. d) ITPGRFA überhaupt geeignet ist, die Schutzrechtsvergabe in den einzelnen Nationalstaaten einzuschränken.

1167 *Seiler*, Forum und Entwicklung, S. 10.

1168 *Girsberger*, sic! 2002, S. 541 (547).

1169 Vgl. *Godt*, S. 302.

c) Bewertung im Hinblick auf das Spannungsfeld Züchter – Patentinhaber

Mit der Verabschiedung des CBD-Systems nebst Bonner Leitlinien und dem ITPGRFA wurden wichtige Aussagen im Hinblick auf die Güterordnung genetischer Ressourcen getroffen. Insbesondere wurde mit dem eingeführten Konzept vom Zugangs- und Vorteilsausgleich die bislang schwache Position der ressourcenreichen Entwicklungsländer gestärkt und dadurch ein wichtiger Beitrag zur Entschärfung des Nord-Süd-Konflikts im Hinblick auf den Vorwurf der Biopiraterie geleistet. Ob die getroffenen völkerrechtlichen Vereinbarungen zugleich auch eine positive Wirkung auf das Spannungsverhältnis zwischen Pflanzenzüchtern und Patentinhabern haben, ist weder eindeutig anzunehmen noch abzulehnen. Die gewählten Formulierungen sind schwammig und lassen einen Interpretationsspielraum zu, der sowohl die bisher betriebene Patentierungspraxis der Industriestaaten deckt, als auch die von den Entwicklungsländern geforderte weitgehende Freistellung pflanzengenetischer Ressourcen von der Schutzrechtsvergabe.[1170] Nur eine Auslegung dahingehend, dass isolierte Bestandteile von zur Verfügung gestelltem Material, die im Rahmen von Züchtungsmaßnahmen von herausragender Bedeutung sind – etwa Resistenzgene –, dem Patentschutz nicht zugänglich sind, würde die Position der Züchter enorm stärken. Gleichzeitig müsste eine eigenständige züchterische Leistung bei Derivaten anerkannt werden, also beispielsweise bei Sorten, die auf Basis der in das multilaterale System eingespeisten Bestände entwickelt wurden, damit Sortenschutzrechte beantragt werden könnten.[1171] Eine solche Auslegung des Vertragstextes würde aber den Bestimmungen der Biopatentrichtlinie zuwiderlaufen, wonach der Vorgang der Isolierung natürlicher Gene unter bestimmten Umständen die Patentvoraussetzungen erfüllen kann. Eine ausdrückliche Verpflichtung, die bisherige in den Industriestaaten betriebene Patentvergabepraxis zu ändern oder einzuschränken, enthalten die völkerrechtlichen Bestimmungen nicht, sodass die Industriestaaten keinen Anlass sehen, diesbezüglich Änderungen vorzunehmen. Darüber hinaus ist die Wirkung der getroffenen Vereinbarungen auch deshalb beschränkt, weil die Umsetzung in den Ländern schleppend verläuft. Ein großes Manko ist hierbei, dass die USA, in der die meisten großen Biotechnologiekonzerne ansässig sind, sich nicht beteiligt haben.

1170 *Seiler*, in: Baumgartner/Mieth, S. 265.
1171 *Ebda.*

V. Zusammenfassung

Die vorgestellten Lösungsansätze sind mehr oder weniger gut geeignet, um die zuvor beschriebenen Konfliktfelder, die aus der zunehmenden Patentierung im Bereich von Pflanzenzüchtungen resultieren, zu lösen. Im geltenden Rechtsrahmen wird dabei am ehesten dem wirtschaftlichen Spannungsverhältnis zwischen Pateninhabern und Sortenzüchtern Rechnung getragen: Hier existieren vielfältige Regelungen und Initiativen mittels derer wirtschaftliche Abhängigkeiten und Wohlfahrtsverluste aufgrund von Patentbündeln vermieden werden sollen. Umwelt- und ernährungspolitische Erwägungen spielen dagegen vor allem im Rahmen von zwischenstaatlichen Regelungsmodellen eine Rolle. Im Ergebnis bleibt aber zu konstatieren, dass keiner der aufgezeigten Lösungsansätze zur endgültigen Bewältigung des Spannungsfeldes beiträgt.

B. Eigener Lösungsansatz – Exklusivität des Sortenschutzrechtes

Vor diesem Hintergrund rückt die Frage nach der generellen Notwendigkeit von Patentschutz bei Pflanzenzüchtungen wieder mehr in den Fokus der Öffentlichkeit und stößt dort auf große negative Resonanz. Dass zeigt sich beispielsweise an der derzeitigen Praxis des Europäischen Patentamts, bestehende Patente auf klassische Pflanzenzuchtverfahren aufzuheben.[1172] Ebenso reagiert die Politik mit entsprechenden Gegenmaßnahmen auf die für Züchter, Landwirte und Verbraucher in zunehmendem Maße auftretenden negativen Implikationen.[1173] Wie aufgezeigt worden ist, lassen sich hierfür sicherlich wirtschaftliche, ethische und umweltpolitische Gründe anführen. Hier soll dagegen der Versuch unternommen werden, die fehlende Notwendigkeit von Patentschutz im Bereich von Pflanzenzüchtigen mit rechtssystematischen Erwägungen zu begründen. Mit dem Sortenschutzrecht besteht nämlich bereits ein austariertes Schutzrechtssystem, das um einen Ausgleich der widerstreitenden Interessen bemüht ist. Die zusätzliche Gewährung von Patentschutz bringt vor diesem Hintergrund aufgrund der systematischen Eigenheiten keinen zusätzlichen Nutzen in Form von Innovationsanreizen, sondern führt vielmehr zu Verwerfungen innerhalb des bestehenden Systems. Schon das rechtliche Spannungsverhältnis von Sorten-

1172 Ausführlich oben unter 4. Teil A. II. 2. b) dd).
1173 Siehe oben unter 5. Teil A. IV.

schutzrecht und Patentrecht bietet daher Anhaltspunkte, den Patentschutz für Verfahren und Erzeugnisse von Pflanzenzüchtungen generell in Frage zu stellen.

I. Überregulierung durch Patente und Patente auf Pflanzenzüchtungen

An diesem Punkt angelangt ist es unvermeidlich, das Patentrecht als ein den Sortenschutz ergänzendes Schutzrechtssystem in Frage zu stellen. Im Kern geht es hierbei um die Auseinandersetzung, ob die Gewährung von Pflanzenpatenten zu einer Überregulierung führt, für die es aufgrund des existierenden Sortenschutzes keinen Bedarf gibt, sodass in ungerechtfertigter Weise die Rechte der Sortenschutzinhaber ausgehöhlt werden. Dem wäre zuzustimmen, wenn dem Patentrecht im Hinblick auf biotechnologische Erfindungen in der Pflanzenzucht die Legitimationsbasis fehlen würde. Verglichen mit allen übrigen gewerblichen Schutzrechten, verleiht das Patent seinem Inhaber die stärkste Rechtsposition und verlangt daher nach einer besonderen Rechtfertigung.

Zwar nicht unbestritten, aber allgemein anerkannt sind vier unterschiedliche Theorien, auf die die Legitimation von Patenten im Wesentlichen gestützt wird: die Naturrechtstheorie, die Belohnungstheorie, die Anspornungstheorie und die Offenbarungstheorie.[1174] Ohne auf alle Theorien im Einzelnen eingehen zu wollen, wird für das moderne Patentrecht weitgehend auf die Anspornungstheorie als maßgebliche Rechtfertigungsgrundlage abgestellt.[1175] Danach soll mit der Gewährung von Patenten der Anreiz zu Forschungs- und Entwicklungsinvestitionen geschaffen werden, die von wesentlicher Bedeutung für den technischen Fortschritt der Allgemeinheit sind.[1176] Angesichts sehr hoher Forschungs- und Entwicklungsausgaben in der biotechnologischen Forschung klingt es äußert plausibel, Investitionen durch die Gewährung von Patenten absichern zu wollen. Diese Sichtweise verkennt jedoch die Bedeutung der Anspornungstheorie: Patente sollen Innovationen unterstützen, aber nicht Investitionen absichern.[1177] Zwar ist beides eng miteinander verknüpft, ein umfassender Investitionsschutz führt aber nicht zwangsläufig zu mehr Innovation. Daher wäre es unzutreffend,

1174 *Machlup*, GRUR Ausl. 1961, S. 373 (377).

1175 Siehe zu den Patentrechtstheorien: *Kraßer*, S. 36 f.; *Osterrieth*, 1. Teil Rdnr. 5-9; Benkard-*Bacher/Melullis*, § 1 PatG Rdnr. 1b; Schulte-*Moufang*, § 1 Rdnr. 9.

1176 Vgl. BGH, NJW 1996, S. 782 (786) – Klinische Versuche.

1177 *Wissenschaftlicher Beirat BMWi*, S. 18.

dass Patentsystem als bloßes Instrument des allgemeinen Investitionsschutzes anzusehen.[1178] Sowieso ist fraglich, ob im Bereich der Pflanzenzüchtung eine Absicherung der Investitionen durch Patentschutz überhaupt stattfinden muss, damit neue Innovationen getätigt werden. Ausschlaggebender Aspekt für die Investitionsbereitschaft eines Unternehmens ist der zu erwartende Profit, den die Verwertung der Erfindung abwerfen wird. Grundsätzlich verbessert ein Patent diese Aussicht, da sein Inhaber durch die eingeräumte Alleinstellung auf dem Markt vor Konkurrenz geschützt wird und damit höhere Preise verlangen kann.[1179] Im Bereich der Pflanzenzüchtung besteht jedoch eine Besonderheit, die diesen Bereich von allen anderen biotechnologischen Forschungsgebieten unterscheidet. Mit dem Sortenschutzrecht gibt es bereits ein gewerbliches Schutzrecht, welches das Endprodukt, die Sorte, erfasst und die Aussicht verbessert, die für die Züchtung erforderlichen Ausgaben zu decken und darüber hinaus einen Gewinn zu erwirtschaften. Es verleiht seinem Inhaber, ebenso wie das Patent, ein zeitlich befristetes Ausschließlichkeitsrecht und schützt mithin vor Nachahmungen durch die Konkurrenz. Damit berücksichtigt das Sortenschutzrecht den Umstand, dass Entwicklungszeiten von Pflanzensorten mit sieben bis fünfzehn Jahren denen von Arzneimitteln gleichen und damit einem langwierigen und kostenintensiven Züchtungsprozess unterliegen.[1180] Gleichzeitig ist das Sortenschutzrecht weniger einschneidend als das Patentrecht und damit besser geeignet, die gegenseitigen Interessenpositionen miteinander in Einklang zu bringen.[1181]

Wird die auf biotechnologische Methoden basierende Funktionsaufklärung pflanzlicher Gene und Gensequenzen als Teil des Züchtungsprozesses angesehen, dessen Ergebnis eine Pflanzensorte ist, so ist ein zusätzlicher Patentschutz nicht gerechtfertigt. Die gesonderte Absicherung der für die biotechnologische Forschung notwendigen Investitionen würde nicht zu mehr Innovation führen, da Züchter bereits aufgrund der Konkurrenzsituation auf dem Saatgutmarkt angewiesen sind, möglichst überlegene Sorten zu entwickeln. Dabei unterliegt der Saatgutmarkt einem stetigen Wachstum und ist für Unternehmen extrem lukra-

---

1178 *Wissenschaftlicher Beirat BMWi*, S. 2.

1179 *Kraßer*, S. 35.

1180 *Kock/Porzig/Willnegger*, GRUR Int. 2005, S. 183 (184).

1181 Siehe zu dem geringeren Schutzumfang oben unter 3. Teil C. III.

tiv.[1182] Diese Entwicklung lässt die Vermutung zu, dass Unternehmen auch ohne Patentschutz für pflanzliche Gene und Gensequenzen, trotz finanzieller Vorleistung weiterhin in die Erforschung von Nutzpflanzen investieren würden. Untermauert wird diese Vermutung durch die historischen Anfänge der Biopatentierung im Bereich der Pflanzenzucht: Seit den 1970er Jahren wurden biotechnologische Methoden verstärkt auch in der Pflanzenzucht angewandt, mit dem Ziel, eine höhere Qualität beim Saatgut zu erreichen. Einen zusätzlichen Schutz durch Patente gab es zu diesem Zeitpunkt aber noch nicht, sodass die Motivation eine andere gewesen sein muss.

Rechtfertigen lässt sich ein zusätzlicher Patentschutz also nur, wenn man die biotechnologische Forschung getrennt von dem übrigen Züchtungsprozess betrachtet. Sinnvoll ist eine solche Betrachtungsweise nur unter dem Gesichtspunkt, dass es Unternehmen gibt, die sich auf biotechnologische Forschung spezialisiert haben und keine Pflanzenzüchtung in der Form betreiben, dass am Ende ein vermarktungsfähiges Produkt steht. In Deutschland gibt es schätzungsweise noch etwa 29 Unternehmen, die ausschließlich biotechnologische Forschung betreiben.[1183] Ob dies allein einen ergänzenden Schutz durch das Patentrecht legitimiert, ist zweifelhaft. Zumal sich die Frage anschließt, worin der technische Fortschritt für die Allgemeinheit zu sehen ist: Entweder in der reinen Erkenntnis, welches Gen oder welche Gensequenz für welche Funktion codiert oder erst in der praktischen Verwendung der Information im Rahmen der weiteren Züchtung. Vor dem Hintergrund, dass es sich bei der Erforschung von Gensequenzen, obgleich sie mit sehr hohem Aufwand betrieben wird, im Prinzip um eine reine Tatsachenaufklärung handelt, spricht doch vieles dafür, letzteres anzunehmen.

Dessen ungeachtet werden Unternehmensmodelle mit ausschließlichem Fokus auf biotechnologische Forschung im Bereich der Pflanzenzüchtung nicht zukunftsfähig sein, ohne dass sie in die weitere Züchtungswirtschaft einsteigen oder mit traditionellen Züchtungsunternehmen kooperieren. Zu erwarten ist, dass über kurz oder lang der gesamte Saatgutmarkt von einigen wenigen vertikal integrierten Konzernen beherrscht wird, die von der biotechnologische Forschung bis hin zur Züchtung neuer Sorten alle Marktstufen abdecken. Diese

1182 Siehe oben unter 4. Teil B. I. 1.
1183 Siehe *BMBF*, S. 31.

Entwicklung zeichnet sich momentan besonders stark in den USA ab. Hier werden kleinere und mittelständische Züchtungsunternehmen häufig von größeren Konzernen aufgekauft.[1184] Zwar gibt es in Deutschland noch verhältnismäßig viele traditionelle Züchtungsunternehmen; dies ist aber nur durch entsprechende Kooperationen möglich.[1185] Trotzdem wird auch hier der Trend nicht aufzuhalten sein, dass es langfristig zu Übernahmen und Unternehmensaufkäufen kommt. Die Konkurrenzfähigkeit des Saatguts hängt im Wesentlichen von seiner Qualität ab. Bereits heute ist es unumgänglich, Wissen aus der biotechnologischen Forschung gezielt zu Züchtungszwecken einzusetzen. Der Argumentation, dass gerade deswegen die Erkenntnisse biotechnologischer Forschung selbst schutzfähig sein müssen, damit auch kleinere Züchtungsunternehmen und Start-ups eigene biotechnologische Forschung betreiben können, kann nicht gefolgt werden. Kleinere Züchtungsunternehmen oder auch Start-ups, sofern sie nicht von staatlicher Seite subventioniert werden, verfügen mit oder ohne Patentschutz nicht über genügend Kapital, um biotechnologische Forschung betreiben zu können. Bevor pflanzliche Gene und Gensequenzen erforscht werden können, sind – verglichen mit anderen Technologiebereichen – außergewöhnlich hohe Kosten für Labore und qualifiziertes Personal aufzubringen. Dabei ist der Ausgang der Forschung häufig unsicher, da nicht frühzeitig erkennbar ist, ob die erforschten Gene und Gensequenzen tatsächlich eine Funktion besitzen, die für die weitere Pflanzenzüchtung von Bedeutung ist. Dass kleinere Unternehmen trotz dieser Ungewissheit bereit sind, das finanzielle Risiko zu tragen, ist unwahrscheinlich. Für die größeren Chemiekonzerne ist dieses Risiko dagegen hinnehmbar, da sie in aller Regel schon über große Forschungs- und Entwicklungsabteilungen verfügten und ihr vorhandenes Know-how hinsichtlich chemischer Substanzen in die Erforschung pflanzlicher Gene und Gensequenzen mit einbringen konnten und somit vorhandene Synergieeffekte nutzen konnten. Bedingt durch die tatsächlichen Umstände haben kleinere Unternehmen und Start-ups vor diesem Hintergrund keine reelle Chance, auf dem Saatgutmarkt zu konkurrieren. Die Gewährung von Patenten kann somit keinen Beitrag leisten, die Konzentration auf dem Saatgutmarkt zu mindern. Ganz im Gegenteil ist die

1184 Ausführlich zur wirtschaftlichen Konzentration oben unter 4. Teil B. I. 3.

1185 Vgl. *BMBF*, S. 31.

Konzentration aufgrund von Patentabhängigkeiten sogar noch weiter gestiegen.[1186]

Dass patentierte Gene und Gensequenzen häufig nicht auf eine Sorte beschränkt sind, sondern für eine Vielzahl verschiedener Sorten Bedeutung erlangen können, rechtfertigt nicht zwangsläufig zusätzlichen Patentschutz. Vielmehr zeigt dies, dass dadurch der eigentliche Wert der Erfindung um ein Vielfaches erhöht werden kann, was zur Konsequenz hat, dass zu breite Patentansprüche gewährt werden, die zu großen Abhängigkeiten führen.[1187] Dies liegt in der Natur der Sache und ist sicherlich auch darauf zurückzuführen, dass eine trennscharfe Abgrenzung von Entdeckung und Erfindung nicht mehr möglich ist. Infolgedessen kommt es zu Problemen, die das Patentrecht ursprünglich mit dem Ausschluss von Entdeckungen zu vermeiden gesucht hat, wie beispielsweise Überkompensation oder vielfältige Abhängigkeiten, die die Möglichkeit eröffnen, die gesamte Entwicklungskette zu kontrollieren.[1188] Im Gegensatz zum Pharmabereich, wo unter Umständen wichtige Medikamente gegen lebensbedrohliche Krankheiten nicht auf den Markt kommen, wenn ohne ein Patent die Mittel für die Vermarktung der Erfindung fehlen, sichert der Sortenschutz die Amortisation der Kosten ab.[1189] Die Anspornungstheorie kann somit nicht zur Legitimation von Pflanzenpatenten herangezogen werden.

Auch die Offenbarungstheorie, die von der Prämisse ausgeht, dass technischer Fortschritt nur möglich ist, wenn Erfindungen nicht geheim gehalten werden[1190], kann letztlich die Einräumung von Pflanzenpatenten nicht rechtfertigen. Das Patent wird als Gegenleistung für die Offenbarung der Erfindung gegenüber der Allgemeinheit betrachtet, weil mit dem durch das Patent veröffentlichte Wissen der Stand der Technik erweitert und damit die Allgemeinheit bereichert wird.[1191] Allerdings werden in den Patentschriften bewusst so wenige Informationen wie möglich preisgegeben, wodurch die Qualität der offenbarten Information zu

1186 Vgl. 4. Teil B. I. 3.

1187 *Fernandez-Cornejo*, S. 27.

1188 *Godt*, S. 655.

1189 Vgl. *Eisenkolb*, S. 214; *Ono*, IIC 2006, S. 196 (207), der Beispiele für die Fälle nennt, in denen aufgrund fehlenden Patentschutzes die Mittel für die Vermarktung fehlen und deswegen das Produkt nicht auf den Markt gelangt.

1190 *Herrlinger*, S. 91.

1191 *Osterrieth*, 1. Teil Rdnr. 9.

wünschen übrig lässt.[1192] Ein gewichtigeres Problem, welches die Rechtfertigung von Pflanzenpatenten fraglich erscheinen lässt, ist die fehlende Begründung, warum die Offenlegung der Information die Allgemeinheit bereichern soll. Gewiss wird der Stand der Technik um die Erkenntnis erweitert, welches Gen für welche Funktion codiert. Einen Mehrwert für die Allgemeinheit hat dies indes nicht. Die weitere technische Entwicklung kann dadurch jedenfalls nicht vorangetrieben werden, weil um Genpatente nicht herumgeforscht werden kann. Jede einzelne Sequenz gibt es nur ein einziges Mal, sodass der Mehrwert des Erkenntnisgewinns für die weitere Forschung gering ist. Vorteilhaft ist die Patenterteilung nur unter dem Gesichtspunkt, dass Forschung transparent wird und Doppelforschung vermieden wird. Dies allein ist wohl nicht ausreichend, um ein derart starkes Ausschließlichkeitsrecht einzuräumen.[1193]

Vor dem Hintergrund dieser Erwägungen besteht keine Legitimationsbasis für Pflanzenpatente. Streng genommen dürfte es keinen speziellen Patentschutz auf diesem Gebiet geben. Bedingt durch das UPOV-Übereinkommen hat sich zumindest in Europa, aber auch in vielen Entwicklungsländern, ein sui-generis System zum Schutz für Pflanzensorten durchgesetzt.[1194] Ausgehend von der Prämisse, dass die Funktionsaufklärung pflanzlicher Gene und Gensequenzen notwendig ist, um qualitativ hochwertige Pflanzen züchten zu können, die Absatz am Saatgutmarkt finden, würde der zusätzlich gewährte Patentschutz zu einer Überkompensation führen. Die Erfolge, die mithilfe Marker gestützter Selektion erzielt wurden, lassen die Bedeutung der biotechnologischen Forschung für die Züchtung erkennen. In Anbetracht der kontinuierlich steigenden Bevölkerungszahl bei gleichzeitiger Bodenverknappung, ist die fortwährende Qualitätssteigerung des Saatguts das primäre Ziel, um Ernährungssicherheit auch zukünftig sicherstellen zu können. Daher wird zukünftig biotechnologische Forschung aus der Züchtung nicht mehr wegzudenken sein. Es spricht also vieles dafür, biotechnologische Forschung lediglich als Bestandteil des Züchtungsprozesses anzusehen und nicht gesondert davon zu betrachten. In diesem Kontext verstanden, ist das Sortenschutzrecht lex specialis und damit vorrangig. Jedenfalls darf die Überkompensation nicht dazu führen, dass die nach dem Sortenschutz eingeräumten Rechte durch den Patentschutz ausgehöhlt werden. Anhand

1192 *Herrlinger*, S. 91.
1193 *VCI*, S. 4.
1194 Ausführlich oben unter 3. Teil A. II.

der aufgezeigten negativen Auswirkungen wird jedoch deutlich, dass die Pflanzenzüchter in ihrer Arbeit behindert werden. Die bislang im Patentgesetz vorhandenen Schutzmechanischen leisten hier keine Abhilfe, sodass bereits nach Lösungsansätzen außerhalb der rechtlichen Bestimmungen gesucht wird.

Allerdings wurden in den letzten zwei Jahrzehnten umfassende Vorschriften auf nationaler und europäischer Ebene erlassen, die detailliert die Patentierbarkeit biotechnologischer Erfindungen, unter anderem auch in Bezug auf pflanzengenetische Ressourcen, regeln. Daher ist es unwahrscheinlich, dass der Gesetzgeber in naher Zukunft seine positive Grundeinstellung zur Patentierbarkeit pflanzengenetischer Ressourcen aufgeben wird. Wenn im Einklang mit dem europäischen Gesetzgeber die Vorschriften zu Pflanzenpatenten weiterhin Bestand haben sollen, ist eine bessere Ausgestaltung der Vorschriften dringend erforderlich, für die im Folgenden einige Vorschläge gemacht werden sollen.

II. Änderung bestehender patentrechtlicher Vorschriften

Die Besonderheiten der spezifischen Regelungsmaterie müssen größere Berücksichtigung finden als bislang, damit die aufgezeigten negativen Implikationen nicht eintreten können. Denn auch die im Zuge der Biopatentrichtlinie erfolgten Anpassungen an die Eigenarten lebender Materie haben bislang nicht dazu beigetragen, dass ein zufriedenstellender Interessenausgleich zwischen den verschiedenen Parteien (Züchter – Patentinhaber, Industrieländer – ressourcenreiche Entwicklungsländer) erzielt wurde. Das Pflanzenpatent in seiner derzeitigen Form räumt seinen Inhabern ein zu starkes Ausschließlichkeitsrecht ein, was der durch den Sortenschutz begründeten Sonderstellung nicht gerecht wird. Vielfach kommt es zu Überschneidungen zwischen Sorten- und Patentschutz, da es in der Natur der Sache liegt, dass patentierte pflanzliche Gene und Gensequenzen immer auch Bestandteil von Sorten sind. Wird die Einräumung als solche nicht in Frage gestellt, kann die „Stärke“ des gewährten Patents stets auch über seinen Umfang reguliert werden.[1195] Es bedarf daher einer Einschränkung der Reichweite des Schutzumfangs, damit die Rechte der Sortenschutzinhaber nicht untergraben werden.

Als Anregung für mögliche Beschränkungen bieten sich die Erkenntnisse und Erfahrungen an, die in der Vergangenheit im Zusammenhang mit der Etablie-

---

1195 *Godt*, S. 657.

rung des Sortenschutzrechts gemacht wurden. Während damals die Interessen von Landwirten und Züchtern in Ausgleich gebracht werden mussten, nimmt mit der wachsenden Bedeutung der biotechnologischen Forschung für die Pflanzenzucht eine dritte Partei am Saatgutgeschehen teil, deren Interessen es zusätzlich zu berücksichtigen gilt. Im Prinzip hat sich dadurch aber die Ausgangslage nicht wesentlich verändert. Die generellen Streitpunkte – wie beispielsweise die Gewährleistung freien Zugangs zu pflanzenzüchterischem Material – bestehen nach wie vor. Der einzige Unterschied ist, dass nicht mehr nur zwischen Landwirten und Züchtern, sondern nunmehr auch zwischen Züchtern und Patentinhabern über die jeweiligen Rechte und Pflichten gestritten wird. Dann drängt sich aber die Frage auf, warum die im Patentrecht vorgesehen Schutzrechtsbeschränkungen weit hinter vergleichbaren sortenschutzrechtlichen Regelungen zurückstehen. So unterfällt beispielsweise die Verwertung einer weiterentwickelten Sorte nicht mehr dem patentrechtlichen Züchterprivileg nach § 11 Abs. 2 Nr. 2a PatG, wenn der patentierte Bestandteil in der weiterentwickelten Sorte nach wie vor vorhanden ist. Es wird nicht danach differenziert, welche Rolle der patentierte Bestandteil noch für die Sorteneigenschaft spielt. Die Verwertung wäre also auch in den Fällen von der Zustimmung des Patentinhabers abhängig, wenn der patentierte Bestandteil für die Züchtungsleistung überhaupt keine Bedeutung hatte. Im Vergleich dazu geht der sortenschutzrechtliche Züchtervorbehalt viel weiter, indem er die weitere Verwendung der Züchtung gestattet, sofern es sich nicht um eine im Wesentlichen abgeleitete Sorte handelt.[1196] Das Merkmal der im Wesentlichen abgeleiteten Sorte gewährleistet, dass der Sortenschutzinhaber nur vor bloßen Imitationen geschützt wird. Eine patentierte pflanzliche Gensequenz wieder auszuzüchten ist in den meisten Fällen schlichtweg nicht möglich. Den Markt und Wettbewerb hindernde Patentabhängigkeiten sind dadurch unausweichlich. Deswegen sollte die Verwertung der Sorte nicht von der Erlaubnis des Patentinhabers abhängigen, auch wenn der patentierte Bestandteil noch in der weiterentwickelten Sorte enthalten ist. Andernfalls könnte der Fortschritt in der Pflanzenzüchtung unnötig behindert werden, was angesichts des Bedarfs an qualitativ hochwertigem Saatgut fatal wäre. Der Schutzumfang des Patents muss hier eingeschränkt werden. Die Interessen des Patentinhabers sind dadurch zu berücksichtigen, dass er abhängig von dem Grad der Bedeutung seines patentierten Bestandteils für die Entwicklung der neuen Sorte einen angemessenen finan-

1196 Siehe oben unter 3. Teil C. III. 1.

ziellen Ausgleich bekommen sollte. Nach diesem Prinzip hat sich auch die Nachbauregelung im Sortenschutzrecht bewährt. Danach ist es Landwirten gestattet, ohne Erlaubnis des Sortenschutzinhabers einen Teil der eigenen Ernte einzubehalten und im nächsten Jahr im eigenen Betrieb wieder auszusäen (§ 10a Abs. 2 SortSchG). Dieses Recht wird ihnen aber nur gegen Zahlung einer bestimmten Gebühr zugestanden (§ 10a Abs. 3 SortSchG). Die Regelung will also einerseits Landwirten die Selbstversorgung mit Saatgut ermöglichen, gleichzeitig wird die Tatsache berücksichtigt, dass Züchter hierdurch nicht unerhebliche Einbußen beim Verkauf von Saatgut erleiden.[1197] Dadurch, dass der Patentinhaber die Verwertung der den patentierten Bestandteil enthaltenen Sorte nicht mehr untersagen kann, würde eine Art Kontrahierungszwang eingeführt, der den Patentinhaber zum Abschluss eines Lizenzvertrages mit dem Züchter zwingt. Hierdurch würde die Gefahr gebannt, dass der Patentinhaber die Abhängigkeit des Züchters zu seinen Gunsten ausnutzt und die Erlaubnis von der Zahlung übertriebener Lizenzgebühren abhängig macht, die den eigentlichen Wert der Erfindung wesentlich übersteigen. Vielmehr soll der Züchter dem Patentinhaber nur eine angemessene Vergütung schulden. Was aber unter einer angemessenen Vergütung zu verstehen ist, ist auch beim sortenschutzrechtlichen Landwirteprivileg ein großes Problem.[1198] Denn erwartungsgemäß gehen hier die Interessen von Züchtern und Patentinhabern weit auseinander: Während die Züchter die eigentliche Leistung in ihrer Züchtungsarbeit sehen und deswegen nur einen geringen Betrag an den Patentinhaber abführen möchten, hat dieser ein Interesse daran, möglichst viel Geld für die Nutzung des patentierten Bestandteils zu erhalten.

Was angemessen ist, wird stets eine Frage des Einzelfalls sein. Im Unterschied zur derzeitigen Rechtslage bedarf es jedoch der Einführung einer Regulierungsmaßnahme, wonach Patentinhaber nicht mehr frei den Preis für etwaige Lizenzen festlegen dürfen. Bislang ist dies unproblematisch möglich, weil die Patentinhaber aufgrund der Einmaligkeit pflanzlicher Gene und Gensequenzen eine Art natürliches Monopol besitzen und die Züchter für die weitere Züchtungsarbeit zwingend auf die Nutzung der Gensequenzen angewiesen sind. Das im Patentrecht vorgesehene Institut der Zwangslizenz findet praktisch keine Anwen-

1197 *Leßmann/Würtenberger*, § 3 Rdnr. 58.
1198 Vgl. EuGH, U. v. 05.07.2012 – C-509/10, abrufbar unter: BeckRS 2012, 81359.

dung, sodass die Kontrolle der Preisbildung die einzige Möglichkeit ist, um die Machtstellung der Patentinhaber einzuschränken.[1199] Ob diese Kontrolle von staatlicher Seite, ähnlich einer Entgeltkontrolle im Energierecht, oder durch eine außerstaatliche Aufsicht zu erfolgen hat, sei dahingestellt.

Dass eine solche Preisregulierung im Bereich von Patentierungen für sinnvoll erachtet wird, zeigt das am 1. Januar 2011 erlassene Arzneimittelmarktneuordnungsgesetz (AMNOG), welches eine neue Balance zwischen Innovation und Bezahlbarkeit von Medikamenten herzustellen versucht.[1200] Pharmaunternehmen müssen zukünftig den Zusatznutzen von Medikamenten gegenüber Vergleichstherapien nachweisen, der Grundlage für die Preisbildung ist.[1201] Dabei kann der Preis nicht einseitig von den Pharmaunternehmen festgelegt werden, sondern muss mit den gesetzlichen Krankenkassen ausgehandelt werden. Es handelt sich also um Verfahren, welches im Zeitpunkt des Marktzugangs in Gang gesetzt wird und den Preis für das Medikament ermittelt.[1202] Abgesehen von den „Kinderkrankheiten" des Gesetzes ist der Grundgedanke, dass im Interesse der Allgemeinheit die Machtstellung des Patentinhabers durch Preisregulierung beschränkt werden muss, der Richtige und auf die vorliegende Situation übertragbar.[1203] Denn auch im Bereich der Pflanzenzüchtung können die Patentinhaber ihre Preise aufgrund der Einzigartigkeit der Gensequenzen nach freiem Ermessen festlegen, da ein Ausweichen auf alternative Sequenzen nicht möglich ist, weil diese wiederum für andere Funktionen innerhalb der Pflanze zuständig sind. Unterfallen einzelne pflanzliche Gensequenzen erst einmal dem Patentschutz, besteht demzufolge keine Möglichkeit, um diese herum zu forschen. Um einen Missbrauch dieser „Monopolstellung" vorzubeugen, bedarf es also auch im Bereich der Pflanzenzüchtung eines Systems der Preisregulierung. Ver-

---

1199 Zur Ineffektivität patentrechtlicher Zwangslizenzen siehe oben unter 5. Teil A. I. 1. d).

1200 Nähere Informationen zum AMNOG abrufbar unter: http://www.bmg.bund.de/krankenversicherung/arzneimittelversorgung/arzneimittelmarktneuordnungsgesetz-amnog/das-gesetz-zu-neuordnung-des-arzneimittelmarktes-amnog.html (zuletzt abgerufen am 18.08.2012).

1201 Nähere Informationen zum AMNOG abrufbar unter: http://www.bmg.bund.de/krankenversicherung/arzneimittelversorgung/arzneimittelmarktneuordnungsgesetz-amnog/das-gesetz-zu-neuordnung-des-arzneimittelmarktes-amnog.html (zuletzt abgerufen am 18.08.2012).

1202 *Kingreen*, NZS 2011, S. 441.

1203 Zu den einzelnen Kritikpunkten siehe: *Brixius/Maur/Schmidt*, PharmR 2010, S. 373 ff.; *Kingreen*, NZS 2011, S. 441 ff.

gleichbar dem Nachweis des Zusatznutzens im AMNOG, kann die Höhe der Lizenzgebühr danach bestimmt werden, welchen Anteil die patentierte Gensequenz an der Qualitätssteigerung des Saatguts übernommen hat. Beruht die Qualitätssteigerung hauptsächlich auf der Züchtungsleistung des Pflanzenzüchters, muss die Lizenzgebühr gering ausfallen; beruht die Leistung des Züchters im Wesentlichen auf den Erkenntnissen aus der pflanzlichen Genomanalyse muss ein höherer Lizenzbetrag angesetzt werden. Zu überlegen wäre, ob nicht von staatlicher Seite eine unabhängige Kontrollinstanz geschaffen wird, die die Preisbildung regelt bzw. zumindest überwacht. Der Bundesverband Deutscher Pflanzenzüchter kann diese Funktion nicht erfüllen. Zwar hat sich dieser Zusammenschluss der Interessenwahrnehmung der Züchter verschrieben; gleichwohl sind auch solche Unternehmen Mitglieder, die neben der Züchtung gleichzeitig biotechnologische Forschung betreiben und damit potentielle Patentinhaber sind, sodass bereits innerhalb des Verbandes ein Interessenskonflikt herrscht. Erschwerend kommt hinzu, dass nicht offensichtlich ist, wie die einzelnen Machtverhältnisse im Verband ausgestaltet sind. So ist es doch naheliegend anzunehmen, dass die großen biotechnologische Forschung betreibenden Konzerne einen größeren Einfluss auf den Verband ausüben, als die kleinen und mittelständischen Züchtungsunternehmen. Im Zweifel werden ihre Interessen eines möglichst ungehinderten Zugangs zu pflanzenzüchterischem Ausgangsmaterial daher nur unzureichend berücksichtigt.

III. Änderung des Finanzierungsmodells des EPA

Abgesehen von der Notwendigkeit einer Preisregulierung, sollte das bestehende Finanzierungsmodell des Europäischen Patentamts von Grund auf überdacht werden. Eine Änderung auf europäischer Ebene ist dabei unumgänglich, weil schätzungsweise 95 Prozent bis 99 Prozent aller biotechnologischen Erfindungen beim EPA und nicht national angemeldet werden.[1204] Bislang finanziert sich das EPA aus den eingenommenen Verfahrensgebühren und den Jahresgebühren für anhängige Patentanmeldungen.[1205] Dass hierdurch ein gewisser finanzieller Anreiz geliefert wird, die Patenterteilung zunächst großzügiger zu handhaben und erst in einem etwaigen Einspruchsverfahren die Voraussetzungen für das

1204 So schätzungsweise *Dolder*, Deutscher Bundestag 2009, S. 22.
1205 Art. 86 und Art. 141 EPÜ.

Patent genauer zu prüfen, kann nicht geleugnet werden.[1206] Dem entspricht, dass die Prüfung des Patents im Erteilungsverfahren auf rein formale Kriterien beschränkt ist. Außerdem ist auch für den einzelnen Mitarbeiter des EPA der Ansporn eher gering, großen Aufwand für die Prüfung des einzelnen Patents zu betreiben.[1207] Der Bearbeitungsaufwand erhöht sich im Falle einer Zurückweisung um 70 Prozent; honoriert wird der einzelne Prüfer für seinen Mehraufwand jedoch nicht. Vielmehr bleibt der betriebene Aufwand in der Leistungsbewertung unberücksichtigt, was eine mengenorientierte Erteilungspolitik begünstigt.[1208] Untermauert wird diese Behauptung durch den aktuellen Trend, dass trotz der Entscheidung der Großen Beschwerdekammer im Brokkoli-Fall[1209], in dem ausdrücklich Patente auf klassische Züchtungsverfahren untersagt wurden, auch in 2011 wieder Patente auf Saatgut und Produkte konventioneller Züchtungen erteilt wurden.[1210]

Angesichts der anmelderfreundlichen Erteilungspolitik spielen die Kontrollinstanzen des EPA eine gewichtige Rolle. Im Rahmen des Einspruchsverfahrens kann jedermann innerhalb von neun Monaten nach der Veröffentlichung des Europäischen Patents Einspruch gegen dessen Erteilung einlegen (Art. 99 EPÜ). Hat das Einspruchsverfahren Erfolg, wird das Patent widerrufen und seine Wirkungen gelten als von Anfang an nicht eingetreten (Art. 68 EPÜ). Einer der wichtigsten Einspruchsgründe ist die mangelnde Patentfähigkeit (Art. 52 bis 57 EPÜ). Ein solches Verfahren in Gang zu setzen, setzt aber die Zahlung einer amtlichen Einspruchsgebühr voraus, wodurch wieder ein finanzieller Anreiz für das EPA geschaffen wird, möglichst großzügig bei der Patenterteilung zu sein.[1211] Es ist nicht nachzuvollziehen, dass Patente trotz ihrer breiten Ausschließlichkeitswirkung leichtfertig anhand einiger formaler Kriterien erteilt werden und die gesamte Rechtsdurchsetzung Privaten obliegt. Auch wenn die

1206 *Feindt*, S. 24.

1207 Vgl. *Friebel/Koch/Prady/Seabright*, Tab. 23 und die Ausführungen auf S. 93 ff.; *Wissenschaftlicher Beirat BMWi*, S. 18.

1208 *Ebda.*

1209 Siehe oben unter 4. Teil A. II. 2. b) dd) iii).

1210 Das Melonenpatent der Firma Monsanto (EP 1962578) wurde am 04.05.2011 erteilt und schützt die mit dem Resistenzgen ausgestatteten Pflanzen, Teile dieser Pflanzen sowie deren Früchte und Samen, abrufbar unter: https://data.epo.org/publication-server/pdf-document?pn=1962578&ki=B1&cc=EP (zuletzt abgerufen am 19.08.2012).

1211 *Feindt*, S. 24.

Befähigung von Bürgern vor den staatlichen Behörden und Gerichten unmittelbar auf die Beachtung ihres Rechts zu pochen in vielen Rechtsgebieten sicherlich sinnvoll sein kann, bringt sie im Patentrecht einige gravierende Probleme mit sich. Die monetären und zeitlichen Kosten von Patentanfechtungen sind erheblich.[1212] Anders als etwa im Baurecht, wo der Nachbar als Dritter Einspruch gegen die Baugenehmigung erheben kann, bedarf es im Patentrecht Spezialisten, um beurteilen zu können, ob ein Patent Bestand haben kann oder nicht. Wenn man sich vor Augen führt, dass selbst die Prüfer des EPA, die sich tagtäglich mit der Gewährung von Patenten beschäftigen, keine materiell-rechtliche Prüfung der Patentfähigkeit durchführen, sondern die Erteilung allein auf formale Kriterien stützen, wird deutlich, welchen Aufwand eine solche Prüfung voraussetzt. Zudem bedarf es einer laufenden Beobachtung des Patentgeschehens, damit rechtzeitig gegen das Patent innerhalb der neun Monate Einspruch eingelegt werden kann.[1213] Dadurch, dass jedes einzelne Patent offengelegt werde muss, besteht zudem eine unüberschaubare Informationsflut. Beispielsweise bietet Espacenet einen kostenlosen Zugriff auf über 70 Millionen Patentdokumente aus aller Welt mit Informationen zu Erfindungen und technischen Entwicklungen von 1836 bis heute. In jedem Fall bedarf es zahlreichen Personals, das sich ausschließlich mit der Auswertung der auf den einschlägigen Datenbanken abrufbaren Patenterteilungen beschäftigt. Finanzieren können dies nur große Unternehmen und starke Forschungseinrichtungen; für kleinere Unternehmen und zivilgesellschaftliche Gruppen ist das Einspruchsverfahren damit keine wirkliche Option, um gegen Patente vorzugehen.[1214] Auch wenn unberechtigt ein Patent erteilt worden ist, ist die Wahrscheinlichkeit hoch, dass es bestehen bleibt.[1215] Nur noch wirklich bedeutsame Patente werden angefochten.

Dass das Modell des Einspruchsverfahrens am EPA nicht überzeugen kann, zeigt auch die rückläufige Zahl der angestrengten Verfahren im Verhältnis zur Gesamtzahl der gewährten Patente.[1216] Im Bereich der Pflanzenzucht kommt erschwerend hinzu, dass der Saatgutmarkt eine oligopolistische Struktur auf-

---

1212 Vgl. *Rotstein/Dent*, Journal of World Intellectual Property, Vol. 12 (2009), S. 467 (482).

1213 *Feindt*, S. 25.

1214 *Feindt*, S. 25.

1215 *Wissenschaftlicher Beirat BMWi*, S. 11.

1216 Vgl. *Wissenschaftlicher Beirat BMWi*, Abb. 6, S. 32.

weist. Einsprüche durch Konkurrenzunternehmen sind hier unwahrscheinlich, zumal der Trend dahin geht, sich vermehrt in Patentpools oder durch Kreuzlizenzen zu vernetzen, um gegenseitig vom Know-how des jeweils anderen zu profitieren.[1217]

Ist die Einspruchsfrist bereits verstrichen oder das Einspruchsverfahren abgeschlossen, ist der Klageweg vor den nationalen Gerichten offen. Beispielsweise kann in Deutschland jedermann Klage auf Nichtigerklärung eines europäischen Patents, welches Wirkung für Deutschland hat, oder eines deutschen Patents beim Bundespatentgericht in München einreichen (vgl. § 81 PatG). Allerdings ist die Nichtigkeitsklage gegen ein europäisches Patent unzulässig, wenn sie nur auf Nichtigkeitsgründe gestützt wird, die zugleich Einspruchsgründe nach Art. 100 EPÜ sind.

Eine übergeordnete europäische Gerichtsbarkeit gibt es derzeit nicht. Der Grund liegt darin, dass nach der endgültigen Erteilung des Europäischen Patents dieses in ein Bündel nationaler Patente gemäß den Vorschriften der Mitgliedstaaten des Europäischen Patentübereinkommens zerfällt.[1218] Wollte man die Nichtigerklärung des Patents in allen Ländern, in dem es seine Wirkung entfaltet, herbeiführen, müsste gesondert in jedem einzelnen Land Klage erhoben werden. Die damit verbundenen Kosten sind nicht zu tragen. Darüber hinaus ist es durchaus vorstellbar, dass ein vom EPA erteiltes Patent, in einigen Ländern von den Gerichten aufgehoben wird, in anderen Ländern weiterhin Bestand hat.[1219] Ohne europäische Gerichtsbarkeit wird die Rechtsdurchsetzung auch zukünftig fragmentiert bleiben. Zu mehr Rechtssicherheit trägt das jedenfalls nicht bei. Zudem erscheint es nicht sehr stringent, das Anmeldeverfahren zu harmonisieren, den Rechtsschutz jedoch nicht. Im Zuge der aktuellen EU-Patentrechtsreform ist beabsichtigt, ein effizientes einheitliches Patentgerichtssystem einzuführen. Neben den Verordnungsentwürfen zur Sprachenfrage und zum Einheitspatent („EU-Patent“) ist der derzeitige Entwurf für ein Übereinkommen für ein einheitliches Patentgericht auf erhebliche Kritik gestoßen.[1220] Diese Diskussion um den

1217 *Wissenschaftlicher Beirat BMWi*, S. 19.

1218 *Schubert*, S. 63.

1219 *Straus*, Washington University Journal of Law and Policy, Vol. 2 (2000), S. 403 (405).

1220 Vgl. *Pagenberg*, GRUR 2012, S. 582 (583), der bemängelt, dass das derzeitige „Patentpaket“ unpräzise Regelungen, Lücken und für die Praxis völlig unverständliche

derzeitigen Entwurf darf aber nicht darüber hinwegtäuschen, dass überwiegend die Einführung einer einheitlichen EU-Gerichtsbarkeit befürwortet wird.[1221] Lediglich der konkrete Umsetzungsplan sieht sich erheblichen Widerstand ausgesetzt. Bemängelt wird, dass mit dem derzeit kursierenden Entwurf eines Übereinkommens für ein einheitliches Patentgericht, die gesetzten Ziele, wie niedrigere Kosten für Patentanmeldungen und Gerichtsverfahren, bessere Effizienz der Gerichte durch einfache und faire Verfahrensregeln, Zugang zu den Gerichten durch lokale Präsenz, Vorhersehbarkeit der Rechtsprechung und Rechtssicherheit für die Parteien, eine hohe Kompetenz der Richter in Patentstreitigkeiten, nicht erreicht werden können, weil es nur praxisferne oder gar keine Regelungen hierzu gebe.[1222] Ob im Zuge der aktuellen EU-Patentrechtsreform tatsächlich ein effizientes Patentgerichtssystem eingeführt wird, bleibt abzuwarten.

6. Teil Schlussbemerkungen

Die Zahl der erteilten Patente auf pflanzengenetische Ressourcen und klassische Pflanzenzuchtverfahren ist in den vergangenen Jahren stark gestiegen. Ziel der vorliegenden Arbeit war es zu untersuchen, welche Auswirkungen diese Patentierungspraxis auf das Verhältnis zum Sortenschutzrecht hat. Zur Erreichung dieses Untersuchungsziels wurden drei Forschungsfragen formuliert, die nachfolgend zusammenfassend beantwortet werden sollen.

Mit der ersten Forschungsfrage wurde untersucht, warum Pflanzenzuchtverfahren und deren Erzeugnisse im geltenden Rechtsrahmen sowohl patentrechtlichen als auch sortenschutzrechtlichen Schutz genießen können und wie eine Abgrenzung beider Schutzrechtssysteme erfolgen kann. Hierzu ist festzustellen, dass sich das Nebeneinander von Patent- und Sortenschutzrecht nur auf Grundlage der historischen Entwicklungen erklären lässt: Während zunächst das Patentrecht die einzige Möglichkeit bot, überhaupt Schutz für züchterische Leistungen erlangen zu können, wurde mit dem Sortenschutzrecht ein spezielles, auf die Besonderheiten pflanzlicher Materie abgestimmtes Schutzrecht eingeführt. Mit der zunehmenden Bedeutung der biotechnologischen Forschung für die Pflan-

---

Kompromisse beinhaltet, die insbesondere kleine und mittlere Unternehmen erheblich benachteiligen; *Gaster*, EuZW 2011, S. 394 ff.

1221 Vgl. *Ann*, GRUR 2009, S. 205 ff.; *Pagenberg*, GRUR 2012, S. 582 ff. und GRUR 2009, S. 314 ff.

1222 *Pagenberg*, GRUR 2012, S. 582 (583).

zenzüchtung wurden die Forderungen nach einem eigenständigen Schutz für die durch die Biotechnologie erzielten Forschungsergebnisse in der Pflanzengenetik immer eindringlicher, sodass der Patentschutz erneut in den Fokus rückte. Dies hat dazu geführt, dass die geltende Rechtslage für den Schutz von Pflanzenzüchtungen durch ein Geflecht aus verschiedenen regulatorischen Maßnahmen auf nationaler, europäischer und internationaler Ebene im Bereich des Patent- und Sortenschutzrechts geprägt ist.

Im Zuge dessen kam es zu einer erheblichen Annäherung beider Schutzrechtssysteme, mit der Folge, dass eine klare Abgrenzung von Patent- und Sortenschutzrecht heute nahezu unmöglich geworden ist. Zwar sind die Schutzgegenstände von Patent- und Sortenschutzrecht nach wie vor verschieden: Während dem Patentschutz prinzipiell alle Pflanzen unterfallen können, die ein patentiertes Genom aufweisen, kann die neu geschaffene Sorte nur nach dem Sortenschutzrecht geschützt werden. Zu einer Abgrenzung beider Schutzrechtssysteme führt dies indes nicht, da patentfähige Gensequenzen zugleich in verschiedenen Sorten auftreten können. Im Gegenteil zeigt diese Wechselbeziehung das Spannungsverhältnis zwischen Patent- und Sortenschutzrecht besonders deutlich, da Rechte des Patentinhabers in Konflikt zu einer Vielzahl von Sortenschutzrechten verschiedenster Rechtsinhaber geraten können.

Die zweite Forschungsfrage zielte auf eine Analyse des durch die Patentierung von Pflanzen und Pflanzenzüchtungen hervorgerufenen Zielkonfliktes zwischen Patent- und Sortenschutz ab. In rechtlicher Hinsicht wurde hierzu festgestellt, dass die Entstehung der zahlreichen geschaffenen Gesetzesgrundlagen erheblich zu dem Spannungsverhältnis zwischen Sortenschutz- und Patentrecht beigetragen hat. Im Zuge der Harmonisierung nationaler Regelungen zu einem einheitlichen Rechtsregime zum Schutz von Pflanzenzüchtungen kam es aufgrund unterschiedlicher Rechtsvorstellungen immer wieder zu Kompromisslösungen mit der Folge, dass die derzeitigen Regelungen erhebliche Gestaltungsspielräume zulassen. Die fehlende Bestimmtheit der Abgrenzungsnormen führte zu erheblicher Rechtsunsicherheit, weshalb die Grenzen der Patentierbarkeit von Pflanzen und Pflanzenzüchtungen erst im Zuge richterlicher Entscheidungen konkretisiert werden mussten. Umfassende Rechtssicherheit wurde aber auch dadurch nicht geschaffen. So ist die Rechtslage bislang nur im Hinblick auf Verfahrenspatente bei klassischen Pflanzenzuchtverfahren durch die Entscheidung der Großen Beschwerdekammer im Verfahren „Broccoli/PLANT BIOSCIENCE" geklärt. Darüber hinaus sind aber noch keine klaren Grenzen für die Patentierbarkeit von Pflanzen gesetzt, sodass auch weiterhin mit Patentanmeldungen auf pflanzliche Gensequenzen mit sehr breit formulierten Ansprüchen zu rechnen ist, die für eine Vielzahl von Sorten Relevanz entfalten.

Neben das rechtliche Konfliktverhältnis zwischen Sortenschutzrecht und Patenrecht treten praktische Auswirkungen, die Zweifel daran aufkommen lassen, ob eine zunehmende Vergabe von Patenten im Bereich der Pflanzenzüchtung mit Blick auf Gemeinwohlinteressen tatsächlich begrüßenswert ist. Spiegelbildlich zum Spannungsfeld von Patent- und Sortenschutzrecht zeigt sich dies zum einen daran, dass sich die Wettbewerbsbedingungen von Saatgutunternehmen aufgrund von zunehmenden Abhängigkeiten deutlich zu verändern drohen. Züchtungsunternehmen werden durch Patentierungen von pflanzlichen Ressourcen auf der vorgelagerten Marktstufe in größerem Umfang auf Lizenzvereinbarungen mit den Patentinhabern angewiesen sein. Welche wirtschaftlichen Auswirkungen ein zunehmender Patentschutz im Bereich der Pflanzenzüchtung hat bzw. noch haben könnte, lässt sich allerdings noch nicht in allen Einzelheiten beurteilen. Dies gilt vor allem für die Fragen, ob die Erteilung von Patenten tatsächlich zusätzliche Innovationsreize bietet und ob eine fortschreitende Marktkonsolidierung gesamtwirtschaftlich nachteilige Konzentrationseffekte mit sich bringt. Zum anderen sind auch ethische und umwelt- bzw. entwicklungspolitische Belange zu berücksichtigen, die oftmals mit den Maßstäben des geltenden Rechts nicht greifbar sind.

Im Rahmen der dritten Forschungsfrage wurde analysiert, ob das geltende Recht bereits Lösungen bereithält, die geeignet sind, das Spannungsverhältnis zwischen Patent- und Sortenschutz zu bewältigen. Hier existieren vor allem Lösungsansätze, mittels derer die negativen Auswirkungen einer Patentgewährung in Form von wirtschaftlichen Abhängigkeiten vermieden werden sollen. So enthält allein das Patentrecht mit den Schrankenregelungen eine Vielzahl von Restriktionen, die zumindest in Ansätzen geeignet sind, die wirtschaftlichen Abhängigkeiten zwischen Patentinhabern und Sortenzüchtern abzumildern. Ob damit ein zufriedenstellender Lösungsansatz gefunden ist, muss jedoch bezweifelt werden. Zum einen wirken die Maßnahmen nur punktuell und sind an hohe Voraussetzungen geknüpft. Zum anderen bieten sie keine grundsätzliche Lösung für das Konfliktverhältnis von Sortenschutzrecht und Patentrecht, sondern begnügen sich damit, einige negative Auswirkungen der Konkurrenzsituation zu beseitigen. Ähnliches gilt für den Rückgriff auf die kartellrechtliche „essential-facilities“-Doktrin. Auch hierbei handelt es sich nur um eine reine Hilfskonstruktion, die letztlich nicht geeignet ist, die Ursache für die wirtschaftlichen Abhängigkeiten zwischen Züchtern und Patentinhabern zu beseitigen. Im Gegenteil wird die Situation, die ohnehin schon sehr undurchsichtig ist, durch einen kartellrechtlichen Ansatz noch weiter verkompliziert. Dieser Befund lässt sich auf die übrigen Lösungsansätze übertragen: Häufig ist schon zweifelhaft, ob sie bei Pflanzenzüchtungen überhaupt die erhofften Wirkungen entfalten, da sie im Zusammenhang mit anderen Lebensbereichen entwickelt worden sind. Darüber hinaus beschränken sie sich auf bestimmte Problemfelder, die durch die zunehmende Patentierung hervorgerufen werden. Im Ergebnis ist daher festzustellen, dass keiner der aufgezeigten Lösungsansätze zur endgültigen Bewältigung des Spannungsfeldes beiträgt.

Die Beantwortung der drei Forschungsfragen hat erkennen lassen, dass das derzeitige Regelungssystem zum Schutz von Pflanzen und Pflanzenzüchtungen zu einem konfliktträchtigen Spannungsverhältnis zwischen Patent- und Sortenschutz führt und bisher kein Lösungsansatz existiert, der dieser Konfliktlage vollumfänglich Rechnung trägt. Um eine zufriedenstellende Lösung hierfür zu finden, muss an der Ursache des Problems angesetzt werden. Insofern wurde im Rahmen der Arbeit die Notwendigkeit von Patentschutz im Bereich von Pflanzenzüchtungen generell in Zweifel gezogen, da es mit dem Sortenschutzrecht bereits ein spezielles, für die Bedürfnisse pflanzlicher Materie abgestimmtes Schutzrecht gibt, welches in seinen Konturen klarer geregelt ist als die immer noch unklaren patentrechtlichen Perspektiven.[1223] Dabei wurde insbesondere festgestellt, dass aufgrund der bereits vorhandenen Schutzmöglichkeit durch das Sortenschutzrecht der zusätzliche Patentschutz nicht zu einem zusätzlichen Nutzen in Form von Innovationsanreizen geführt hat. Die Pflanzenzüchtung wird zukünftig zwangsläufig auf biotechnologische Forschung angewiesen sein, um konkurrenzfähige Sorten züchten zu können. Für den Fall, dass das Patentrecht auch weiterhin die Forschungsergebnisse aus biotechnologischer Forschung in der Pflanzengenetik absichern soll, bedarf es erheblicher Korrekturen, die sich

1223 Vgl. *Hoeren*, Agrar- und Umweltrecht 2005, S. 145 (147).

an Erfahrungen aus der langen Tradition des Sortenschutzrechts oder dem Arzneimittelbereich anlehnen können. Dies setzt zumindest voraus, dass sich zukünftig die Erteilungspolitik durch das EPA ändert und Betroffenen effektiver Rechtsschutz gegen erteilte Patente durch eine einheitliche europäische Gerichtsbarkeit gewährt wird.

LITERATURVERZEICHNIS

Adler, Reid G., Können Patente und Pflanzenzüchterrechte nebeneinander bestehen? – Entwicklungen im U.S.-amerikanischen und internationalen Recht der Biotechnologie, GRUR Int. 1988, S. 11-26.

Adler, Reid G., Can Patents Coexist with Breeders' Rights? – Developments in U.S. and International Biotechnology Right, IIC 1986, S. 195-266.

Ahrens, Claus, Genpatente – Rechte am Leben? – Dogmatische Aspekte der Patentierbarkeit von Erbgut, GRUR 2003, S. 89-97.

Ann, Christoph, Verletzungsgerichtsbarkeit – zentral für jedes Patentsystem und doch häufig unterschätzt, GRUR 2009, S. 205-209.

Arbeitskreis Verbraucherinformation Grüne Gentechnik/GENIUS Biotechnologie GmbH, Kompendium, Gentechnologie und Lebensmittel, Band 1: Die Grundlagen, 5. Auflage, Darmstadt 2003.
(zit.: AVG/GENIUS)

Bagley, Margo A., Patent First, Ask Questions Later: Morality And Biotechnology In Patent Law, William and Mary Law Review, Volume 45 (2003), S. 469-547.

Basheer, Schamnad, Block Me Not: How "Essential" are Patented Genes? University of Illinois Journal of Law, Technology and Policy, Volume 1 (2005), S. 55-96.

Bauer, Carsten, Patente für Pflanzen – Motor des Fortschritts?, Düsseldorf 1993.

Baumgartner, Christoph, Exclusion by Inclusion? – On Difficulties with Regard to an Effective Ethical Assessment of Patenting in the Field of Agricultural Bio-Technology, Journal of Agricultural and Environmental Ethics, Volume 19 (2006), S. 521-539.

Baur, Erwin, Die wissenschaftlichen Grundlagen der Pflanzenzüchtung, Berlin 1921.

Bechtold, Rainer, Zu Bestand und Ausübung von Urheberrechten und dem Missbrauch einer marktbeherrschenden Stellung, EuZW 1995, S. 345-347.

Becker, Heiko, Pflanzenzüchtung, Stuttgart 1993.

Beckmerhagen, Axel, Die essential facilities doctrine im US-amerikanischen und europäischen Kartellrecht, Baden-Baden 2002.

Beier, Friedrich Karl, Hundert Jahre Pariser Verbandsübereinkunft – Ihre Rolle in Vergangenheit, Gegenwart und Zukunft, GRUR Int. 1983, S. 339-347.

Beier, Friedrich Karl/**Strauß**, Joseph, Gentechnologie und Gewerblicher Rechtsschutz, in: Bundespatentgericht (Hrsg.): 25 Jahre Bundespatentgericht, Festschrift, Köln 1986, S. 133-158. (zit.: Beier/Strauß, in: FS Bundespatentgericht)

Beier, Friedrich-Karl, Zukunftsprobleme des Patentrechts, GRUR 1972, S. 214-225.

Beier, Friedrich-Karl, Missbrauch einer beherrschenden Stellung durch Ausübung gewerblicher Schutzrechte?, in: Westermann, Harm-Peter; Rosener, Wolfgang (Hrsg.): Festschrift für Karlheinz Quack zum 65. Geburtstag, Berlin 1991, S. 15-32.(zit.: Beier, in: FS Quack)

Beier, Friedrich-Karl, Arbeitsmethode und Vorbereitungsarbeiten für die Vereinheitlichung des Patentgesetzes (35 B) – Definition der Patentfähigkeit – Zielsetzung des Erfindungspatents, GRUR Ausl. 1961, S. 331-332.

Benkard, Georg, Wiederholbarkeit als Erfordernis der Patentfähigkeit, GRUR 1953, S. 97-103.

Benkard, Georg, Europäisches Patentübereinkommen, Kommentar, Band 4a, 2. Auflage, München 2012. (zit.: Benkard-Bearbeiter)

Benkard, Georg, Patentgesetz, Gebrauchsmustergesetz, Kommentar, Band 4, 10. Auflage, München 2006. (zit.: Benkard-Bearbeiter)

Bergmann, Isumo, Patentverletzungen in der Biotechnologie – Einsatz semantischer Patentanalysen, Wiesbaden 2011.

Bette, Kristina/**Stephan**, Michael, Intellectual Property Rights im Bereich Crop Science, Philipps University Marburg, Department of Technology and Innovation Management, Discussion Papers on Strategy and Innovation 09-02, Marburg 2009.

Beyer, Hans, Patent und Ethik im Spiegel der technischen Evolution, GRUR 1994, S. 541-559.

Blair, Debra L., Intellectual Property Protection and Its Impact on the U.S. Seed Industry, Drake Journal of Agricultural Law, Volume 4 (1999), S. 297-331.

Blum, Rudolf E., Fragen der Patentfähigkeit von Erfindungen auf dem Gebiet der lebenden Materie, GRUR 1981, S. 293-298.

Bodewig, Theo, USA – Vorschriften über Pflanzenpatente geändert, GRUR Int. 1994, S. 969.

Boettiger, Sara/**Wright**, Brian Davern, Open Source in Biotechnology: Open Questions, Innovations Case Discussion: CAMBIA-BiOS, Innovations, Volume 1 (2006), S. 43-55.

Braendli, Paul, Die Dynamik des Europäischen Patentsystems, GRUR Int. 1990, S. 699-707.

Brixius, Kerstin/**Maur**, Alexander/**Schmidt**, Stefan, Wirtschaftspolitische Auswirkungen des Gesetzentwurfs zur Neuordnung des Arzneimittelmarktes in der GKV für pharmazeutische Unternehmer, PharmR 2010, S. 373-377.

Broothaerts, Wim/**Mitchell**, Heidi J./**Weir**, Brian/et altera, Gene transfer to plants by diverse species of bacteria, Nature, Volume 433 (2005), S. 629-633.

Brush, Stephen B., The Demise of Common Heritage and Protection for Traditional Agricultural Knowledge, in: McManis, Charles R. (Hrsg.): Biodiversity and the Law, London 2008, S. 297-315. (zit.: Brush, in: McManis)

Büchting, Paul-Ernst, Sortenschutz und Patent – Die gewerblichen Schutzrechte für Pflanzenzüchtungsverfahren und Neuzüchtungen, Bonn 1962.

Bühling, Gerhard, Der „product-by-process-claim" im deutschen Patentrecht, GRUR 1974, S. 299-305.

Bundesministerium für Bildung und Forschung, Pflanzen als Rohstoff der Zukunft – Neue Wege für Landwirtschaft, Ernährung, Industrie und Energie, Bonn, Berlin 2008, abrufbar unter: http://www.bmbf.de/pub/rohstoff_pflanze.pdf. (zit.: BMBF)

Bundesministerium für Umwelt, Naturschutz und Reaktorsicherheit, Nationale Strategie zur biologischen Vielfalt, 3. Auflage, Berlin 2007, abrufbar unter: http://www.bmu.de/files/pdfs/allgemein/application/pdf/broschuere_biolog_vielfalt_strategie_bf.pdf. (zit.: BMU)

Bundesministerium für Verbraucherschutz, Ernährung und Landwirtschaft, Nationales Fachprogramm zur Erhaltung und nachhaltigen Nutzung pflanzengenetischer Ressourcen landwirtschaftlicher und gartenbaulicher Kulturpflanzen, Bergheim 2002, abrufbar unter: http://www.genres.de/fileadmin/SITE_GENRES/downloads/publikationen/nationales_fachprogramm_pgr_deu.pdf. (zit.: BMVEL)

Bundesverband Deutscher Pflanzenzüchter e.V., Landwirtschaftliche Pflanzenzüchtung in Deutschland – Geschichte, Gegenwart und Ausblick, Gelsenkirchen-Buer 1987. (zit.: BDP)

Busche, Jan, Die Patentierung biologischer Erfindungen nach Patentgesetz und EPÜ, GRUR Int. 1999, S. 299-306.

Busche, Jan, Patentrecht zwischen Innovationsschutz und ethischer Verantwortung, Mitt. 2001, S. 4-9.

Busche, Jan, Patente in der Wettbewerbsordnung – Kartellrechtlicher Verwertungszwang versus Innovationsschutz, abrufbar unter: http://www.uni-duesseldorf.de/Jahrbuch/2001/PDF/pagesbusche.pdf.

Busse, Rudolf, Patentgesetz, Kommentar, 6. Auflage, Berlin 2003. (zit.: Busse-Bearbeiter)

Byrne, Noel J., Patents for Plants, Seed and Tissue Cultures, IIC 1986, S. 324-330.

Calame, Thierry, Öffentliche Ordnung und gute Sitten als Schranken der Patentierbarkeit gentechnologischer Erfindungen, Basel 2001.

Carlson, Steve C., Patent Pools and the Antitrust Dilemma, Yale Journal on Regulation, Volume 16 (1999), S. 359-399.

Casper, Matthias, Die wettbewerbsrechtliche Begründung von Zwangslizenzen, ZHR 166 (2002), S. 685-707.

Chappatte, Philippe, Frand Commitments – The Case for the Antitrust Intervention, European Competition Journal, Volume 2 (2009), S. 319-346.

Clark, Jeanne/**Piccolo**, Joe/**Stanton**, Brian/**Tyson**, Karin, Patent Pools – A Solution to the Problem of the Access in Biotechnology Patents? United States Patent and Trademark Office, Dezember 2000, abrufbar unter: http://www.uspto.gov/web/offices/pac/dapp/opla/patentpool.pdf. (zit.: Clark)

Correa, Carlos M., Implementing the TRIPS Agreement in the patents field – Options for developing countries, The Journal of World Intellectual Property, Volume 1 (1998), S. 75-99.

Correa, Carlos M., Intellectual property rights, the WTO and developing countries, London 2000.

Däbritz, Erich/**Jesse**, Ralf-Rüdiger/**Bröcher**, Dirk, Patente – Wie versteht man sie? Wie bekommt man sie? Wie geht man mit ihnen um?, 3. Auflage, München 2009. (zit.: Däbritz/Jesse/Bröcher-Bearbeiter)

Davidson, C. M. R., Das Erfordernis des industriellen Charakters von Erfindungen im niederländischen Patentrecht, GRUR Ausl. 1963, S. 5-11.

Depenheuer, Otto/**Peifer**, Karl-Nikolaus, Geistiges Eigentum: Schutzrecht oder Ausbeutungstitel?, Berlin 2008. (zit: Depenheuer/Peifer-Bearbeiter)

Deselears, Wolfgang, Die „Essential Facilities"-Doktrin im Lichte des Magill-Urteils des EuGH, EuZW 1995, S. 563-569.

Deutsche Vereinigung für Gewerblichen Rechtsschutz und Urheberrecht, Amicus Curiae gemäß § 11b der Verfahrensordnung der Großen Beschwerdekammer zu dem Verfahren G 2/07, GRUR 2008, S. 315-326.

Deutscher Bundestag, Öffentliche Anhörung „Biopatentrecht verbessern – Patentierung von Pflanzen, Tieren und biologischen Züchtungsverfahren", Protokoll der 140. Sitzung des Rechtsausschusses und der 104. Sitzung des Ausschusses für Ernährung, Landwirtschaft und Verbraucherschutz am 11. Mai 2009, abrufbar unter: http://webarchiv.bundestag.de/cgi/show.php?fileToLoad=1588&id=1136. (zit.: Redner, Deutscher Bundestag 2009)

Diepenbrock, Wulf/**Ellmer**, Frank/**Léon**, Jens, Ackerbau, Pflanzenbau und Pflanzenzüchtung, Stuttgart 2005.

Eggener, Elfriede, Schutzrechtsmöglichkeiten für neue Pflanzenzüchtungen in anderen Ländern und ihre praktische Brauchbarkeit, Mitt. 1958, S. 4-6.

Ehle, Dirk, EuGH: Missbrauch einer marktbeherrschenden Stellung, EuZW 1999, S. 89-90.

Eilmansberger, Thomas, Abschlusszwang und Essential Facility Doktrin nach Art. 82 EG, EWS 2003, S. 12-23.

Eisenberg, Rebecca S., Reaching through the Genome, Advances in Genetics, Volume 50 (2003), S. 209-230.

Eisenkolb, Julia, Die Patentierbarkeit von medizinischen, insbesondere gentherapeutischen Verfahren, Berlin 2008.

Eng, Joseph, From Software to Life Sciences: The Spreading of the Open Source Production to New Technological Areas, Temple Journal of Science, Technology and Environmental Law, Volume XXIV (2005), S. 419-440.

Ensthaler, Jürgen/**Zech**, Herbert, Stoffschutz bei gentechnischen Patenten – Rechtslage nach Erlass des Biopatentgesetzes und Auswirkung auf Chemiepatente, GRUR 2006, S. 529-536.

Ernst & Young, Kräfte der Evolution – Deutscher Biotechnologie-Report 2005, Studie der Wirtschaftsprüfungsgesellschaft Ernst & Young, Mai 2005, abrufbar unter: http://www.ey.com/Publication/vwLUAssets/HS_Report_Kraefte_d_Evolution_2005/$file/HS_Report_Kraefte%20d%20Evolution_2005.pdf.

Fabry, Bernd, Kein Stoffschutz ohne Verfahrensbenutzung? – Zur jüngsten Standortbestimmung des Product-by-Process-Anspruchs in den USA, GRUR Int. 2009, S. 803-807.

Faupel, Rainer, GATT und geistiges Eigentum – Ein Zwischenbericht zu Beginn der entscheidenden Verhandlungsrunde, GRUR 1990, S. 255-266.

Feindt, Peter H., Politische Aspekte der Biopatentierung, in: Edmund Rehwinkel-Stiftung (Hrsg.): Biopatente – Rechtliche Rahmenbedingungen und politische Aspekte, Schriftenreihe der Rentenbank, Band 25, Frankfurt am Main 2009, S. 7-48.

Feindt, Peter H., Wirkungen der Biopatentierung auf Landwirtschaft und Züchtung, Vortrag auf dem Kolloquium des Bundesministeriums für Ernährung, Landwirtschaft und Verbraucherschutz am 17. Juni 2008 in Berlin, abrufbar unter: http://www.bmelv.de/SharedDocs/Downloads/Landwirtschaft/Klima-und-Umwelt/VortragBiopatenteFeindt.pdf?__blob=publicationFile. (zit: Feindt, Vortrag auf Kolloquium des BMELV)

Feldges, Joachim, Ende des absoluten Stoffschutzes? – Zur Umsetzung der Biotechnologie-Richtlinie, GRUR 2005, S. 977-984.

Feldman, Robin, The Open Source Biotechnology Movement: Is it Patent Misuse?, Minnesota Journal of Law, Science & Technology, Volume 6 (2004), S. 117-167.

Fernandez-Cornejo, Jorge, The Seed Industry in U.S. Agriculture, United States Department of Agriculture, Agriculture Information Bulletin, Number 786, Washington 2004.

Frahm, Katharina/**Gebauer**, Jochen, Patent auf Leben? – Der Luxemburger Gerichtshof und die Biopatent-Richtlinie, EuR 2002, S. 78-95.

Friebel, Guido/**Koch**, Alexander K./**Prady**, Delphine/**Seabright**, Paul, Objectives and Incentives at the European Patent Office, Dezember 2006, abrufbar unter: http://www.idei.fr/doc/by/seabright/report_epo.pdf.

Gassmann, Oliver/**Bader**, Martin A., Patentmanagement – Innovationen erfolgreich nutzen und schützen, 3. Auflage, Berlin 2011.

Gaster, Jens, Das Gutachten des EuGH zum Entwurf eines Übereinkommens zur Schaffung eines Europäischen Patentgerichts, EuZW 2011, S. 394-399.

Gehl Sampath, Padmashree, Regulating Bioprospecting: Institutions for Drug Research and Benefit Sharing, Policy Brief, United Nations University, Number 1, 2005, abrufbar unter: http://www.merit.unu.edu/publications/pb/unu_pb_01_2005.pdf.

Gersteuer, Stephan, Patente auf Pflanzen und Tiere? – Sind Pflanzen und Tiere oder ihre Bestandteile patentierbar?, NVwZ 2008, S. 370-375.

Gervais, Daniel, The TRIPS agreement – drafting history and analysis, London 1998.

Girsberger, Martin, Keine Patente mehr auf Weizen und Co.? – Die immaterialgüterrechtlichen Bestimmungen des „Internationalen Vertrages über pflanzengenetische Ressourcen für Ernährung und Landwirtschaft“ der FAO, sic! 2002, S. 541-550.

Gissel, Oskar, Patentfähigkeit landwirtschaftlicher Kulturverfahren, Recht des Reichsnährstandes 1941, S. 441-443.

Godt, Christine, Eigentum an Information – Patentschutz und allgemeine Eigentumstheorie am Beispiel genetischer Information, Tübingen 2007.

Godt, Christine, Rechtliche Umsetzung der CBD-Verpflichtungen, in: Feit Ute; Korn, Horst (Hrsg.): Treffpunkt Biologische Vielfalt III, Bonn 2003, S. 29-34. (zit.: Godt, in: Feit/Korn)

Goebel, Burkhart, Pflanzenpatente und Sortenschutzrechte im Weltmarkt – Zugleich ein Beitrag zur Revision von Art. 27 Abs. 3 b) TRIPS-Übereinkommen, Berlin 2001.

Götting, Horst-Peter, Biodiversität und Patentrecht, GRUR Int. 2004, S. 731-736.

Grabitz, Eberhard/**Hilf**, Meinhard/**Nettesheim**, Martin, Das Recht der Europäischen Union, Band II, EUV/AEUV, München, Loseblattsammlung, Stand: Oktober 2011. (zit: Grabitz/Hilf/Nettesheim-Bearbeiter)

Haberl, Andreas/**Schallmoser**, Konstantin, EU-Patent und einheitliches Europäisches Patentgerichtssystem – Rat einigt sich auf wesentliche Vorgaben, GRUR-Prax. 2010, S. 23.

Haedicke, Maximilian, Die Harmonisierung von Patent- und Sortenschutz im Gesetz zur Umsetzung der Biotechnologie-Richtlinie, Mitt. 2005, S. 241-246.

Haertel, Kurt, Die Washingtoner Konferenz über den Patent Cooperation Treaty – Bericht der deutschen Delegation, GRUR Int. 1971, S. 101-118.

Haertel, Kurt, Die Harmonisierungswirkung des Europäischen Patentrechts, GRUR Int. 1981, S. 479-490.

Hahn, Jörg, Der Schutz von Erzeugnissen patentierter Verfahren, Köln 1968.

Hanson, Mark J., Biotechnology and Commodification within Health Care, The Journal of Medicine and Philosophy, Volume 24 (1999), S. 267-287.

Hardin, Garrett, The Tragedy of the Commons, Science, Volume 162 (1968), S. 1243-1248.

Heidrich, Joerg/**Forgó**, Nikolaus/**Feldmann**, Thorsten, Heise-Online-Recht, Hannover, Loseblattsammlung, Stand: 2011.(zit.: Heidrich/Forgó/ Feldmann-Bearbeiter)

Heinemann, Andreas, Immaterialgüterschutz in der Wettbewerbsordnung, Tübingen 2002.

Heller, Michael A./**Eisenberg**, Rebecca S., Can Patents Deter Innovation? – The Anticommons in Biomedical Research, Science, Volume 280 (1998), S. 698-701.

Henne, Gudrun, Genetische Vielfalt als Ressource, Baden-Baden 1998.

Herrlinger, Karolina A., Die Patentierung von Krankheitsgenen – Dargestellt am Beispiel der Patentierung der Brustkrebsgene BRCA 1 und BRCA 2, Köln 2005.

Herzfeld-Wuesthoff, Franz, Gesetzlicher Schutz für neue Pflanzensorten, Bericht für den Londoner Kongress der Internationalen Vereinigung für gewerblichen Rechtsschutz, GRUR 1932, S. 510-511.

Herzfeld-Wuesthoff, Franz, Durchbrechung von Grundprinzipien des Warenzeichenrechts durch das neue Pflanzenschutzgesetz, Vortrag im Rahmen der Versammlung des Deutschen Vereins für den Schutz des gewerblichen Eigentums vom 19. März 1931, GRUR 1931, S. 300-309.

Hesse, H. G., Zur Patentierbarkeit von Züchtungen, GRUR 1969, S. 644-653.

Hieber, Thomas, Die Zulässigkeit von Versuchen an patentierten Erfindungen nach § 11 Nr. 2 PatG 1981, GRUR 1996, S. 439-447.

Hoeren, Thomas, Der Schutz von Pflanzenerfindungen in Europa, Agrar- und Umweltrecht 2005, S. 145-147.

Hope, Janet Elizabeth, Open Source Biotechnology, Diss., Australian National University, Canberra 2004.

Hötte, Daniel Antonius, Die kartellrechtliche Zwangslizenz im Patentrecht, Münster 2011.

Hovenkamp, Herbert/**Janis**, Mark D./**Lemley**, Mark A., Unilateral Refusals to License, Journal of Competition Law & Economics, Volume 2 (2006), S. 1-42.

Howard, Philip H., Visualizing Consolidation in the Global Seed Industry: 1996-2008, Sustainability Volume 1 (2009), S. 1266-1287.

Hüttermann, Aloys/**Storz**, Ulrich, Die möglichen Auswirkungen des Monsanto-Urteils des EuGH auf das Konzept des Stoffschutzes bei chemischen Verbindungen, Mitt. 2001, S. 1-4.

Immenga, Ullrich/**Mestmäcker**, Ernst-Joachim, Wettbewerbsrecht, Band 2, GWB, Kommentar zum Deutschen Kartellrecht, 4. Auflage, München 2007. (zit.: Immenga/Mestmäcker-Bearbeiter, Band 2)

Immenga, Ullrich/**Mestmäcker**, Ernst-Joachim, Wettbewerbsrecht, Band 1, EU/Teil 1, Kommentar zum Europäischen Kartellrecht, 5. Auflage, München 2012. (zit.: Immenga/Mestmäcker-Bearbeiter, Band 1)

Institut für ökologische Wirtschaftsforschung/Öko-Institut e.V./ Schweisfurth-Stiftung/Freie Universität Berlin/Landesanstalt für Großschutzgebiete, Agrobiodiversität entwickeln! – Handlungsstrategien für eine nachhaltige Tier- und Pflanzenzucht, Endbericht, Berlin 2004. (zit.: IÖW, Kapitel)

Jaeger, Till/**Metzger**, Axel, Open-Content-Lizenzen nach deutschem Recht, MMR 2003, S. 431-438.

Jefferson, Richard A., Open Source – Borrowing the Software Model to Spur Innovation in Life Sciences Finds Common Ground with It, Red Herring, Volume 3 (2006), S. 30-36, abrufbar unter: http://www.patentlens.net/daisy/bios/2296/version/live/part/4/data/Red%20Herring%20-%20April%2017,%202006.pdf.

Jestaedt, Bernhard, Gegenstand und Schutzumfang des Sortenschutzrechts und Probleme des Verletzungsverfahrens, GRUR 1982, S. 595-600.

Isay, Rudolf, Bericht über den Entwurf eines Saat- und Pflanzgutgesetzes, GRUR 1931, S. 905-907.

Jühe, Hanno, Das niederländische Saat- und Pflanzgutgesetz, GRUR Int. 1967, S. 228-231.

Jühe, Hanno, Das Züchterrecht des Internationalen Übereinkommens zum Schutz von Pflanzenzüchtungen, GRUR 1963, S. 525-535.

Kaestner, Jan, Missbrauch von Immaterialgüterrechten – Europäische Rechtsprechung von Magill bis IMS Health, München 2005.

Kamau, Evanson Chege, Common Pools of Genetic Resources – A Potential Approach in Resolving Inefficiency and Injustice in ABS, in: Feit, Ute; Korn, Horst: Treffpunkt Biologische Vielfalt X, Bonn 2011, S. 177-187. (zit.: Kamau, in: Feit/Korn)

Kanter, Daniel, IP and Compulsory Licensing on Both Sides of the Atlantic – An Appropriate Antitrust Remedy or a Cutback On Innovation, ECLR 2006, S. 351-364.

Kappert, Hans, Die vererbungswissenschaftlichen Grundlagen der Pflanzenzüchtung, Berlin 1948.

Katz, Christine/**Schmitt**, Joachim J./**Hennen**, Leonhard/**Sauter**, Arnold, Biotechnologien für die Dritte Welt? – Eine entwicklungspolitische Perspektive, Studien des Büros für Technikfolgen-Abschätzung beim Deutschen Bundestag, Berlin 1996.

Keukenschrijver, Alfred, Sortenschutzgesetz unter Berücksichtigung der Verordnung Nr. 2100/94 (EG) des Rates über den gemeinschaftlichen Sortenschutz, Kommentar, Köln 2001.

Kingreen, Thorsten, Zur Neuordnung des Arzneimittelmarktes in der gesetzlichen Krankenversicherung, NZS 2011, S. 441-448.

Kirchner, Ernst, Wiederholbarkeit bei Pflanzenzüchtungserfindungen, GRUR 1952, S. 453-456.

Kirchner, Ernst, Zur Frage der Wiederholbarkeit bei Pflanzenzüchtungserfindungen, GRUR 1951, S. 572-574.

Kleine, Tatjana/**Klingelhöfer**, Thomas, Biotechnologie und Patentrecht – Ein aktueller Überblick, GRUR 2003, S. 1-10.

Klett, Kathrin, Die Ausnahmen von der Patentierung nach Art. 1a schweizerisches Patentgesetz, GRUR Int. 1998, S. 215-219.

Kloppenburg, Jack, Seeds, Sovereignty, and the Vía Campesina: Plants, Property, and the Promise of Open Source Biology, 2008, abrufbar unter: http://www.dces.wisc.edu/documents/articles/kloppenburg/2008%20Seeds%20and%20Sovereignty.pdf.

Kock, Michael A./**Porzig**, Susann/**Willnegger**, Eva, Der Schutz von pflanzenbiotechnologischen Erfindungen und von Pflanzensorten unter Berücksichtigung der Umsetzung der Biopatentrichtlinie, GRUR Int. 2005, S. 183-192.

Köder, Lea, Transaktionskosten und Organisationsformen von Bioprospektionsprojekten im Kontext der Konvention über die Biologische Vielfalt, in: Feit, Ute; Korn, Horst (Hrsg.): Treffpunkt Biologische Vielfalt X, Bonn 2011, S. 171-176. (zit.: Köder, in: Feit/Korn)

Kohls, Maggie, Blackbeard or Albert Schweitzer: Reconciling Biopiracy, Chicago-Kent Journal of Intellectual Property, Volume 6 (2007), S. 108-137.

Kotzur, Markus, Das Übereinkommen über die biologische Vielfalt und die Rechte indigener Vöker, ZUM 2008, S. 225-233.

Kowalski, Stanley P./**Kryder**, David R., Golden Rice: A Case Study in Intellectual Property Management and International Capacity Building, Risk – Health, Safety and Environment, Volume 13 (2002), S. 47-67.

Kraßer, Rudolf, Patentrecht, 6. Auflage, München 2009.

Krauß, Jan B., Aktuelles aus dem Bereich Biotechnologie: Willkommen im Sonderrecht für den Stoffschutz auf DNA-Sequenzen – Die „Monsanto“ Entscheidung und der „informationsgebundene Stoffschutz“, Mitt. 2011, S. 54-58.

Kretschmer, Friedrich, Aktuelle Berichte, GRUR 1979, S. 536-537.

Krieger, Albrecht, Das Luxemburger Übereinkommen über das Gemeinschaftspatent – Herausforderung und Verpflichtung, GRUR Int. 1987, S. 729-736.

Kunczik, Niclas, Die Legitimation des Patentsystems im Lichte biotechnologischer Erfindungen, GRUR 2003, S. 845-849.

Lange, Peter, Abgeleitete Pflanzensorten und Abhängigkeit nach dem revidierten UPOV-Übereinkommen, GRUR Int. 1993, S. 137-143.

Lange, Peter, Die Natur des Züchterrechts (Sortenschutzrecht) in Abgrenzung zur patentfähigen Erfindung, GRUR Int. 1985, S. 88-94.

Le Buanec, Bernhard, Evolution of the seed industry during the past three decades, Seed Testing International, ISTA News Bulletin, Number 134 (2007), S. 6-10, abrufbar unter: http://www.seedtest.org/upload/cms/user/STI134Oct2007.pdf.

Lenz, Christofer/**Kieser**, Timo, Schutz vor Milzbrandangriffen durch Angriffe auf den Patentschutz?, NJW 2002, S. 401-403.

Leßmann, Herbert, Das neue Sortenschutzgesetz, GRUR 1986, S. 279-285.

Leßmann, Herbert/**Würtenberger**, Gert, Deutsches und europäisches Sortenschutzrecht, 2. Auflage, Baden-Baden 2009.

Levy, Ed/**Marden**, Emily/**Warren**, Ben/**Hartell**, David/**Filaté**, Isaac, Patent Pools and Genomics: Navigating a Course to Open Science? Boston University Journal of Science and Technology Law, Volume 16 (2010), S. 75-101.

Liebscher, Christoph/**Flohr**, Eckhard/**Petsche**, Alexander, Handbuch der EU-Gruppenfreistellungsverordnungen, 2. Auflage, München 2012. (zit.: Liebscher/Flohr/Petsche-Bearbeiter)

Lober, Andreas, Die IMS-Health-Entscheidung der Europäischen Kommission: Copyright K.O.?, GRUR Int. 2002, S. 7-16.

Loewenheim, Ulrich/**Meessen**, Karl/**Riesenkampff**, Alexander, Kartellrecht, Kommentar, 2. Auflage, München 2009. (zit.: Loewenheim/Meessen/Riesenkampff-Berarbeiter)

Louwaars, Niels/**Dons**, Hans/**van Overwalle**, Geertrui/et alt., Breeding Business – The future of plant breeding in the light of developments in patent rights and plant breeder's rights, Wageningen 2009, abrufbar unter: http://documents.plant.wur.nl/cgn/literature/reports/BreedingBusiness.pdf. (zit.: Louwaars)

Lukes, Rudolf, Das Verhältnis von Sortenschutz und Patentschutz bei biotechnologischen Erfindungen, GRUR Int. 1987, S. 318-329.

Machlup, Fritz, Die wirtschaftlichen Grundlagen des Patentrechts – 1. Teil, GRUR Ausl. 1961, S. 373-390.

Madaus, Udo, Der Rechtsschutz von Pflanzenzüchtungen und Samensorten, Köln 1953.

Markert, Kurt, Die Verweigerung des Zugangs zu „wesentlichen Einrichtungen" als Problem der kartellrechtlichen Missbrauchsaufsicht, WuW 1995, S. 560-571.

Marx, Werner, Zur Patentierung von Pflanzenzüchtungen, GRUR 1952, S. 456-460.

Matthey, Robert Jean, Les brevets de végétaux, Lausanne 1954.

Matthijs, Gert, Patenting Genes, British Medical Journal, Volume 329 (2004), S. 1358-1360.

McManis, Charles R./**Seo**, Eul Soo, The Interface of Open Source and Proprietary Agricultural Innovation: Facilitated Access and Benefit-Sharing under the New FAO Treaty, Washington University Journal of Law and Policy, Volume 30 (2009), S. 405-462.

Mennicke, Petra, „Magill" – Von der Unterscheidung zwischen Bestand und Ausübung von Immaterialgüterrechten zur „essential facilities"-Doktrin in der Rechtsprechung des Europäischen Gerichtshofes?, ZHR 160 (1996), S. 626-659.

Merges, Robert P., Institutions for Intellectuel Property Transactions: The Case of Patent Pools, in: Dreyfuss, Rochelle; Zimmerman, Daniel L.; First, Harry (Hrsg.): Expanding the Boundaries of Intellectual Property – Innovation Policy for the Knowledge Society, Oxford 2001, S. 123-166. (zit.: Merges, in: Dreyfuss/Zimmerman/First)

Mes, Peter, Patentgesetz, Gebrauchsmustergesetz, Kommentar, 3. Auflage, München 2011.

Meyer-Dulheuer, Karl Hermann, Möglichkeiten und Grenzen des product-by-process-Anspruches, GRUR Int. 1985, S. 435-440.

Meyer, Rolf/**Revermann**, Christoph/**Sauter**, Arnold, Biologische Vielfalt in Gefahr? – Gentechnik in der Pflanzenzüchtung, Studien des Büros für Technikfolgen-Abschätzung beim Deutschen Bundestag, Berlin 1998.

Miedaner, Thomas, Grundlagen der Pflanzenzüchtung, Frankfurt am Main 2010.

Miller, Clifford G., Magill: Time To Abandon The "Specific Subject-Matter" Concept, EIPR 1994, S. 415-421.

Montag, Frank, Gewerbliche Schutzrechte, wesentliche Einrichtungen und Normung im Spannungsfeld zu Art. 86 EGV, EuZW 1997, S. 71-78.

Moser, Walter, Die Ausnahmen von der Patentierbarkeit nach Artikel 53b) EPÜ, GRUR Int. 1998, S. 209-211.

Moufang, Rainer, Genetische Erfindungen im gewerblichen Rechtsschutz, Köln 1988.

Moufang, Rainer, Protection for Plant Breeding and Plant Varieties – A Frontier of Patent Law, IIC 1992, S. 328-350.

Müller, Matthias, Die „Essential Facilities"-Doktrin im Europäischen Kartellrecht, EuZW 1998, S. 232-237.

Müller, Tilman, Der kartellrechtliche Zwangslizenzeinwand im Patentverletzungsverfahren – Drei Jahre nach der BGH-Entscheidung „Orange Book Standard", GRUR 2012, S. 686-691.

Müller, Ulf/**Meyer**, Lena, Wettbewerb und Regulierung in der globalen Internetökonomie – Eine rechtsvergleichende Studie zwischen europäischem und US-amerikanischem Recht, Arbeitsbericht Nr. 45 des Kompetenzzentrums Internetökonomie und Hybridität, abrufbar unter: http://miami.uni-muenster.de/servlets/DerivateServlet/Derivate-4606/45_arbeitsberichte_internetoekonomie.pdf.

Natz, Alexander/**Heck**, Matthias, Bericht aus Brüssel – Biopatentierung: Entschließung des Europäischen Parlaments – keine Patente für konventionell gezüchtete Pflanzen oder Tiere, LMuR 2012, S. 93-94.

Neumeier, Hans, Sortenschutz und/oder Patentschutz für Pflanzenzüchtungen, Köln 1990.

Nilles, Bernd, Biopatente aus entwicklungspolitischer Perspektive, in: Baumgartner, Christoph; Mieth, Dietmar (Hrsg): Patente am Leben? – Ethische, rechtliche und politische Aspekte der Biopatentierung, Paderborn 2003, S. 213-227. (zit.: Nilles, in: Baumgartner/Mieth)

Nirk, Rudolf/**Ullmann**, Eike, Patent-,Gebrauchsmuster- und Sortenschutzrecht, 3. Auflage, Heidelberg 2007.

Nolan-Stevaux, Katherine M., Open Source Biology: A Means to Address the Access & Research Gaps?, Santa Clara Computer & High Technology Law Journal, Volume 23 (2007), S. 271-316.

Odenbach, Werner, Biologische Grundlagen der Pflanzenzüchtung, Berlin 1997. (zit.: Odenbach-Bearbeiter)

Ono, Nahoko, Better than Nothing: Japan's Next Move on Patentability of Medical Methods, IIC 2006, S. 196-218.

Osterrieth, Christian, Patentrecht, 4. Auflage, München 2010.

Pagenberg, Jochen, Die EU-Patentrechtsreform – zurück auf Los?, GRUR 2012, S. 582-589.

Pagenberg, Jochen, Die Zukunft nationaler Patentgerichte im System einer künftigen europäischen Gerichtsbarkeit, GRUR 2009, S. 314-318.

Peifer, Karl-Nikolaus, Patente auf Leben – Ist das Patentrecht blind für ethische Zusammenhänge?, in: Ann, Christoph; Anders, Wilfried; Dreiss, Uwe; Jestaedt, Bernhard; Stauder, Dieter (Hrsg.): Materielles Patentrecht, Festschrift für Raimar König zum 70. Geburtstag, Berlin 2003, S. 435-450. (zit.: Peifer, in: FS König)

Pinzger, Werner, Über die Patentfähigkeit von Pflanzenzüchtungen, GRUR 1938, S. 733-748.

Pray, Carl/**Oemke**, James F./**Naseem**, Anwar, Innovation and Dynamic Efficiency in Plant Biotechnology: An Introduction to the Researchable Issues, AgBioForum, Volume 8 (2005), S. 52-63.

Quade, F., Tier und Pflanze im Patentrechte, GRUR 1913, S. 2-4.

Rauh, Peter A./**Jaenichen**, Hans-Rainer, Neuheit und erfinderische Tätigkeit bei Erfindungen, deren Gegenstand Proteine oder DNA-Sequenzen sind – Volker Vossius zum 60. Geburtstag, GRUR 1987, S.753-760.

Reid, Walter V./**Barber**, Charles V./**La Vina**, Antonio, Translating genetic resource rights into sustainable development: gene cooperatives, the biotrade and lessons from the Philippines, Plant Genetic Resources Newsletter, Volume 102 (1995), S. 1-17.

Roth, Bernhard M., Gegenwärtige Probleme beim Schutz von Erfindungen auf dem Gebiet der Pflanzenbiotechnologie, GRUR Int. 1986, S. 759-765.

Rotstein, Fiona/**Dent**, Chris, Third-Party Challenges in Europe, the United States and Australia: A Comparative Analysis, The Journal of World Intellectual Property, Volume 12 (2009), S. 467-500.

Ruttan, Vernon W., Changing Role of Public and Private Sectors in Agricultural Research, Science, Volume 216 (1982), S. 23-29.

Säger, Manfred, Ethische Aspekte des Patentwesens, GRUR 1991, S. 267-273.

Schade, Hans, Patentierung von Pflanzenzüchtungen, GRUR 1950, S. 312-322.

Schade, Hans, Der Schutz neuer Pflanzenzüchtungen, GRUR Ausl. 1957, S. 325-329.

Schade, Hans/**Pfanner**, Klaus, Das internationale Übereinkommen zum Schutz von Pflanzenzüchtungen – Bericht über die Pariser Konferenz vom 19. November bis 2. Dezember 1961 und ihr Ergebnis, GRUR Ausl. 1962, S. 341-364.

Schäfers, Alfons/**Schennen**, Detlef, Die Lissaboner Konferenz über das Gemeinschaftspatent 1992, GRUR 1992, S. 638-642.

Schatz, Ulrich, Zur Patentierbarkeit gentechnischer Erfindungen in der Praxis des Europäischen Patentamts, GRUR Int. 1997, S. 588-595.

Schennen, Detlef, Die Diplomatische Konferenz zur Revision des UPOV-Übereinkommens im März 1991, Mitt. 1991, S. 129-136.

Schieble, Anna-Maria, Abhängige Genpatente und das Institut der Zwangslizenz, Baden-Baden 2005.

Schimmelpfennig, David E./**Pray**, Carl E./**Brennan**, Margaret F., The impact of seed industry concentration on innovation: a study of US biotech market leaders, Agricultural Economics, Volume 30 (2004), S. 157-167.

Schippel, Helmut, Zur Patentierung landwirtschaftlicher Kulturverfahren –Der „Poinsettia"-Fall in Deutschland, den Niederlanden und Großbritannien, GRUR Ausl. 1958, S. 333-337.

Schmidt, Christian, Lizenzverweigerung als Missbrauch einer marktbeherrschenden Stellung – Das Verhältnis von Immaterialgüterrechten und Wettbewerb von Grundig bis IMS Health und Microsoft, Berlin 2005.

Schmidt, K. A., Warum nicht Pflanzenzüchtungspatente?, GRUR 1952, S. 168-176.

Schrell, Andreas, Funktionsgebundener Stoffschutz für biotechnologische Erfindungen?, GRUR 2001, S. 782-788.

Schrell, Andreas/**Heide**, Nils, Zu den Grenzen des „product-by-process"-Patentanspruchs im Erteilungs- und Verletzungsverfahren, GRUR 2006, S. 383-388.

Schubert, Klemens, Patente und Landwirtschaft – Ein Spannungsfeld, in: Edmund Rehwinkel-Stiftung (Hrsg.): Biopatente – Rechtliche Rahmenbedingungen und politische Aspekte, Schriftenreihe der Rentenbank, Band 25, Frankfurt am Main 2009, S. 50-76.

Schulte, Rainer, Patentgesetz mit Europäischem Patentübereinkommen, Kommentar, 8. Auflage, Köln 2008. (zit.: Schulte-Bearbeiter).

See, Eng Teong, Revisiting Anticommons and Blockings in the Biotechnology Industry: A View from Competition Law Analysis, The Journal of World Intellectual Property,Volume 11 (2008), S. 139-145.

Seiler, Achim, Der Internationale Saatgutvertrag der FAO: Farmers´ Rights – Geistige Eigentumsrechte – Zugang zu genetischen Ressourcen, in: Baumgartner, Christoph; Mieth, Dietmar (Hrsg.): Patente am Leben? – Ethische, rechtliche und politische Aspekte der Biopatentierung, Paderborn 2003, S. 259-275. (zit.: Seiler, in: Baumgartner/Mieth)

Seiler, Achim, Der Internationale Saatgutvertrag der FAO – Eine erste Einschätzung mit Blick auf ausgewählte Problemfelder, Forum und Entwicklung, Berlin/Bonn 2004, abrufbar unter: http://www.forumue.de/fileadmin/userupload/publikationen/aglw_2004_internationalesaatgutvertrag.pdf. (zit.: Seiler, Forum und Entwicklung)

Seitz, Claudia, Reichweite und Umfang der Europäischen Biopatentrichtlinie: Zum Schutz eines Patents für die DNA-Sequenz einer biotechnologischen Erfindung – Kurzbesprechung der Schlussanträge des Generalanwalts Mengozzi vom 09.03.2010 in der Rechtssache C-428/08, EuZW 2010, S. 366-367.

Sellnick, Hans-Joachim, Erfindung, Entdeckung und die Auseinandersetzung um die Umsetzung der Biopatentrichtlinie der EU, GRUR 2002, S. 121-126.

Shapiro, Carl, Navigating the Patent Thicket, Innovation Policy and the Economy, Volume 1 (2001), S. 119-150.

Shorett, Peter/**Rabinow**, Paul/**Billings**, Paul R., The Changing Norm of the Life Science, Nature Biotechnology, Volume 21 (2003), S. 123-125.

Spindler, Gerald/**Apel**, Katharina, Urheber- versus Kartellrecht – Auf dem Weg zur Zwangslizenz?, JZ 2005, S. 133-138.

Spranger, Tade Matthias, Ethische Aspekte bei der Patentierung menschlichen Erbguts nach der Richtlinie 98/44/EG, GRUR Int. 1999, S. 595-598.

Steenwarber, Friedhelm, Patentschutz bei gentechnisch veränderten Nutzpflanzen, Diss, Hamburg 2001, abrufbar unter: http://ediss.sub.uni-hamburg.de/volltexte/2001/542/pdf/Dissertation.pdf.

Stratakis, Alexandros, Comparative Analysis of the US and EU Approach and En-forcement of the Essential Facilities Doctrine, European Competition Law Review, Volume 27 (2006), S. 434-442.

Straus, Joseph, Zur Zulässigkeit klinischer Untersuchungen am Gegenstand abhängiger Verbesserungserfindungen, GRUR 1993, S. 308-319.

Straus, Joseph, Patent Litigation in Europe – A Glimmer of Hope? – Present Status and Future Perspectives, Washington University Journal of Law and Policy, Volume 2 (2000), S. 403-428.

Straus, Joseph, Pflanzenpatente und Sortenschutz – Friedliche Koexistenz, GRUR 1993, S. 794-801.

Straus, Joseph, Bericht über das Verhältnis zwischen Patentschutz und Sortenschutz auf der ersten Sitzung des WIPO/UPOV-Sachverständigenausschusses vom 29. Januar bis 02. Februar 1990 in Genf, GRUR 1990, S. 617-621.

Straus, Joseph, Patentschutz für gentechnologische Pflanzenzüchtungen? – Zum Verbot des „Doppelschutzes“ von Pflanzensorten, GRUR Int. 1983, S. 591-597.

Straus, Joseph, The Rio Biodiversity Convention and Intellectual Property, IIC 1993, S. 602-615.

Straus, Joseph, Bedeutung des TRIPS für das Patentrecht, GRUR Int. 1996, S. 179-205.

Straus, Joseph, Angabe des Ursprungs genetischer Ressourcen als Problem des Patentrechts, GRUR Int. 2004, 792-796.

Straus, Joseph, Biotechnologische Erfindungen – ihr Schutz und seine Grenzen, GRUR 1992, S. 252-266.

Straus, Joseph, Ethische, rechtliche und wirtschaftliche Probleme des Patent- und Sortenschutzes für die biotechnologische Tierzüchtung und Tierproduktion, GRUR Int. 1990, S. 913-929.

Straus, Joseph, Gewerblicher Rechtsschutz für biotechnologische Erfindungen, Köln 1987.

Tansey, Geoff, Trade, Intellectual Property, Food and Biodiversity, Discussion Paper, London 1999, abrufbar unter: http://quakerservice.ca/wp-content/uploads/2011/07/trips-col.pdf.

Teschemacher, Rudolf, Biotechnologische Erfindungen in der Erteilungspraxis des Europäischen Patentamts, GRUR Int. 1987, S. 303-310.

Teschemacher, Rudolf, Rezension zu der Dissertation von Calame mit dem Thema „Öffentliche Ordnung und gute Sitten als Schranken der Patentierbarkeit gentechnologischer Erfindungen“, GRUR Int. 2002, S. 636-638.

Tetzner, Heinrich, Patentfähigkeit und Wiederholbarkeit, GRUR 1952, S. 176-177.

Then, Christoph/**Tippe**, Ruth, Saatgut und Lebensmittel – Zunehmende Monopolisierung durch Patente und Marktkonzentration, Report der internationalen Koalition „No Patents on Seeds“, April 2009, abrufbar unter: http://www.greenpeace.org/austria/Global/austria/dokumente/Reports/gentechnik_Saatgut%20und%20Lebensmittel_2009.pdf.

Tilmann, Winfried, Zum Begriff des „im Wesentlichen biologischen Verfahrens“ zur Züchtung von Pflanzen in Art. 53 lit. b) EPÜ, GRUR 2009, S. 361-364.

Ullrich, Hanns, Privatrechtsfragen der Forschungsförderung in der Bundesrepublik Deutschland, Weinheim 1984.

Tilmann, Winfried, Zum Begriff des „im Wesentlichen biologischen Verfahrens“ zur Züchtung von Pflanzen in Art. 53 lit. b) EPÜ, GRUR 2009, S. 361-364.

Ullrich, Hanns, Privatrechtsfragen der Forschungsförderung in der Bundesrepublik Deutschland, Weinheim 1984.

United Nations Conference on Trade and Development/International Centre for Trade and Sustainable Development, Resource Book on TRIPS and Development, Cambridge 2005. (zit.: UNCTD-ICTSD)

van de Graaf, E. S., Anmerkung zu der Entscheidung der Technischen Beschwerdekammer des Europäischen Patentamts vom 10.11.1988 – T 320/87 („Hybridpflanzen/ Lubrizol“), GRUR 1990, S. 629-634.

van Raden, Lutz/**von Renesse**, Dorothea, „Überbelohnung“ – Anmerkungen zum Stoffschutz für biotechnologische Erfindungen, GRUR 2002, S. 393-399.

Verband der chemischen Industrie e.V., Positionspapier zum Erhalt der Patentierbarkeit pflanzenbiotechnologischer Erfindungen, Frankfurt am Main 2010, abrufbar unter: https://www.vci.de/Downloads/Top-Thema/PP_Biopatente.pdf. (zit.: VCI)

von der Trenck, Siegfried, Zum Patentschutz von Pflanzenzüchtungen, GRUR 1939, S. 437-447.

von Hahn, Anja, Implementation and Further Development of the Biodiversity Convention – Access to Genetic Resources, Benefit Sharing and Traditional Knowledge of Indigenous and Local Communities, ZaöRV 2003, S. 295-312.

von Pechmann, Eckehart Frhr., Zum Problem des Schutzes gentechnologischer Erfindungen bei Pflanzen durch Sortenschutz und/oder Patente, GRUR 1985, S. 717-725.

von Pechmann, Eckehart Frhr./**Strauß**, Joseph, Die Diplomatische Konferenz zur Revision des Internationalen Übereinkommens zum Schutz von Pflanzenzüchtungen, GRUR Int. 1991, S. 507-511.

von Renesse, Margot/**Tanner**, Klaus/**von Renesse**, Dorothea, Das Biopatent – Eine Herausforderung an die rechtsethische Reflexion, Mitt. 2001, S. 1-4.

von Staudinger, Julius, Staudinger, Kommentar zum Bürgerlichen Gesetzbuch, Einleitung zum Bürgerlichen Gesetzbuch, Berlin 2004. (zit.: Staudinger-Bearbeiter)

von Zweigbergk, Ake/**Lewin**, Saul, Die neue nordische Patentgesetzgebung, GRUR Int. 1968, S. 305-316.

Vorwerk, Volker, Patent und Ethik, GRUR 2009, S. 375-378.

Walsh, John P./**Ashish**, Arora/**Cohen**, Wesley M., The Effects of Research Tool patents and Licensing on Biomedical Innovation in: Cohen, Wesley M.; Merrill, Stephen M. (Hrsg.): Patents in the Knowledge-Based Economy, Washington D.C. 2003, S. 285-340. (zit.: Walsh/Ashish/Cohen, in: Cohen/Merrill)

Walter, Doris, Patentrechtliche Betrachtungen zu modernen Züchtungsverfahren und daraus hervorgehenden Pflanzen und Tieren, Journal für Verbraucherschutz und Lebensmittelsicherheit 2008, S. 359-363.

Walter, Doris, Klassische und markergestützte Züchtungsverfahren – Noch kein Patentrezept für Tomaten und Brokkoli, GRUR Prax. 2010, S. 329.

Wiedemann, Gerhard, Handbuch des Kartellrechts, 2. Auflage, München 2008.

Williams, Sidney B. Jr., Schutzrechtliche Aspekte der Gentechnologie bei Pflanzensorten, GRUR Int. 1983, S. 702-714.

Willnegger, Eva, Schutz nicht unterscheidbarer Pflanzensorten, GRUR Int. 2003, S. 815-821.

Winter, Gerd, Towards Regional Common Pools of GRs – Improving the Effectiveness and Justice of ABS, in: Kamau, Evanson C.; Winter, Gerd (Hrsg.): Genetic Resources. Traditional Knowledge and the Law – Solutions for Access and Benefit Sharing, London 2009, S. 19-36. (zit.: Winter, in: Kamau/Winter)

Wirtz, Markus M., Die kartellrechtliche Zwangslizenz, WRP 2004, S. 683-694.

Wissenschaftlicher Beirat beim BMELV, Product-by-Process-Ansprüche auf Biopatente in der Tier- und Pflanzenzucht – Voraussetzungen, Problemlagen und Handlungsempfehlungen, Stellungnahme des Wissenschaftlichen Beirats für Biodiversität und genetische Ressourcen beim Bundesministerium für Ernährung, Landwirtschaft und Verbraucherschutz, Oktober 2011, abrufbar unter: http://www.bmelv.de/SharedDocs/Downloads/Ministerium/Beiraete/Biodiversitaet/Biopatente-Product-by-Process.pdf?__blob=publicationFile. (zit.: Wissenschaftlicher Beirat BMELV, Product-by-Process)

Wissenschaftlicher Beirat beim BMELV, Biopatente – Eine Gefährdung für Nutzung und Erhaltung von Biodiversität?, Stellungnahme des Beirats für Biodiversität und genetische Ressourcen beim Bundesministerium für Ernährung, Landwirtschaft und Verbraucherschutz, Mai 2010, abrufbar unter: http://www.bmelv.de/SharedDocs/Downloads/Landwirtschaft/Tier-/TierzuchtTierhaltung/Gutachten-Biopatente.pdf?__blob=publicationFile. (zit.: Wissenschaftlicher Beirat BMVEL, Biopatente)

Wissenschaftlicher Beirat beim BMWi, Patentschutz und Innovation, Gutachtens des Wissenschaftlichen Beirats beim Bundesministerium für Wirtschaft und Technologie, September 2007, abrufbar unter: http://www.bmwi.de/BMWi/Redaktion/PDF/G/gutachten-des-wissenschaftlichen-beirats-patentschutz-und-innovation,property=pdf,bereich=bmwi,sprache=de,rwb=true.pdf. (zit: Wissenschaftlicher Beirat BMWi)

Wolff, Christian, Zwangslizenzen im Immaterialgüterrecht, Göttingen 2005.

Wolfram, Walter, „Reach-Trough Claims“ and „Reach-Trough Licensing“ – Wie weit kann Patentschutz auf biotechnologische Research Tools reichen?, Mitt. 2003, 57-64.

World Intellectual Property Organization, Exclusion from Patent Protection – Memorandum of the International Bureau of WIPO, Fourth Session, Geneva 1988, abrufbar unter: http://www.wipo.int/mdocsarchives/HL_CE_IV_87/HL_CE_IV_INF1_REV1_E.pdf. (zit.: WIPO)

Wuesthoff, Franz, Biologische Erfindungen im Wandel der Rechtsprechung, GRUR 1977, S. 404-411.

Wuesthoff, Franz, Erschließung des Patentrechts für neue Gebiete (dargelegt am Beispiel der Pflanzenzüchtungserfindungen), GRUR 1953, S. 230-234.

Wuesthoff, Franz, Patentschutz für Pflanzenzüchtungen – Eine Entscheidung des Bundesgerichtshofs in einer Patentverletzungsklage, GRUR 1962, S. 555-557.

Wuesthoff, Franz, Das neue Gesetzeswerk auf dem Gebiet des Pflanzensortenwesens, GRUR 1968, S. 24-25.

Wuesthoff, Franz, Schutzumfang inländischer und ausländischer Sortenschutzrechte, GRUR Int. 1977, S. 433-441.

Wuesthoff, Freda, Patentschutz für Pflanzen, GRUR 1957, S. 49-56.

Würtenberger, Gert, Der Auskunftsanspruch beim Nachbau von geschützten Pflanzensorten, GRUR 2003, S. 838-845.

Yang, Wendy W., Patent Policy and Medical Procedure Patents: The Case for Statutory Exclusion from Patentability, Boston University Journal of Science & Technology Law, Volume 1 (1995).

Zach, Heinz-Peter, Sortenschutz und Biopatente – ein Exkurs in den Schutz geistigen Eigentums des Züchters, Beitrag im Rahmen der 51. Arbeitstagung 2000 der Vereinigung österreichischer Pflanzenzüchter, BAL Gumpenstein, 21.- 23. November 2000, abrufbar unter: http://techlaw.univie.ac.at/fileadmin/user_upload/inst_unternehmensrecht/Wahlfachkorb_Technologierecht/SS_06/Zach.pdf.

Zimmermann, Daniel, Die Zwangslizenzierung von Immaterialgüterrechten nach Art. 82 EG – Schutz vor Wettbewerb oder Schutz des Wettbewerbs?, Basel 2005.

Zintler, Mathias, Die Biotechnologierichtlinie, Frankfurt am Main 2002.

zu Waldeck und Pyrmont, Wolrad Prinz, Europäische Union – EuGH verurteilt Deutschland wegen nichtrechtzeitiger Umsetzung der Biopatentrichtlinie, GRUR Int. 2004, S. 1047.